日本の戦争はいかに始まったか

連続講義　日清日露から対米戦まで

波多野澄雄　戸部良一　編著

新潮選書

日本の戦争はいかに始まったか

――連続講義　日清日露から対米戦まで

【目次】

日本の戦争はいかに始まったか

——連続講義　日清日露から対米戦まで

序章　戦争の八〇年・平和の八〇年

波多野澄雄

一九四五年の敗戦からまもなく八〇年になろうとしている。この戦後八〇年は明治維新（一八六八年）から敗戦までの長さにほぼ匹敵するが、戦前と戦後の八〇年における日本の歩みは対照的である。

戦後の八〇年は「平和の時代」であったが、戦前の八〇年は「戦争の時代」であった。戊辰戦争、台湾出兵（征台の役）、西南戦争、日清戦争、北清事変（義和団事件）、日露戦争、第一次世界大戦（日独戦争）、シベリア出兵、満洲事変、支那事変（日中戦争）、大東亜戦争（アジア太平洋戦争）と、一〇年を置かずして内戦、対外紛争、対外戦争が頻発した。

これらの戦争の規模を靖国神社に合祀された戦没者の概数から見ると、一万人を超えるのは、日清戦争（一万三六〇〇人）、日露戦争（八万八四〇〇人）、満洲事変（一万七一〇〇人）、支那事変（日米開戦まで一九万一二〇〇人）、大東亜戦争（二一三万三九〇〇人）である。五つの戦争のなかでも、大東亜戦争は圧倒的で全戦没者数の九割近い。

本書は、「あとがき」の通り、この大東亜戦争の開戦八〇周年（二〇二一年）を迎えるにあたり、五つの主要戦争の原因や特徴を多角的に考察してみよう、という現代文化會議が企画した連続講演会（講座）の記録である。

各章は、それぞれの研究分野で優れた業績を積み上げている歴史研究者に、講座の趣旨にしたがって、その一端を講演していただいたものである。ここでは各章の講演録を簡単に補足し、読者の理解を深める一助としたい。

日清・日露戦争――避戦の選択肢

第一章（黒沢文貴《ふみたか》）は、日清・日露両戦争を取り上げている。両戦争は日本が朝鮮半島や中国大陸に勢力を拡張していく過程で引き起こされたことから、明治日本の計画的な大陸侵略の現れにほかならない、という宿命論的な解釈が幅を利かせた時代もあった。現在の日本では、そうした見方は影を潜めている。

両戦争は、朝鮮半島への影響力をめぐる日清と日露の抗争が重要な要因ではあるが、それが清国とロシアとの戦争に直結したわけではない。第一章は、英露対立を軸に、多国間の利害が錯綜する東アジアの国際関係に着目することで、両戦争に至らない途もありえたことを示唆している。

実際、日清開戦にいたる過程では、日清間の連携によるロシアの抑制という選択肢もありえた。たとえば、清国全権の李鴻章《りこうしょう》が天津条約（一八八五年）の交渉時に、日本全権の伊藤博文にロシアを仮想敵国とする日清同盟を打診していた。

他方、戦争回避の途を模索していた伊藤博文や井上馨《かおる》を開戦の決断に向かわせた背景には、華夷秩序のもと朝鮮との宗属関係を強めている清国と、それを打破しようとする日本との立ち位置の違い、つまり東アジア国際秩序のあり方をめぐる両国の溝の深まりの存在を指摘している。さらに、伊藤の開戦決断を促したものは、日本軍が清国軍と戦えるだけの軍備と態勢とを整えていたこと、イギリスが開戦直前に日英通商航海条約の調印に応じたことで列強の戦争への介入の可能性が低減し、日清二国間の戦争に限定しえる見通しがたったことを挙げている。つまり戦争に向けての意図と能力と環境の三要素がそろったことが伊藤の決断を後押しした。

また、最近の研究によれば、山県有朋《やまがたありとも》らが一貫して追求していた朝鮮の永世中立の国際的保障という政策論も、安定した東アジアの秩序をもたらしうる可能性をもった選択肢だったことが指摘されている。

こうして見ると、日本があらかじめ準備した朝鮮支配のための戦争という日清開戦の見方は、いかに歴史的事実とかけ離れたものであるかが分かる。

次に日露戦争について、かつては、ロシアの南下を防ぐために結ばれた日英同盟（一九〇二年）の締結時には、すでに戦争は不可避だったという理解が優勢であった。北清事変（義和団事件）の収拾後も満洲から撤兵しないロシアに、「自衛戦争」の立場から日英同盟を盾として戦争を挑んだ、という解釈である。

しかし、こうした解釈も変更を迫られている。一九世紀末の列強による「中国分割」を目の当たりにした日本の指導者には、勢力範囲の設定を志向する強い意識が芽生え、やがてロシアの満洲占領に直面することで、朝鮮半島を日露で分け合うのではなく日本による単独の勢力範囲に収めようという欲望が大きくなる。その意思の表れが満韓交換論であった。

元来は日露協商論者であった伊藤博文も、韓国全土の支配を志向するようになるが、こうなると韓国支配をあきらめないロシアとの交渉に妥協点をみいだすことは困難となり、懸命の戦争回避の交渉も実らなかった。ちなみに、日本の敗北を不可避とみなすイギリスは、開戦には消極的であったが、日本の韓国支配の野心はそれを上回った。日露戦争は紛れもなく帝国主義時代の戦争の典型だった。

第一次世界大戦と現代

第二章（小原淳《おばらじゅん》）は、クリストファー・クラークの『夢遊病者たち——第一次世界大戦はいかにして始まったか』（みすず書房、二〇一七年）を題材に、第一次世界大戦の開戦原因を取り上げている。小原氏は、この大著の訳出を終えた後、開戦一〇〇周年ころには、日本でも第一次大戦に対する研究関心が盛り上がったが、それは一過性のものに終わってしまい、世界の議論から取り残されてしまうという危機感があるという。

『夢遊病者たち』は、開戦責任という点ではセルビアや協商国（とくに英露）の役割が重視されているため、不快感を募らせたセルビアでは不買運動が起こり、さらには官民一体となって反駁の書も出版されているという。ヨーロッパ諸国では大戦の記憶は、一〇〇年を経ても、なお国のプライドやアイデンティティに関わる問題として、人々の感情に強く訴えかける力をもっている。

本章によれば、大戦前夜のヨーロッパは国境を越えてヒトやモノやカネが行き来する相互依存の状況が出来上がり、戦争の危機は縮小さえしていた。にもかかわらず、なぜ、大戦争を招いてしまったのか、その複雑なメカニズムをここで繰り返す必要はないであろう。自分がどこをどう歩いているのか分かっていない国々が、「夢遊病者」のように彷徨《さまよ》い、ぶつかり合うなかで大戦争に発展してしまったのである。

人類史上初の総力戦であった第一次大戦は、戦闘の形態を変えただけでなく、政党を超えた挙国一致体制や徴兵制の導入、強制移住や強制収容、女性や児童を含む労働力の大量動員、食料や生活物資の統制、大規模なプロパガンダなど、銃後の社会においても大きな変化が起こった。戦後には国家が経済や社会に強力に介入するモデルを登場させ、福祉国家や大衆社会の到来を準備した。

その一方、未曾有の人的・物的動員をともなった総力戦は関係国に社会的平等をもたらした。貧富の差は縮小し、女性の社会進出や参政権の付与が実現し、労働運動の展開や社会保障制度の拡充も進む。第一次大戦が「現代の始まり」と見なされる所以である。

総力戦という概念は日本の現代史研究にも大きな影響を与えている。とくに支那事変以降の帝国全体に及ぶ大規模な戦時動員体制は、その強制性ゆえに社会の「平準化」を進展させる。実際、農村において地主と小作農民の関係が揺らぎ、都市でも労働者の地位改善、女性労働者の社会進出と地位向上といった現象が起こる。こうした現象は戦後につながる「社会の現代化」を準備したとする見方が定着している。

満洲事変と政党政治

日露戦争を導いた「旧外交」（帝国主義外交）の時代は、第一次大戦を経て、ウィルソン主義に象徴される「新外交」の時代にとって代わる。外交の概念も変わり、内外の世論に支えられた「新外交」は国内政治におけるデモクラシーや政党政治と密接に結びつくようになる。国際協調が国際社会の基調となり、とくに経済外交が推進される一九二〇年代が到来する。他方で東アジア情勢は、辛亥革命やロシア革命への干渉戦争（シベリア出兵）など流動化の一途をたどる。

第三章（井上寿一《としかず》）には、満洲事変の原因と背景について、戦後の「時代状況」を反映した研究成果が適切に紹介されているので、ここでは繰り返さない。本章は、国際協調が頂点に達したときに、なぜ満洲事変は起きたのか、その原因を協調外交を支えた政党政治に求めている。

中国の急進的ナショナリズムが満洲に及ぼうとしていたとき、中国本土との貿易関係を重視する民政党の幣原喜重郎《しではらきじゅうろう》外相は、孤立の危機に直面していた在満の日本人居留民の保護に冷淡であった。実際、一九三〇年に結ばれた日華関税協定は、満洲の日本人商工業者を切り捨てて、中国本土との自由貿易による相互利益の拡大をめざしたものであった。

ここに、政党内閣は軍事行動を認めないだろうと踏んだ関東軍は、「外からのクーデター」として柳条湖《りゅうじょうこ》事件を決意するのである。関東軍参謀の石原莞爾《かんじ》が、「満蒙問題解決の唯一の方法は、満蒙を我有とするにあり」とする満蒙領有論をもって同調者の獲得に乗り出したのも三〇年春であった。幣原が戦後に述懐したように、軍人蔑視の時代状況が軍部を追い詰めたことも「外からのクーデター」を後押しした。こうした意味で、満洲事変の原因は政党政治の時代に胚胎《はいたい》していたのである。

本章は、満洲事変から学ぶべき教訓の一つとして「列国協調」（先進国との多国間協調）の重要性を指摘している。日英米協調のもと中国ナショナリズムと折り合いを付けようとした北京関税特別会議（一九二五年）が中国国内のクーデターで流会に終わったことが、満洲事変の回避可能性を閉ざした一因と見るからである。その結果、「日中提携」と「列国協調」という二つの路線の均衡を保持できなくなる。

付言しておけば、満洲事変以後の紛争解決の手法は、日本側は日中二国間による解決に固執し、中国側は国際連盟や列国との連携による解決をめざすというすれ違いが両者の歩み寄りを困難なものとしていた。日本側が、双方のバランスに配慮した外交を展開したならば、その後の日中関係は異なったものとなっていたであろう。

盧溝橋事件のエスカレート

支那事変の発端となった一九三七年七月の盧溝橋《ろこうきょう》事件について、事件が計画的であったか否かという問題との関連で、最初の発砲者は日本側か、中国側か、やかましく議論されたことがあった。結局、決着をみないまま収束した。第一発が日本側であったとして、それをもって計画的とはいえず、偶発的発砲の可能性は排除できないからであった。そこで問題の焦点は、発砲者の特定よりも、満洲事変と支那事変という二つの戦争は連続したものか否かに当てられるようになった。

第三章でも、二つの戦争はそれぞれ性格の異なるものとの有力な解釈が紹介されているが、第四章（戸部良一）はさらに、大東亜戦争を加えた三つの戦争が連続的で必然的だったという「十五年戦争論」を明確に退けている。

そのうえで第四章は、日本側から見た原因を二つ指摘している。その一つは、満洲事変の後に日中両国による関係安定化の動きを破壊した現地陸軍による華北分離工作（北支工作）、もう一つは、局地的な紛争をエスカレートさせてしまった近衛文麿《このえふみまろ》内閣の対応である。事態のエスカレーションは日本側だけでなく、譲歩の姿勢を示さない中国側の対日姿勢にも責任の一端があるが、それ以上に近衛内閣の役割は大きいのである。

華北分離工作は、単に現地軍の策動ではなく、華北の資源開発のため満鉄も関与する国策となり、その推進と政府による追認は、日本の対中外交の重点が、外務省から現地軍による処理に実質的に移ることを意味していた。こうした中国政策をめぐる中央統制の欠如の背景は、政党勢力の弱体化によって国策決定を導くリーダーシップが分散し、陸軍内部にも複雑な対立が生まれたことである。現地軍の解決策を、統一的な国家意思を形成できない政府が追認していく構造ができあがることになる。

「非決定」状況と日米開戦

第五章（森山優《あつし》）は、「日米戦争はなぜ起きたのか」ではなく、「なぜ回避できなかったのか」をテーマとしている。それまでの戦争とは次元を異にする大戦争は避けるべきであったという戦後の国民的な問題意識がそこに反映されている。したがって無数の研究が存在するが、最も説得力のある議論の一つが第五章である。

本章は、明治憲法体制の多元的な意思決定システムに由来する、実質的な国策決定者が不在という状況をまず設定している。かつては元老が、やがて政党がそうした役割を果たしていた時代は終わり、満洲事変後、政治的台頭が著しい軍部も国策の統合や意思決定という役割を果たし得なくなっていた。

こうした状況下では、和戦の選択という重大な決定プロセスにおいても、決定に携わるアクターは、それぞれ実質的な拒否権をもっていた。それを相互に行使させないためには玉虫色の表現を国策文書に盛り込み、すべてのアクターが一致したかのように体裁を整えて天皇の裁可を得ることになる。こうして成立した国策は、さまざまな矛盾した内容を併記した「両論併記」の文書となり、決定的対立を惹起しかねない問題は外され、「非（避）決定」状況が生まれることになる。いったん国策が決まれば、それを根拠として各アクターは、自らの政策の実現を期して、さらに綱引きを繰り返すことになる。これが開戦に連なる数次の御前会議決定の実態であった。

要するに各アクターは、避戦と開戦の「両論併記」によって組織利益を守っているうちに「非決定」状況が生まれ、「非決定」状況は開戦をも困難にするが、開戦の回避もまた困難にする、という事態に陥っていくのである。開戦回避の可能性という点では、「非決定」状況のもと、臥薪嘗胆という選択肢もあり得たが、ハル・ノートに直面して「清水の舞台から飛び降りる」決断を迫られるのである。

なお、「なぜ対米開戦は回避できなかったのか」という問いについて、すべての章の担当者がそれぞれ検討に値する回答を寄せているので第九章を参照されたい。

英米の対日参戦

日米開戦前後の英米の動向を、外交政策と軍事戦略の両面から取り上げた日本語の文献は極めて少ない。そうした中で第六章（赤木完爾《かんじ》）は、欧米における最新の第二次世界大戦研究の成果を踏まえた貴重な貢献である。

戦時の英米関係は一枚岩の同盟関係にあったわけではなく、その内実は複雑であった。たとえば、植民地帝国の保全を期すイギリスと、アメリカの主張する市場開放は原理的に両立しないものであった。そうした対立の克服を可能にしたのは、ナチス・ドイツの脅威を排除しなければヨーロッパの生存も、さらにはアメリカの安全も保障されないという共通の認識であった。

本章は、何ゆえに米英ソ「大同盟」が成立し得たかを考察している。日独伊枢軸同盟に対する米英ソの戦時同盟は当然のように見えるが、国益観や戦後構想の異なる三国の結束は容易ではなかった。とくにイギリスはヨーロッパの一国であると同時に世界帝国として、大陸におけるドイツ打倒とともに、「帝国防衛」にも注力しなければならなかった。

そのポイントは四〇年六月のフランスの敗退と四一年六月の独ソ戦勃発であった。フランスの敗退は、大陸において、一国の強大化を防ぎ勢力均衡を保つというイギリスの伝統的政策が危機に瀕したことを意味した。そこでイギリスは経済封鎖や戦略爆撃などを駆使して対独対決を先に延ばしつつ、アメリカを英独戦争に参戦させることに腐心する。アメリカにとっても、強大なフランス陸軍の敗退は大きな衝撃であったが、ローズヴェルトは、イギリスの敗退を座視するのではなく、ともに戦うことを決意し、議会と国内世論を「孤立」から「介入」へ転換させる難題に取り組みつつ、対英援助に躍起となる。

一方、独ソ戦の勃発は「大同盟」の可能性を開いたものの、ソ連との協力によって達成される勝利は、戦後平和の条件をめぐって深刻な問題を引き起こしかねなかった。それでも英米はスターリンを同盟者として受け入れることを決断する。イギリスにとっては再びドイツ陸軍に対抗可能な地上兵力を大陸にもつことを意味した。

他方、独ソ戦争は、ドイツの圧力を東方に向かわせ、対英圧力が低下した半面、ソ連の対日圧力を弛緩させ、日本の対ソ攻撃の危機が高まったことを意味した。ここに、ローズヴェルトは再びフィリピン防備の強化と、対日原油供給の一層の削減に乗り出すのである。この間イギリスは、徐々に極東の問題をアメリカに委ねる姿勢を取り始める。

こうして四〇年夏以来、英米関係は強固な同盟関係に移行していく。残るは、事実上形成されていた米英ソの対独連合にアメリカが公式に加入するタイミングの問題のみとなり、真珠湾攻撃によってそれが実現した。米英両政府は、東南アジアにおける戦争は予期していたものの、真珠湾とマレー半島への奇襲に始まる大攻勢は想定外であった。

昭和天皇の戦争指導

第七章（山田朗《あきら》）は、具体的な事例を示しながら昭和天皇と戦争のかかわりの一端を明らかにしたものである。最近になって公表されつつある新史料にも言及されており、この問題を考えるうえで極めて有益である。

本章の事例から解ることは、天皇に届けられる軍事情報は、加工されたものではなく、統帥部《とうすい》が把握している限りの戦況をほぼそのまま伝えるものであった。ただ、台湾沖航空戦のように矛盾した情報であっても、のちに修正されることはほとんどなかった。戦況報告に接した天皇は、統帥部の最高責任者として、闊達に下僚と意見を交換しつつ戦況を見極め、軍事作戦の舵取りに能動的な姿勢が見て取れる。他方、国務（行政）の面では、政府方針に対して、天皇はその心境や感想を述べることはあっても、直接、国策決定に関与することは、終戦時の「聖断《せいだん》」を除けば、ほとんどなかったようである。昭和期の天皇は、「統治権を総攬《そうらん》」しながらも、国務の面では「神聖不可侵」（天皇無答責）である、という立憲君主としての立場により忠実であったということであろうか。

東京裁判が迫ると、この点に不安を感じたのか、天皇側近とGHQが裁判対策を講じたことが、【資料11】などで示されている。その一つは、東條英機元首相に開戦責任を負わせるため、「開戦前の御前会議において、たとい陛下が対米戦争に反対せられても、自分は強引に戦争まで持っていく腹を既に決めていた」と発言させること（東京裁判シナリオ）、もう一つは、天皇のオーラルヒストリー（昭和天皇独白録）を作成して無答責を立証することであった。周到な東京裁判対策はＧＨＱと天皇側近との「合作」であったことが良くわかる。

「汎アジア主義」と大東亜会議

ところで、支那事変はなぜ、日米英戦争に「発展」したのであろうか。日米関係の枠組みでは、事変の解決に行き詰まった日本が、その解決をアメリカに託し、そのために断続的に行われた日米交渉が四一年一二月に破綻したという因果関係が認められる。もう一つの道筋として中国をめぐる日英抗争に着目すれば、イギリスは、事変の目的とされた「東亜新秩序」建設の最大の妨害者とみなされていたことが重要である。この点を踏まえ、故・細谷《ほそや》千博《ちひろ》教授は「太平洋戦争とは日英戦争ではなかったのか」と題する講演において次のように述べている（一九七九年一一月、外交史料館）

《日英間では、中国での実質的な利益の調整を図るという面では、利益と利益との関係ですから、妥協の余地が残っておりますが、日米間ではプログラムと原則との対立ということですから、妥協の発見はむずかしいわけであります。日英間では一九三〇年代半ばに妥協あるいは和解の可能性が模索されますが、結局それが失敗して、日本が東亜新秩序を外交の旗じるしとして揚子江以南でのイギリスの権益の排除に取りかかり、東南アジアにまで進出してイギリスの植民地の存在自体をも脅かすようになります。こうして妥協の余地はなくなり、日英間での戦争は不可避の形勢になります。》

これに説明は不要であろう。中国をめぐる日英抗争という局面に着目することによって開戦過程に関する理解はより深まるのである。

日英戦争の文脈で触れておくべき大著が、松浦正孝氏の『「大東亜戦争」はなぜ起きたのか』（名古屋大学出版会、二〇一〇年）である。本書が着目するのは、英帝国主義によって侵食され、植民地化されたアジアを解放・再建するのが日本の使命と主張する大亜細亜協会（一九三三年発足）の「汎アジア主義」イデオロギーである。

汎アジア主義の主張と運動は、「英国によって搾取されるインド」といったシンプルなメッセージのゆえに、政府、軍部、文化団体、地域団体に浸透し、地理的には帝国圏をも超え、東南アジアからアラブ、イスラム圏にも及び、他のアジア主義団体と異なる広範なネットワークを形成していく。ときには自発的運動として噴出する。その例が、植民地や周辺アジア地域を巻き込んだ三九年夏の反英運動であった。

本書の結論は、汎アジア主義は、それが「アジアの解放」を目的とするイデオロギーであるという虚構を政府や軍部にも浸潤させつつ、実は大東亜戦争を導く原因となっていた、というものである。少数の指導者による政策決定や外交交渉の過程に関心を集中している研究者にとっては挑戦的な開戦原因論である。

実際、大東亜戦争は、真の意味で「解放戦争」としての実績を残し得なかったがために、それを憂慮した重光葵《しげみつまもる》外相らの指導者は、戦争の後半期になってアジア占領地の「独立国」との間に、「主権平等・互恵」の新たな関係を築こうとしたのである。その集約点が一九四三年の大東亜会議と共同宣言であった。戦時のプロパガンダという一面はぬぐえなかったが、一部の指導者にとっては、戦後の国際秩序のあり方を見据えた戦後構想であり、日本の戦争目的の再定義であった。この点を大東亜戦争の「遺産」として評価したのが第八章（波多野澄雄）にほかならない。

ヨーロッパの人々は、第一次大戦の後、第二次世界大戦を経ても、過去の戦争や戦争責任をめぐって対話を途切れることなく積み重ねている（第二章）。しかし、日本では、常に戦前と戦後が折り重なっていた「戦争の八〇年」の経験にもかかわらず、「平和の八〇年」のなかで過去の戦争を忘れ去ってしまったかに見える。実際、西独首相アデナウアーは、ナチス帝国がなぜドイツ国民のなかから生まれたのかを問い続けたが、同時期の宰相吉田茂はむしろ過去の戦争を忘却することに力を注ぐことによって国の再建を進めた。この違いは何を意味するのか、問い続けなければならない。

第一章　日清・日露戦争はなぜ起きたのか

黒沢文貴

はじめに

ただ今ご紹介いただきました黒沢と申します。どうぞよろしくお願いいたします。今回は、この講座の第一回目ですが、「日清・日露戦争はなぜ起きたのか」というテーマで、お話しさせていただきます。これ、「日清・日露」と一括りになっているわけですが、もちろんこれは、明治日本が近代国家の建設に努め、西洋諸国の構成する国際社会に参入していく過程で起こった戦争ですし、両戦争の結果、日本は独立を維持することに成功し、目標としてきた西洋世界への仲間入りをはたしたわけですから、その意味で、「日清・日露戦争」と一括りにするのには、それなりの理由があります。しかし今回は、それとは少し違う視点から、つまり日清戦争と日露戦争は異なる局面における戦争なのではないかという点を主にして、お話しさせていただきます。

明治日本はどのような国際環境のもとにあったのか

そもそもこの講座では、日本近代におけるいろいろな戦争をとりあげるわけですが、明治期の両戦争は、大正・昭和期の戦争とは異なります。明治期の戦争は、日本が西洋の文明国からすれば、もともと彼らとは同等の一等国とはみなされていない時代の戦争です。その点が、西洋列強の仲間入りをはたした時代の戦争とは大きく違います。それゆえ戦争の背景をなす日本を取りまく時代状況や国際環境の違いに思いをいたさないと、明治期の戦争の意味をきちんと正確に理解することはできません。

そこで幕末維新期以降の日本の国際的な立ち位置や日本を取りまく国際環境について、すでにご承知のことが多いとは思いますが、最初にお話しさせていただきます。

まず幕府が倒壊する理由にはもちろん様々のものがありますが、なかでも大きな要因として、東アジア世界に進出してきた西洋列強の影にたいするきわめて強い危機感を指摘することができます。一七九二（寛政四）年にロシアの通商使節のラクスマンが根室に来航したあたりから、西洋諸国の影が頻繁にみえはじめてきますが、一八〇〇年代に入るとロシアのみならず、イギリスやアメリカやフランスの艦隊が日本と琉球に接近したり、漁船が漂着したり上陸したりする頻度が高まっており、そうした西洋諸国の日本近海への出没の増大という流れのなかに、アメリカの東インド艦隊司令長官ペリーの浦賀への来航、いわゆる黒船の出現があります。

東アジア世界ではそれと前後して、大国であり文明国でもある中国がアヘン戦争（一八四〇～四二年）とアロー戦争（一八五六～六〇年）で西洋列強に屈するという衝撃的な出来事がありましたが、それらの海外情報をえていた当時の幕閣と知識人たちが一番怖れたのは、日本が西洋列強に侵略され植民地化されてしまう危険性、つまり日本の独立が脅かされるのではないかということでした。
長く続いた徳川の平和のもとで日本の軍事力は相対的に低下しており、いわゆる鎖国に固執して西洋列強と戦えば敗戦必至という認識が幕閣にはあり、それゆえ避戦の観点から鎖国体制の修正もやむなしという避戦開国論が、ペリー来航時にはすでに政策論として考えられていました。そして武人政治家である幕閣や海外事情に通じていた武士、知識人たちは、西洋列強の侵略から日本を守るためには、西洋をモデルとした軍制改革や政治体制そのものの変革が必要であると悟り、やがて幕藩制国家に代わる西洋的な近代国家への体制転換を政治目標とする共通認識をもつようになったのです。

徳川幕府倒壊の過程は、最終的には誰が主導権を握って体制転換を図るのかをめぐる、旧幕府方と薩長を中心とする討幕勢力とのいわば権力闘争といってもいいと思います。徳川慶喜が構想したような大政奉還後の諸侯会議、大名を中心とする列藩会議構想のもとでの近代国家への転換では抜本的な新しい体制の創出にはならず、西洋諸国に立ち向かうことは困難だったかもしれませんので、大久保利通・西郷隆盛・木戸孝允らの下級武士層と岩倉具視のような中下級の貴族たちを中心にした、つまり大名および朝廷の上級貴族層から実質的な権力を奪った新しい政治の担い手たちが主導権を握ることによって、近代国家への急速な体制転換が可能になったといえましょう。その意味で、旧幕府勢力を軍事的に敗北させる戊辰戦争が、大久保たちが改革の主導権を握った政治主体であることを示すためにも必要であったといえます。

そうした経緯で明治新政府が誕生したわけですが、それゆえそこでの優先順位の高い課題は、いかに植民地化の危険性を免れ日本の独立を守るか、そのための西洋的な近代国家の建設と国力の増大、そして近代軍の創設ということでした。万邦対峙・富国強兵・殖産興業・文明開化という明治政府のスローガンに、そうした政策意図がよくあらわれています。

独立を確保していくためには、西洋的な意味での主権国家を作らなければいけない、国民国家を形成しなければならない、つまり日本国と日本国民とを創出していく過程が明治の歴史でもあったわけです。しかも、その国家は文明国でもなければいけませんでした。東アジアにはもともと西洋的な意味での近代国家は存在していませんでしたので、そうした国造りにいち早く取り組み目標を達成したことが、中国・朝鮮との近代化の歩みの違いとなり、のちの日清・日露戦争の勝利にもつながることになったわけです。

他方、そうした独立の確保という観点から対外的に重要となったのが、朝鮮半島でした。日清・日露戦争は朝鮮半島、すなわち朝鮮国・大韓帝国をめぐる日清と日露の争いでしたので、日本の安全と発展にとって不可欠な地域・国として朝鮮問題が位置づけられていたのです。

朝鮮半島が日本にとって重要であるというのは、一般的には二つの側面からとらえられていました。一つは、安全保障上の問題です。日本が現実的に、あるいは潜在的にもっとも脅威を感じる国は、隣国のロシアと清国でした。古くは元寇の記憶があるように、朝鮮半島を伝って敵に攻め込まれるというイメージが、日本側にはあるわけです。こうした朝鮮半島の安全が日本の安全にとって必要不可欠であるという認識は、戦後の日米安保体制においてもみられる地政学的な認識でもあります。

それからもう一つは、吉田松陰などが述べていますが、開国後の日本の貿易赤字をどこかで穴埋めしなければならない、そのために朝鮮を開国させて交易することが日本の経済発展に資するという主張です。

このように安全保障と経済発展という二つの側面から朝鮮半島が重要な地域であると考えられていたわけです。

つぎに江戸時代から明治期にかけての日本を取りまく国際秩序について振り返っておきたいと思います。そもそも西洋世界には東アジアの国際関係とは異なる国際秩序が存在していました。一般的に西洋国際秩序、あるいはウェストファリア体制と呼ばれる国際関係です。これは、一六四八年に三十年戦争の講和条約として結ばれたウェストファリア条約を出発点とする国際関係で、西洋の近代的な国際関係として一般的に理解されています。主権国家を国際関係の基本単位とし、国家間の対等な関係が国際法と勢力均衡によって保たれている国際秩序です。

しかし東アジア世界には、それとはまったく異なる原理原則に立つ、中国を中心とするいわゆる華夷秩序が存在していました。前近代では当然のことながら、今のようなグローバルな世界が形成されていたわけではありませんので、それぞれの地域に根ざした秩序原理の異なる国際秩序、地域秩序が存在していたわけです。

それでは、西洋国際秩序は幕末維新期の日本の為政者や知識人たちからどのように認識されていたのでしょうか。彼らの認識をみますと、まずは国際法・万国公法によって律せられている世界という認識があります。ただしこれにはからくりがあって、国際法が適用されているのは文明国だけ、西洋諸国の間の法であって、それ以外のいわば野蛮国には適用されないというダブルスタンダードがあったわけです。

それから、国際法が適用されている国家間関係は対等な関係ということであって、いわば水平的な国際関係といえます。しかし国際法には国内法と違い、それを守らせるための強制力が存在しませんので、掟破りに走る国家にたいしては無力です。そのため現実政治のレベルではバランス・オブ・パワー、つまり力の均衡、勢力均衡の政策が求められることになります。パワーが重視されるというところから、福沢諭吉は、「百巻の万国公法は数門の大砲に若《し》かず、幾冊の和親条約は一筺《いっきょう》の弾薬に若かず」(『通俗国権論』、一八七八年)と喝破しています。

この国際法であるとか勢力均衡であるとかは、西洋諸国といういわば文明国クラブのなかの問題ですが、弱肉強食とも認識された国際社会においては、小国が生き延びていくための智恵でもあったわけです。

それにたいして華夷秩序というのは、中国を頂点とするゆるやかな階層的な国際秩序です。西洋的な意味での主権国家ではありませんが、東アジアの国家間の関係は、文明の中心に位置する大国中国を仰ぎみる垂直的な関係になります。冊封《さくほう》・朝貢関係にある華夷秩序の正式メンバーの間では、宗主国・属国の関係、いわゆる宗属関係が成立しますが、それは直接的ではない非常にゆるやかな支配でした。

中国の支配の特徴は徳治主義、つまり力の源泉はあくまでも中国皇帝の徳にあり、周辺国の支配者は皇帝の徳を慕って服属すると考えられていたわけです。ですから東アジアにおいては、むき出しの力による支配は覇道として嫌われるわけで、徳による支配を王道としたわけです。パワー・ポリティクスが展開される西洋の覇道にたいする中国の徳治主義を王道とする認識です。

江戸時代の日本は、そうした伝統的な東アジアの国際関係である華夷秩序の正式メンバーではありませんでした。そこで徳川幕府は、一般的に大君外交体制とか鎖国体制と呼ばれる独自の外交体制を築いていました。よく知られているように、朝鮮と琉球を通信国、オランダと中国を通商国とする階層的な国際関係を構築したわけですが、これはいわば日本型華夷秩序ともいえるものでした。つまり日本の国際秩序観の原型は華夷秩序にあったわけで、日本自身のオリジナルなものではありませんでした。

それゆえ西洋諸国からの侵略の脅威にさらされた幕閣ら武人政治家たちは、武人であるがゆえに軍事技術の格差を埋めるためには先進的な西洋に学ばなければならないという実利的な観点と、オリジナルな国際秩序観でないために比較的修正しやすかったという側面も加わって、開国もやむなしとして鎖国体制の修正に踏み切ったわけです。力の格差のある欧米先進国と新たな外交関係を取り結ぶことによって、大君外交体制（鎖国体制）は崩壊し、西洋国際体制に参入していくことになったわけです。

ただし重要なのは、この東アジアという国際関係の場において、事実としては、すでに存在していた華夷秩序世界に西洋国際秩序が入ってくるという、つまり華夷秩序と西洋国際秩序とが交錯する場として当時の東アジア世界があったということです。サミュエル・ハンチントン風にいえば、文明の衝突が起こっていたといえます。

欧米列強による侵略の危険性を認識していた日本は、その脅威に対抗するために欧米諸国をモデルにした西洋化、近代化にいちはやく取り組み、西洋的な国際関係のルールを学んでいくことになります。しかし、日本がすでに属している東アジア国際関係の場には、厳然として華夷秩序が存在していますので、江戸時代には正面から向きあわなくてもよかった伝統的な東アジアの国際秩序にも、この時期に同時に向きあうことが求められるようになったのです。

ですから明治期の日本外交は、たんに西洋的な国際関係のルールを学べばそれでこと足りたということではなくて、あらためて大国中国が展開する華夷秩序にも、正面から対峙する必要性が生じたわけです。この点が日清戦争までの日本外交を考えるうえで重要です。

ちなみに、そうした日本外交における華夷秩序的な原理のいわば残影は、少しお話は飛びますが、琉球を日本国に編入するときと大韓帝国を併合する際にもみてとることができます。琉球国王と大韓帝国皇帝にたいして明治天皇がいわゆる冊封詔書《さくほうしょうしょ》を出しているからです。そうした東アジア国際関係の伝統に則った秩序原理を用いて編入・併合しているわけです。三国が共に君主制国家であったからでしょうが、たんに西洋的な意味での編入や併合だけではお互いに納得できない関係性が、東アジア世界には残存していたといえましょう。

それゆえ日本外交には、西洋的なやり方と伝統的な華夷秩序的なやり方とをうまく使い分けながら外交を展開していた側面があったことにも注意しなければいけません。

話を戻しますが、東アジア国際関係における日本外交の展開を具体的にみるとき、さらに二つの点が重要になります。一つは、華夷秩序と西洋国際秩序とが交錯するなかで、東洋対西洋という考え方が強まってくることです。西洋の圧迫を受けている東アジア諸国、とりわけ日本・中国・朝鮮の三国が団結して西洋に対抗しようという思いは、当時においてはある意味で自然なことでした。一般的にアジア主義と呼ばれる主張で、その意味内容は必ずしも一様ではありませんが、たとえば日清連合論とか日清朝三国の連帯論とかがあり、日清戦争までの道のりを考えるとき、そうした主張が非常に重要な意味をもってきます。

それからもう一つ、当時の東アジア国際関係に大きな影響を及ぼしていたのが、イギリスとロシアの対立関係です。ロシアが不凍港を求めて南下政策をとり、アフガニスタン・インド方面への進出を志向したり、あるいは朝鮮半島方面に向って出ていこうとするわけですが、その際にイギリスの利害と衝突することになりました。そうしたイギリスとロシアの対立が、東アジア国際関係における非常に重要な局面でした。

それゆえ、英露対立を背景にして、日本と清国との連帯論の延長線上にイギリスとの同盟論というものも考えられてきます。それはロシアの東アジアへの進出を共通の脅威とする認識から生まれる外交論・外交政策です。たとえば竹越与三郎は一八九四(明治二七)年の『支那論』において、つぎのように述べています。イギリスの政治家は大声でロシアが東洋を呑もうとしていると東洋諸国に警告している、それゆえ東アジアは同盟しなければならない。日清同盟論が起こり、それは直ちに日清英三国同盟論にならなければならない。

そのように対ロシアという観点から、日清連帯論や日朝の連帯論、さらには日清英の連帯論が登場することになります。とくに日清英の連帯論は、アジア主義的な連帯論と英露対立論とが結びついた議論となります。したがって今回お話しさせていただくなかで、一つの軸になるのは、このロシアにたいする脅威認識・危機意識になります。日露戦争においてはこの指摘は当たり前のことですが、日清戦争を論じる際にも、これが重要な視点になるわけです。

一般的な語りとして、日清戦争は朝鮮半島支配をめぐる日清間の争いととらえられ、それはその通りなのですが、しかし戦争にいたる過程をみると、実は一方において、日清連帯論というものが存在しています。ロシアがシベリア、沿海州から朝鮮半島に南下してくるという脅威にどう立ち向かうのか。朝鮮半島は日本にとっても清国にとっても安全保障上不可欠な重要地域ですし、清国にとってはもっとも重要な宗属関係にある国です。一八八四（明治一七）年の清仏戦争に清国が敗れてベトナムがフランスの植民地になったように、華夷秩序がだんだんと崩れている状況下で、朝鮮半島は隣接する、いわば最後に残った宗属関係の国でもあったわけです。このように、もし朝鮮半島がロシアに支配されるとなると、それは日清両国にとって安全保障上の脅威になる。その点で両国の利害が一致するわけで、日清は連帯してロシアに当たらねばならないという考え方が出てくるのです。

今、ロシアにたいする脅威意識が日清連携につながるというお話をしたわけですが、ここでロシアの通商使節ラクスマンが来航した一七九二年前後からの日本人のロシア認識を少し振り返ってみます。たとえば、工藤平助『赤蝦夷《あかえぞ》風説考《ふうせつこう》』（一七八三年）は、ロシアの対日接近の目的は交易にあるとしながらも、その領土的野心にも言及しています。さらに林子平《はやししへい》も『三国通覧図説』（一七八五年）や『海国兵談』（一七九一年）において、ロシアによる日本侵略の可能性を指摘しています。

その後、ロシアの使節レザノフの長崎来航と蝦夷地襲撃事件があり、さらに一八一一（文化八）年には千島列島を測量中であったロシア軍艦の艦長ゴロヴニンが松前奉行配下の役人に捕えられ、その仕返しにロシア側が高田屋嘉兵衛を拘束するという事件が起こりましたので、それら一連の出来事が日本人の対露脅威イメージの底流となります。もっともゴロヴニン事件そのものは平和裡に外交交渉で解決され、ロシアに日本侵略の意図はないということが確認されることにはなりました。

ただし、ロシアが日本に隣接する大国であることに変わりはありませんので、ロシアにたいする脅威イメージは潜在的には存在し続けたわけです。たとえば、日本政府の外交顧問モンブランが一八六九（明治二）年に、ロシアが樺太と朝鮮を支配するとすれば、ロシア東方の海岸が陸続きになるという戦略的位置からみて、日本の自立は不可能になるとの警告を、沢宣嘉《さわのぶよし》外務卿ら政府指導者に発しています。

また外務官僚の宮本小一外務権少丞が「朝鮮論第六」（一八六九年）という文書のなかで、「朝鮮へ交際するは無益なりと雖《いえど》も、このまま打ち捨ておくときは」、つまり朝鮮が開国しないで鎖国のままでいるときは、「露西亜に蚕食《さんしょく》せらるべし。これ日本にとり大害の極みなり」と述べています。さらに朝鮮との開国交渉をおこなった外交官の森山茂も朝鮮官吏にたいして、ロシアが満州の地を占め鴨緑江《おうりょくこう》に沿って朝鮮に迫ってくる、それゆえ両国は国交を取り結ばなければならないと、ロシアの脅威にもとづく説得をおこなっています。

このように朝鮮半島問題は日本の安全に関わる問題であり、朝鮮問題はロシア問題でもあるという認識がみられるわけです。しかし、一八七五（明治八）年に締結された樺太・千島交換条約で、日露間の直接的な懸案であった国境画定問題が平和裡に解決されますので、その後の日露関係は基本的には良好になります。

なお対露脅威イメージの形成についていえば、イギリス公使パークスによってもたらされるロシア警戒論の影響の大きさについても注意しなければいけません。国際情勢にたいする情報収集力や分析力にいまだ成熟していない明治政府の首脳にとって、パークスがもたらす意見や情報は重要視されたことでしょうし、その意味で、ロシアと敵対しているイギリスを経由して対露イメージが形成されていたという側面もあったのです。

また対露イメージはけっしてマイナスイメージばかりではなく、たとえば幕末にロシア使節のプチャーチンと国交交渉をおこなった幕府官吏の間には、むしろロシアは「信用に値する国」「義の国」というプラスイメージが形成されていますので、そうしたプラスイメージの存在も、当該期の日露関係をみるうえでは大切です。福井藩主松平春嶽の側近であった橋本左内《さない》も、早くも一八五七（安政四）年に、パワー・ポリティクスの観点から日露同盟によるアジアの制圧とイギリスへの対抗という主張を展開していますが、その根底にはロシアが「唇歯《しんし》の国」「義の国」であり、「信用するに足る国」だとする認識があったのです。

ちなみに、日本外交に大きな影響を及ぼしたイギリスにたいするイメージについていえば、実はイギリスは本当に信用するに足る国なのかという思いも、明治指導層のなかにはあったようです。たとえば日英同盟を結ぶか日露協商を推し進めるかという一九〇一年における伊藤博文や井上馨《かおる》の言動をみますと、伊藤も井上も帝国主義国のイギリスよりはロシアにたいするプラスイメージを抱いており、ロシアとは話しあいで妥協点を見出せるのではないかと考えていたようです。

朝鮮半島は多くの国の思惑が錯綜する場であった

以上、日本の独立と自立（発展）にとっての朝鮮半島の重要性、華夷秩序と西洋国際秩序の交錯する場としての東アジア国際関係、東洋対西洋という視座の存在、東アジア国際関係の拘束要因としての英露対立、そして日本の対露認識について述べてきました。そうしたさまざまな側面が明治期の日本外交に影響を及ぼしていたわけですが、まさにそれらが露わになった象徴的な年が一八八五（明治一八）年です。

まず朝鮮をめぐっては、朝鮮国内で一八八二年と八四年にそれぞれ壬午《じんご》軍乱と甲申《こうしん》事変と呼ばれる二度にわたるクーデター騒ぎがあり日清両国が対峙、しかし八五年四月に天津条約が結ばれることで両国関係は落ち着きます。天津条約についてはさして評価しない見方もありますが、清国全権の李鴻章《りこうしょう》が天津での交渉時に、日本全権の伊藤博文にロシアを仮想敵国とする日清同盟を打診していたり、天津条約が西洋列国の朝鮮侵略に日清が協力して対処することを可能にするものと評価していた点を見過ごすことはできません。つまり天津条約は朝鮮をめぐる日清提携を基礎づけるものともいえるわけです。

また当時、イギリスの駐日公使プランケット（駐清公使に転任したパークスの後任）が李鴻章の認識と同様に、天津条約は西欧の侵略的勢力（つまりロシア）から朝鮮の共同防衛を図る良好な了解を基礎づけるものと意義づけており、またグランヴィル英外相の意を受けて日英清連合論を唱えていた点にも注目する必要があります。

日英清連合論との関係で見逃せないのが、やはり一八八五年四月に起こった巨文島《きょぶんとう》事件です。

それはイギリスが突然、朝鮮半島南方の沖合にある巨文島を占領した事件です。英露は当時、グレート・ゲームと呼ばれるアフガニスタン支配をめぐる対立関係にありましたが、イギリスは東アジアにおけるロシアとの対立に備えて（イギリス政府の公式声明ではロシアによる朝鮮の併合を阻止するため）、機先を制して同島を占領し、第二の香港にすべく砲台などの軍事施設を築きました。イギリスはロシアと朝鮮とが密約を結ぶことも警戒していたのです（イギリスが知っていたかはわかりませんが、たしかに一八八五年には露朝密約が存在しました）。ですから巨文島事件は、イギリスとロシアの対立が具体的に目にみえるかたちで東アジアに波及した事件ということになります。

ちなみにイギリスは巨文島の占領を清国と日本には通知しましたが、朝鮮には知らせませんでした。つまりイギリスも清国と朝鮮の宗属関係を認識しており、朝鮮を自立した国家としては半ば認めていなかったといえます。なお事件後に福沢諭吉は『時事新報』（一八八五年六月二七日付）紙上で、英露の政略はまったく反対である、英国はすでに東洋の全権を掌握しているので余分の国土のさらなる侵略よりは既得の威権の保持を国是としているが、露国は太平洋に不凍港を求め、宿敵の威権を失墜させる目的で朝鮮を押領せんと欲しているのではじめから併呑しようとしている、やむをえなければ取らないと同様には論じられないとの英露認識を示しています。

また対露脅威認識の観点からいえば、一八九一年にはじまったロシアによるシベリア鉄道の建設も、東アジアのパワーバランスを揺るがすものとして各国に新たな危機感をもたらしました。

このように朝鮮半島をめぐる東アジア国際関係は、少なくとも日本・清国・ロシア・イギリス、そして当事国である朝鮮の絡み合いとしてとらえる必要があります（さらには仏独米も）。日清戦争は朝鮮をめぐる日清の争い、日露戦争は朝鮮をめぐる日露の争いとして理解されますが、より広い多国間関係としての東アジア国際関係の文脈のなかでみる必要があるわけです。

その際、今回はあまりふれることはできませんが、本来当事国であるはずの朝鮮の動向も重要です。帝国主義時代の対立には、いわば対象となった当事国を抜きにした争いという側面があることも否めませんが、はからずも戦争の舞台となってしまった朝鮮からの視点ももちろん欠かすことはできないわけです。ただし今回は、そうした視点の存在の重要性を指摘するにとどめたいと思います。

日本と清国はなぜ戦うことになったのか

次に、いよいよ日清戦争・日露戦争の方に話を進めて参ります。まず日清戦争を考えるうえで重要なのは、日清はなぜ戦ったのか、戦う必要があったのか、ということです。これはなかなか難しい問いですが、これまでのお話の観点からいえば、日本が明治初年以来着々と大陸への進出（侵略）を計画・実行し、それが日清戦争・日露戦争として現れたという歴史理解がかつてありましたが、少なくともそういう一直線的な、宿命論的な見方はできないということです。

戦争がなぜ起こるのかについては、一般的な意味でも多くの要因が絡みますので、本来複雑なものです。歴史の結果を知っている現代人の眼からみると、どうしても結果からそこにいたる過程をわかりやすく、すっきりと整理しがちになりますので、その時代に存在したであろうさまざまな政策選択の幅や認識の多様性を見逃しやすくなりがちです。しかし、少なくとも先程来申しあげている歴史の文脈からいえば、必ずしも日清戦争が必然的なコースであったとはいえないのではないか。むしろロシアにたいする脅威認識と英露対立に着目するならば、日清間の連携も成り立つわけで、しかし、それにもかかわらず戦争になってしまったのはなぜかという問題の立て方をしないといけないのだろうということです。

そこで日清戦争にいたる過程で重要なのは、やはり一八八五年の天津条約をどのように理解するかということです。結論的にいえば、これはまずは壬午軍乱・甲申事変で生じた日清両国の緊張関係をほぐすために締結された条約です。伊藤全権が日清両国の朝鮮にたいする対等性を、渋る李全権に同意させたことを踏まえて、㈠朝鮮からの日清両軍の撤兵、㈡日清両国は軍事顧問を派遣しない。朝鮮には日清両国以外の外国から一名または数名の軍人を招致する、㈢将来朝鮮に出兵する場合には相互通知し、派兵後は速やかに撤退、駐留しない、というのが基本的な内容です。

天津条約第二条は、第三国が朝鮮を侵略することを防止するために、朝鮮の治安維持能力を高めることを目指したものです。そもそも朝鮮自身に秩序維持の力があれば、他国が派兵する必要はありません。さらに独立を維持する能力がなければ欧州列強等の属国・植民地となり、それが日清両国の安全を脅かすものともなりえます。ですから朝鮮自身に独立を維持するだけの軍事力を備えてもらわなければならないのです。李鴻章の「朝鮮政府に於て充分の兵備を設け其《その》兵員を適当に訓練し……自ら其独立国たるの地位を護るを得るに至らん事は本大臣の甚だ希望する所なり」という交渉の場での発言は、そうした認識が清国側にもあったことを裏づけています。

それゆえ日清両国以外から派遣される軍事教官（アメリカから派遣されます）による朝鮮軍の育成が順調に進むかどうかが、朝鮮半島情勢安定のための大きな鍵を握ることになります。仮にそれがうまくいかず、日清両軍が再び出兵することになれば、軍事衝突に発展する可能性があるわけで、日本政府としてはそれだけは回避したいと考えていたのです。もとより李との交渉直前の伊藤全権に日本政府が伝えた閣議決定にもとづく訓令には、朝鮮からの撤兵と日清間における将来的な紛争回避の取り決めを協議せよという項目がありましたが、とくに清国が難色を示していた撤兵問題（イギリスも撤兵は外国人居留民の生命財産を危うくし、またロシアの朝鮮介入を招くに等しいと反対）が天津での交渉の主たる目的であったのです。

他方、日清両国が個別の利害にもとづいて出兵できることを規定した条約第三条は、両国の安全にとって朝鮮が重大な利害関係をもつ国であることを相互に承認したことを意味しています。ただし両国が朝鮮に出兵し対峙した場合、戦争に発展する可能性がありますので、それを避けるために事態が収束したら速やかに撤退すると取り決めているわけです。いずれにせよ日清両国の出兵が両国間の戦争に発展することを回避するためには、なによりも朝鮮が独力で秩序を維持しえるだけの力をもつことが必要であり、またそれが、朝鮮が欧州列強の植民地となり日清両国の安全を脅かす事態を招かないためにも必要であったのです。

このように天津条約は、第一条で朝鮮への軍隊駐留を日清両国が相互に禁止し、第二条で日清両軍の撤退後に朝鮮政府が治安維持能力を高める方途を示し、第三条で朝鮮の領土保全とその侵害排除のための個別的軍事行動を相互に認めたものであり、総じていえば日清協調による朝鮮半島地域の安定化策であったといえます。

それゆえ当時の日本の言論界でも、天津条約は「日清連合して欧州の東亜を蚕食するを防」ぐ目的で結ばれたものであり、「日清韓三国後来の平和を永久に維持せんとの大計を策」したもの、という認識がみられます。ちなみにイギリスの新聞『ザ・タイムス』(一八八五年七月二七日付)が天津条約を評して、李鴻章がロシアへの対抗のために日英清三国の「攻守連衡の策」を結ぼうとして日本に譲歩し日清関係の修復を図ったものという見方を伝えていた点も興味深いところです。

また日清開戦直後の時期ですが、李鴻章の交渉パートナーであった伊藤博文が天津での会談を回顧して、「先《ま》つ宇内《うだい》の大勢より説き起して、東洋の平和を保ち開明を期するは日清の和親協力に存す。此和協の目的を達せんとすれば、朝鮮の独立を図り、相互之れに干渉せさるを以て緊要とする事を論したるに、李氏は其公論を賛し、立ち処ろに条約を締結したり」と、日清朝三国の安定的な関係が東洋の平和と発展のために必要と説いていたことにも注目したいと思います。

ということで、天津条約はこれまでみてきたように、朝鮮半島をめぐる日清の協調体制、さらには日清英の対露協調体制として理解することができます。ただし日清間の関係が深い相互理解と相互信頼にもとづいていたわけでは必ずしもありません。

たとえば甲申事変後には、清国と朝鮮はむしろ悪友であり、両国とは手を切るべしという主張が登場します。強力な清国軍の介入によって支援していた朝鮮改革派のクーデターが失敗したことを受けて、『時事新報』（一八八五年三月一六日付）紙上に掲載された有名な「脱亜論」で、福沢諭吉が執筆したとされる社説です。それが当時の政治思潮をどの程度反映していたのかはわかりませんが、日清協調論とは異なる主張が有力者によって唱えられていたことに注意をむけるべきでしょう。

また、そもそも李鴻章との個人的な関係を築いた伊藤博文でさえも後年、「清国は常に孤立と猜疑とを以てその政策とす、故に其の外交上の関係に於ては善隣の道に必要とする所の公明と信実とを欠くや宜《うべ》なり」と述べていたように、清外交は不信と猜疑という視点から評されることがあります。この点については、やはり後のことになりますが、原敬《はらたかし》外務省通商局長が陸奥宗光《むつむねみつ》外相に提示した「対韓政略」のなかで、清は日本が朝鮮を「併呑」する野心があると警戒し「猜疑心」を抱き続けている、清がこれまで日本に親密さを示してきたのは、日本を手なずけることで朝鮮に手出しをしないように仕向け、西洋諸国と結んで清に対抗することを封じるためであると述べています。

他方、清国の側からいえば、朝鮮は最も重要な属国です。すでに述べたように、華夷秩序はもともとゆるやかな宗属関係を基調としており、清国の直接的な支配が属国に及ぶものではありませんでした。しかしそれがゆえに、明確な領域支配を近代国家の原理とする西洋国際秩序に直面したとき、華夷秩序はいわば無傷のままではいられませんでした。たとえば一八七〇年代には、属国であった琉球王国を日本が領土に編入してしまいましたし（琉球は江戸時代以降、日清の両属支配下にありました）、一八八〇年代には清仏戦争の結果、清国はベトナムの宗主国としての地位を失いました。

このように西洋国際秩序の挑戦を受けて華夷秩序がほころびをみせるなか、清国と朝鮮の関係も大きく変化することになりました。清国がその支配を強め、朝鮮との宗属関係をより強固なものにしようとしたからです。つまり西洋国際秩序に対抗して華夷秩序を守っていくためには、伝統的な宗属関係のあり方を見直す必要に迫られたのです。その意味で清国にとって、必ずしも本意ではなかったかもしれませんが、伝統的なゆるやかな支配を修正して、周縁にたいする領域支配の度合いを強めざるをえなくなっていたのです（たとえば一八八四年には新疆省を、一八八五年には台湾省を新設しています。ただしこの段階で、清国が西洋的な近代国家を目指していたとはいえないでしょう）。

ところで、すでに述べてきましたように、壬午軍乱と甲申事変に際して朝鮮政府は独力では乱を平定できず、代わりに宗主国である清国が軍を派遣して乱を鎮圧しました。壬午軍乱後、清国は首都である漢城に大兵を常駐させるとともに、宗属関係を明文化した商民水陸貿易章程を結びました。朝鮮も宗主国としての清国を頼りましたので、清国の朝鮮における存在感は以前にもまして高まりました（しかしもちろん、両国の考えが常に一致していたわけではありません）。

それに比して壬午軍乱で反乱軍の標的とされた日本の朝鮮における影響力は低下しました。そうした状況は、日本を頼ってクーデターを企図した独立党（急進開化派）の金玉均《きんぎょくきん》らによる甲申事変が、清国軍の介入で失敗したことによりさらに昂進されました。

　このように一八八〇年代に入り、清国と朝鮮の宗属関係が前近代にはみられなかった様相を呈し、清国が朝鮮における優越的な地位を強めたことは、日本のみならず欧米各国にも認識されていました。イギリスが巨文島の占領を朝鮮には知らせず清国に知らせて了解を得ようとしたことは、その象徴的な行為といえます。

　その意味で、天津条約体制が朝鮮をめぐる日清両国の協調体制であるとはいえ、それが事実として、朝鮮における両国の対等な地位を保証していたわけではありませんでした。依然として華夷秩序は存在し、清国はやはり東アジア世界の盟主として君臨していたのです。

　それゆえ日本側としては、天津条約以降、清国の優位性を前提にしたうえで、朝鮮における日本の存在感をいかにしたら高めていくことができるのかが政策課題となりました。そして明治天皇の最も信任の厚い伊藤博文とその盟友である井上馨は、清国との戦争にいたらない範囲で日本の影響力を拡大する方策を日本外交の主潮流とし、追求したのです。その具体策が朝鮮永世中立化構想でした。これは実は文官である井上や伊藤たちのみならず、軍人の山県有朋《やまがたありとも》が「外交政略論」（一八九〇年）で「主権線」「利益線」を守る方法として訴えたものでもありました。

　つまり朝鮮の中立化を日清と欧米各国とが保障することによって朝鮮半島の平和が保たれるだけでなく、朝鮮の独立も保障されることになるわけです。しかしそのためには、朝鮮自身がまず独立国としての内実を整えていく必要がありました。それゆえ朝鮮が独立国の内実を強めれば強めるほど、ある意味では清国と朝鮮の宗属関係が弱まる可能性が高まり、それに比して日本の朝鮮への影響力を拡大しえる余地が生まれやすくなるといえます。もっとも現実政治の場では、井上をはじめとする日本政府は、清国と朝鮮の歴史的関係に理解を示し、日本の朝鮮独立論が清国への朝鮮の朝貢を否定するものではないとの立場をとっており、その考えは清国側にも伝えられていたのでした。

しかしいずれにせよ、朝鮮永世中立化構想は各国の思惑のみならず、朝鮮自身が否定的であったこともあり、日の目を見ることはありませんでした。

ところで、これまでみてきたことからも明らかなように、伊藤と井上たちの東アジア政策の基調は、朝鮮をめぐる日清（英）協調であり、他方では日朝修好条規（一八七六年）で「朝鮮国は自主の邦にして日本国と平等の権を保有せり」と謳われたように、朝鮮の「独立」を目指すことにありました。朝鮮の「独立」は究極的には清国と朝鮮との宗属関係の否定につながりますが、しかし天津条約の締結時に示されていたように、伊藤や井上たちがアジアの大国である清国と直ちに事を構えることを意図していたわけではありません。他方、清国にしても、朝貢等がおこなわれているかぎり属国の内外政に干渉しないという伝統的な宗主国の立場からすれば、朝鮮が属国であることと「自主の邦」であることとは両立しえるものであったのです。

それゆえ日清間の埋めがたい相違は、「自主」を華夷秩序の文脈で理解するのか、あるいは西洋的な主権国家の文脈で「独立」ととらえるのかということになります。つまり突き詰めれば、華夷秩序原理と西洋国際秩序原則の相違であり、日本があくまでも朝鮮の「独立」を追求し、清国が「自主」にこだわるならば、両国の衝突は避けられないものとなるでしょう。

いいかえれば、清国が伝統的な東アジアの盟主であり、従来のゆるやかな支配に修正を加えてでも朝鮮の宗主国としての地位に固執するならば（つまり西洋流の領域支配に多少なりとも近づくことで朝鮮での地位を守ろうとするならば）、また他方、日本が自国の安全と自立のために清国と朝鮮の宗属関係を打破しなければならないと思い定め、さらに東アジアの盟主を目指すならば、日清の協調は成り立たないということになります。そうした両者の違いを違いとして許容しえなくなればなるほど、つまりかつての東アジアに存在したゆるやかで曖昧な国際関係が存立しえなくなったとき、開戦の危機が訪れることになるのです。

その意味で天津条約は、日清両国がお互いに折り合いをつけて「自主」と「独立」の溝を目立たせないように歩み寄り、協調の精神を発揮した成果であったといえます。ただし繰り返しになりますが、日清協調は必ずしも深い相互理解と相互信頼にもとづいていたわけではありませんので、その点からいえば、ガラス細工のようなもろさを内包した、きわめて危い協調でしかなかったのです。

さて、お話を日清開戦直前の時期に移しましょう。開戦にいたる重要なきっかけとなったのは、一八九四年一月に勃発した東学党の乱です。朝鮮は乱を自力で平定することができず（天津条約第二条の機能不全）、五月末に清国に派兵を要請、準備を整えていた日本軍も在留邦人の保護を名目に直ちに出兵しました。ただし日本にとっての誤算は、日本軍が漢城に入京した段階で、すでに乱が沈静化に向っていたことです。

ただし、そのまま何もせずに日本軍が撤兵した場合、属邦保護の名目で出兵した清国の朝鮮における地位がさらに高まることが予想されることになりますので（それは日本側の理解からすれば、朝鮮の「独立」が遠のくということを意味します）、何らの成果をともなわない撤兵は困難というのが、日本政府の判断でした。そこで日本側が提起したのが、日清両国による内乱鎮圧と共同朝鮮内政改革でした。

日清間の交渉はその後、朝鮮に関心を寄せる英露それぞれの仲介もありましたが、結局まとまらないまま戦端が開かれることになります。日本の提案は清国からすれば、「朝鮮を独立国とみなしている日本に内政改革の権利はない」ということでしたが、そうしたこれまでの日本の朝鮮独立論と内政改革論とが矛盾するのではないかという疑問や批判は、実は日本国内にも存在していました。ですから、日本の提案にたいする清国の拒否を開戦理由とすることにどれほどの説得力があったのかは、疑問の残るところです。つまり、なぜ日清開戦にいたったのかは、それほど明瞭なことではないのです。

いずれにせよ、開戦時の首相が日清両国の衝突を避けようとしてきた伊藤博文であったことは、誠に皮肉なことでした。では、伊藤首相はなぜ開戦に舵を切ったのでしょうか。もちろん戦争は彼のみの判断でおこなえるものではありません。しかし、少なくともこれまでみてきた文脈に即していえば、日清両国指導者の相手国にたいする不信・猜疑心・誤認等の心理的要因が協調や妥協を困難なものにしたうえに、朝鮮との宗属関係を強めている清国と、戦争に訴えてまでも華夷秩序を打破しようとする日本との立ち位置の違い、つまり東アジア国際秩序のあり方をめぐる両国の溝の深まりを、決断の背後に潜む開戦の原因としてあげることができるでしょう。

いいかえれば、日清戦争は伝統的に東アジアの盟主である老大国としての清国のプライドと、成長著しい新興国として既成の東アジア国際秩序に挑戦しようとする若き明治日本の野心とのぶつかり合いでもあったのです。

もちろんそうした国際秩序をめぐる原理的な対立があったとしても、それが直ちに戦争に結びつくわけではありません。伊藤や井上たちは根本的な違いを認識しながらも、あくまでも戦争回避の途を模索していたのですから。しかし最終的な局面では、朝鮮への出兵を認めた首相として、伊藤もいわば腹をくくって陸奥宗光外相や川上操六《そうろく》参謀本部次長たちが唱えていた対清強硬論に与し、開戦を決断したのです。

なおその際、伊藤の決断に大きな影響を与えた要因として、さらに二つの点を指摘しておきたいと思います。それは一つには、日本軍が清国軍と戦えるだけの軍備と態勢とを整えていたこと、もう一つが、開戦直前の七月に長らく条約改正に反対してきたイギリスが新しい日英通商航海条約の調印に応じたことで（つまり日本を「文明国」として認めるという好意的なシグナルを示したことで）、列強の戦争への介入の

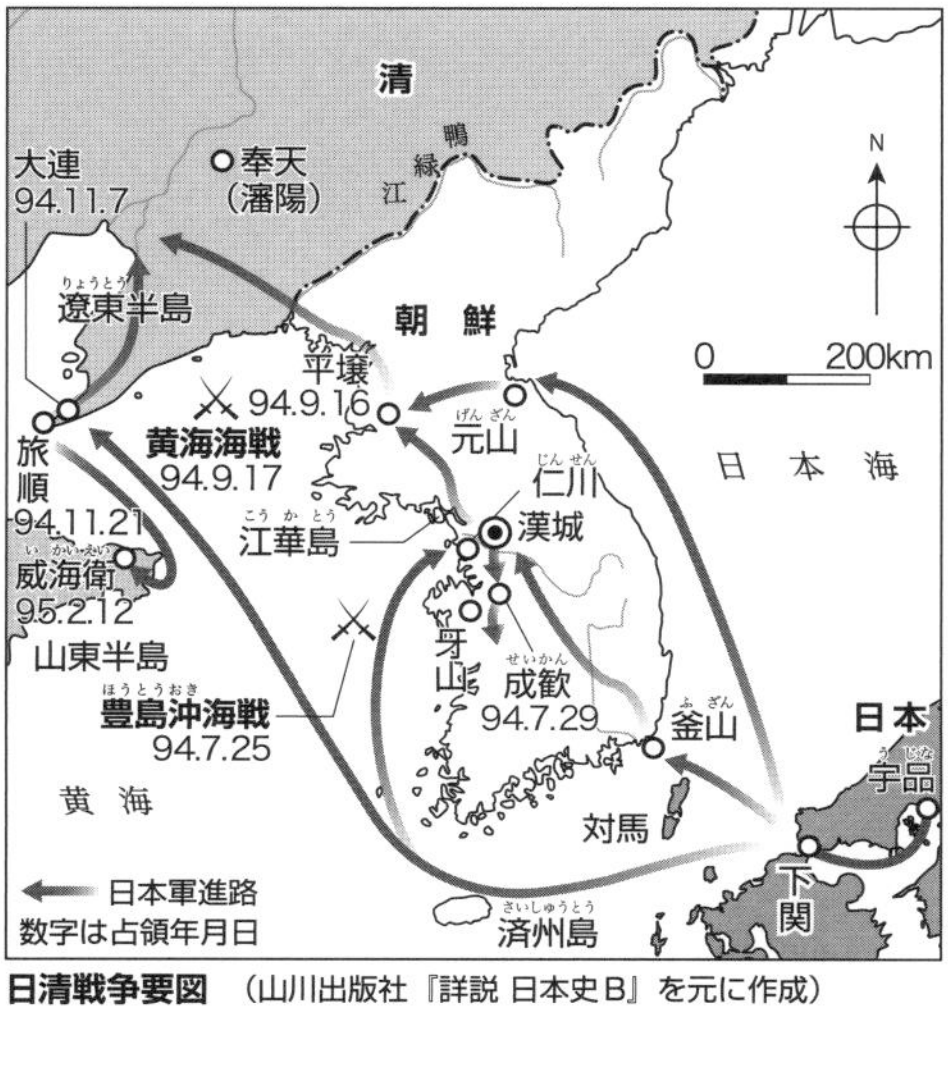

日清戦争要図　（山川出版社『詳説 日本史B』を元に作成）

可能性が低減したことにより、日清戦争を日清二国間の戦争に限定しえる見通しがたったことです（伊藤たちは列強の干渉に神経をとがらせていました）。

つまり戦争に向けての意図と能力と環境の三要素がそろうことによって、本意ではなかったかもしれませんが、首相としての立場にある伊藤は開戦の決断を下しえたといえます。内閣はその伊藤が主導し、軍は事実上内閣の統制下にあったのです。

日露戦争はなぜ起こったのか

だいぶ時間が超過しましたので、日露戦争については簡潔にお話ししたいと思います。日露戦争は一言でいえば、帝国主義国同士の戦争です。もちろん当時の日本はまだ条約改正を完全には達成していませんし、列強との外交関係も公使級にとどまっています。つまり日本は列強と対等の国家としては位置づけられていません。ですから帝国主義候補国といった方がいいのかもしれません。しかし日清戦争に勝利して日本は東アジアの最強国となり、台湾等の植民地を領有する国家にもなりましたので、日本の政治・軍事指導者や外交官たちの多くはアジアの一等国としてのプライドをもち、帝国主義国との自己認識をもつようになってきます（あるいは、そうありたいと思うようになります）。その意味で、日露戦争を帝国主義国同士の戦争として、ここでは理解したいと思います。

ちなみに同戦争は、戦地における戦傷病者の取り扱いを定めたジュネーブ条約（一八六四年のいわゆる赤十字条約）の締約国同士の初めての戦争でしたので、その意味で、同条約に加盟していなかった清国との戦争とは異なります。つまり西洋発祥の国際的な戦争規範に則った戦争として、欧米諸国から注目された戦争でもありました。

さて日露戦争を語るとき、日清戦争の最終局面で起こった露独仏による三国干渉に触れないわけにはいきません。干渉を主導したロシアにたいする反感と憎悪、そして臥薪嘗胆というスローガンが、日露戦争の語りの出発点に位置づけられることが多いからです。これはこれで必ずしも間違いとはいえないかもしれませんが、それをかなり決定的な戦争の要因とすることには慎重であったほうがいいと思います。政治・軍事の指導者たちが開戦に踏み切るには、少なくとも何が国益かをめぐる合理的な判断と政治的な意図、そしてそれを実現しえる能力の存在が前提としてありますので、感情のみの要因で戦争が起こるわけではないからです。ましてや国民感情は熱しやすく冷めやすいものですし、逆に三国干渉後のロシア語学習熱の高まりが、ロシアにたいする良いイメージをもたらした面もあるからです。

さて日清戦争に勝利した日本ですが、実は朝鮮政策は思うようには進みませんでした。開戦後に朝鮮に赴任した井上馨公使による内政改革は失敗、政府の明確な政策方針が立たないまま後任となった三浦梧楼《ごろう》公使が王妃の閔妃《びんひ》殺害事件（一八九五年一〇月）を引き起こした結果、朝鮮政策は行き詰まり、結局不干渉方針に転じなければならなくなりました。そして一八九六年二月に国王の高宗《こうそう》が突如ロシア公使館に移り住み（いわゆる露館播遷《ろかんはせん》）、日本が後押ししていた穏健開化派の指導者たちが一掃されたことにより、朝鮮におけるロシアの勢力伸長と日本の後退が決定的となったのです。日清戦争で清国を退けた日本でしたが、今度はロシアが新たなライバルとして登場したのです。

その当時の内閣は、引き続き伊藤博文が首班でしたが、ロシアとの対立を避け、朝鮮情勢を安定化させるような協定をロシアと結ぼうとする、穏健な日露協商路線がとられました。それが、一八九六年五月に朝鮮駐在公使間で取り決められた小村《こむら》（寿太郎《じゅたろう》）・ウェーバー協定であり、ロシア皇帝ニコライ二世の戴冠式に派遣された山県有朋特派大使とロシア外相ロバノフとの間で締結された山県・ロバノフ協定でした（一八九六年六月）。小村の後任となった原敬公使が、同年九月に排日の風潮が依然盛んな朝鮮においては当面「無為政策」が必要と意見具申していたように、当時の日本が積極的な朝鮮政策を展開しえる余地はとてもなかったのです。

このように日清戦争後の日本の東アジア外交を取り巻く国際環境には、いくつかの大きな変化が生まれました。第一が今お話ししましたように、朝鮮半島における現実的な競争相手としてロシアが登場したことです。日清講和条約（下関条約）の第一条で清国と朝鮮の宗属関係は明確に否定されました（清国は朝鮮国が完全無欠なる独立自主の国であることを確認し、独立自主を損害するような朝鮮国から清国に対する貢・献上・典礼等は永遠に廃止する）。しかし、朝鮮内の反日勢力は清国に代わってロシアと手を組むことで、日本に対抗しようとしたのです。

第二は、清国をめぐる変化です。日本は日清戦後に新たに日清通商航海条約（一八九六年七月）を締結しますが、それにより西洋諸国が形成していた清国にたいする不平等条約体制への日本の参入が実現することになりました。それは、たとえば加藤高明駐英公使にみられる、日本の実力は極東において第一流であるという帝国主義的な自負心を抱かせるに十分な、東アジア国際関係における日本の地位の上昇を示すものでした。

しかし、清国をめぐってはさらに大きな変化が起こりました。西洋列強が自国の特権的な利益の獲得をめざす新しい進出方法をとるようになったからです。つまり日清戦争の敗北により「眠れる獅子」と呼ばれていた清国が弱さを露呈したことで、利権を獲得して勢力範囲を設定するという清国への新たな進出方法がとられるようになったのです。それは最恵国待遇を通して各国が結びつき共通の利益に与るという不平等条約体制とは異なるものであり、特権的な領土的経済的な領域を確保するために、港湾の租借、鉄道敷設権や鉱山採掘権などのさまざまな利権を獲得しようとするものでした（列強にとって利権は、清国の対日賠償に資する借款供与の担保という側面もありました。その意味でも日清戦争での日本の勝利が「中国分割」を招いたといえます）。

そうした新しい方法による西洋列強の清国への進出が集中的にあらわれたのが一八九八年のことです。同年のドイツによる膠州湾《こうしゅう》の租借を皮切りに、ロシアの旅順・大連の租借、イギリスの威海衛《いかいえい》の租借、フランスの広州湾の租借と続く、いわゆる「中国分割」です。日本はまだまだ国力不足ではありましたが、そうした獲得競争に加わり、台湾の対岸にある福建省の不割譲を清国に宣言させることに成功しました。

このように東アジアには帝国主義の新しい潮流が生まれました。そして西洋流の勢力均衡とパワー・ポリティクスとを担いうる東アジアで唯一の帝国主義国へと成長しつつあった日本も、そうした新しい潮流にいち早く適応したのです。

ところで、清国を舞台とする列強の勢力圏外交が展開される一方、清国への進出に出遅れたアメリカは二度にわたる門戸開放宣言（一八九九年と一九〇〇年）を発して東アジアにおける新たな外交規範を作り出すことに成功しました。つまり列強の既存の勢力範囲を前提にしながらも、アメリカ国務長官のジョン・ヘイが提唱（ヘイ・ノート）した門戸開放、商工業上の機会均等、領土的行政的保全という諸原則が、列強の対中国政策を規定する共通認識となりました。とくに義和団事件にともなうロシアの満州占領（一九〇〇年）にたいして発した清国の領土的行政的保全の原則（第二のヘイ・ノート）は、その後の「中国分割」を牽制する機能を事実上果たすことになったのです。

以上のように、日清戦後の東アジア国際関係は数年のうちに大きく変貌しました。まさに帝国主義の国際関係となったのです。

さて、そうした新たな国際関係のなかで、朝鮮半島をめぐる日露関係はどのように推移し、戦争にまでいたったのでしょうか。先に述べましたように、日清戦後の朝鮮においてはロシアの影響力が増大し、日本の勢力が後退しました。しかし、そうした事態に直面した日本には、自力で大国ロシアの影響力を排除しえるような力はありませんでしたし、そもそも朝鮮国内がそれを可能にするような状況にはありませんでした。そうした日本の指導層の自覚が、ロシアとの決定的な対立を回避する宥和政策としての日露協商路線をとらせることになったのです。それが小村・ウェーバー協定と山県・ロバノフ協定、そしてロシアの旅順・大連の租借を受けて締結された西徳二郎外相とローゼン駐日公使との間の協定（一八九八年四月）でした。つまり日本は、朝鮮における日露両国の政治的対等を演出することによって日本の影響力を確保しようとしたのです。

ただしこの段階で注意すべきは、当時の日露両国の指導層には、相手国との決定的な対立を避けるという政策志向があり、またその基底には相手国が交渉相手として信頼するに足る国であり、問題は外交交渉で解決しえるという認識があったことです。また交渉案件が朝鮮半島に限定されていたことも、両国が比較的妥協しやすい土壌としてありました。

さらにロシア側の文脈からいえば、つぎの諸点も重要です。第一に、一八九六年六月に結ばれた露清密約（対日相互防禦同盟）により、露清の国境沿いに建設中のシベリア鉄道とは別に、チタからハルビンを経由してウラジオストクにつなげる満州を横断する鉄道（東清鉄道）の敷設権をロシアは得ていましたが、一八九八年三月に旅順・大連租借条約が結ばれると、ハルビンから旅順・大連にいたる南部支線の敷設権も獲得、こうして満州での鉄道網の建設と念願の不凍港の確保によって、ロシアの関心が朝鮮から満州へと転移していたことです。なおシベリア鉄道や東清鉄道の建設には、露清銀行の設立などフランス資本の援助が不可欠でした（一八九四年に露仏同盟成立）。

第二に、清国との宗属関係から脱した朝鮮では、一八九七年に大韓帝国となり自主独立の機運が高まりましたが、そうしたなかロシアの影響力の増大にたいする危惧や反発が朝鮮国内で起こり、そのために西・ローゼン協定締結の直前にはロシア人軍事教官と財政顧問の解任や露韓銀行の閉鎖などが相次ぎました。

以上、述べてきましたように、朝鮮におけるロシアの影響力の後退と、ロシアの満州進出とが時を同じくして起こっていたのであり、それが西・ローゼン協定締結の背景でもあったのです。

なお同協定は、三国干渉により日本が返還した旅順・大連のロシアによる租借を日本が黙認する代わりに、韓国における日本の存在感の上昇をロシアに認めさせたものであり、その後の対韓国政策につながるものであったのです（両国が韓国の主権と独立を認める、ロシアが韓国における日本の商工業の大なる発達と居留日本人の多数であることを認め、商工業上の関係発達を妨げない等）。

このように一八九八年時点では、西・ローゼン協定をはじめとする一連の協定によって韓国における日露関係は一定の小康状態にありました。ところが、そうした両国の勢力均衡に影を落とす事件が起こります。それが翌九九年五月の馬山浦《まさんぽ》事件です。

これは、旅順は欠陥軍港であり韓国南東部に新たな不凍港を獲得したいというロシア太平洋艦隊司令長官の意を受けたパブロフ駐韓代理公使が、馬山浦で海軍用地獲得の意志を示した、出先機関の独断的な行動でした。ロシア外相自身は、そんなことをすれば「日本との軍事衝突をふくめて、あらゆる不測の事態を引き起こしかねない」と危惧しましたが、その予感は必ずしも的外れなものではありませんでした。なぜならこの事件が、日本の指導層内部に強い対露不信感を生みだすとともに、ロシアにたいする強硬論を台頭させる契機となったからです。

さらにそうしたロシアにたいする不信感を決定的に増幅させたのが、義和団事件の勃発にともなうロシアの満州占領でした。つまり日本側からすれば、これまで日露協商路線により対露宥和を進めてきたのに、ロシアは韓国と満州で日露宥和の精神を逸脱する南下政策をとりつづけ、満州に居座るだけでなく、やがては韓国支配を再び強めるに違いないという、ロシアにたいする抜きがたい猜疑心と不信感とが強まったからです。こうして日本の指導層内部に対露宥和に否定的もしくは懐疑的な強硬論が台頭しはじめることになります。

たとえば山県有朋は「東洋同盟論」（一九〇一年四月）のなかで、日露両国の衝突は早晩免れないが、その衝突を避け戦争を未然に防ぐには「他の与国の勢援に藉《か》りて彼の南下を抑制する」ことが必要との考えを示しています。つまり日本単独でロシアと戦争するだけの力がない以上、和戦のいずれをとるにせよ他国との同盟（ここでは英独との同盟）によってロシアに対抗することで、日本の韓国支配を確かなものにしようとする政策志向です。

ところで西・ローゼン協定の締結時には、外務省首脳とは異なる対露強硬論を表明する外交官が既にいました。それが加藤高明駐英公使です。ロシアの旅順・大連の租借を黙認・傍観するならば「帝国の名誉」はいかにして保たれるのか、「帝国の安全と名誉」を保つためにはロシアの「侵略的所為を掣肘《せいちゅう》する」ことが必要であり、また「清国の分割」の勢いがやむをえないならば、日本もその仲間に加わり「分配の利益」を受けるか、「少なくとも、此機会を利用して朝鮮半島を我勢力の下に帰せしめ」なければならない。ロシアが旅順・大連を租借するならば、「完全に露国を韓国から撤退」させなければならず、そのために日本はイギリスと提携してロシアに対抗し、国益をはかるべきであるという主張です。ちなみに加藤は親英的な人物でしたが、一方で「露国を絶対に信じない」というロシア観の持ち主でもありました。

こうして日本のみならず英米からも非難されたロシアの満州占領を機に、かつては賛同をえられなかった日英同盟論が大きなうねりとなってきます。ただし、ここでさらに注目すべきは、ロシアにたいする危機認識が増大するなかで、日本指導層のなかに、日本の韓国支配とロシアの満州支配とを日露双方が互いに認め合うことによって日本の完全な韓国支配を目指そうとする勢力圏的な政策志向がより強まり、またそれを死活的な目標とする外交路線が有力となったことです。

つまり義和団事件後のロシアによる満州占領が日本の韓国支配を脅かすと認識されるなかでは、ロシアとの外交交渉の範囲を韓国問題に限定することは、ロシアの韓国での影響力を引き続き認め、日本が目指すべき韓国全土の支配を断念することになりかねない、それゆえ勢力均衡と勢力範囲の設定という観点からすれば、むしろロシアが占領している満州を交渉範囲に含めてロシアの勢力圏として認めることでロシアの韓国への進出を防ぎ、韓国を日本のみの勢力範囲にしようとする考えです。

いいかえれば、従来の対露外交のように外交交渉の対象範囲を韓国に限るのではなく、むしろ韓国問題と満州問題とを連繋させることによってこそ、日本の韓国支配を確固たるものにしえるとする政策論です。そしてこのいわゆる満韓交換論が対露交渉の外交方針として、日本指導層内で広く共有されるようになるのです。

こうして義和団事件の際のロシアの満州占領を決定的な契機として、日本の対露政策にはこれまでの日露協商論に加えて、日英（独）同盟論と満韓交換論という帝国主義的な政策志向が登場することになりました。ただしこれらの政策論は、必ずしも二者択一的なものではありません。最終目標である日本単独の韓国支配が可能になるならば、それらの政策論を組み合わせることもありえたからです。

たとえば、先に紹介した「東洋同盟論」で山県有朋は、日英独三国同盟の必要性を唱える一方、韓国問題は同盟の範囲外とし、韓国における日本の「自由の行動」のためにはむしろ新たな日露協商の締結が望ましいとも述べています。つまり日露協商のみに依拠して今後の日本の韓国支配を進めることには懐疑的であるがゆえに、日英独同盟の威力を用いてロシアへの外交圧力をかけ対露交渉を有利におこないたいとする一方、しかし新たに韓国問題への英独の関与を招くことになるのなら、日露間で問題を処理したほうが得策であるという判断もあったからです。つまり日露協商と日英独同盟との併存を考えているのです。

さてお話を先に進めましょう。日英独同盟の話は一九〇一年三月に、駐英ドイツ臨時代理公使エッカルトシュタインが林董《ただす》駐英公使にもちかけてきたことからはじまります。実は山県の「東洋同盟論」は、これに直ちに反応したものでした。当時は第四次伊藤内閣で外相は加藤高明でしたが、加藤外相はイギリスの真意と熱意を推し測ろうとして日英交渉には慎重でした（ドイツ本国には同盟締結の意志はありませんでした）。その後桂太郎内閣が成立して、同年七月から日英間の同盟交渉が動きはじめましたが、イギリス外相が夏休みに入るため一時中断して一〇月に再開され、結局翌一九〇二年一月に日英同盟が締結されることになりました。

その間、西洋の大国であり光栄ある孤立政策をとっていたイギリスが、はたして本当に極東の有色人種の小国である日本との同盟に踏み切るのかについては、日本指導層内においてもかなり懐疑的な雰囲気があり、それが同時期における伊藤博文のロシア行きに桂首相や山県たちが賛同した背景でもありました。つまり日英同盟交渉を内閣としては進めながらも、伊藤博文による日露間の非公式交渉も許容するという両路線睨みの外交を展開したのです。その意味で、日露協商論はイギリスにたいする日本のロシアカードとしても機能したのでした。

ところで日英同盟の締結に驚いたロシアは、いったんは一部の部隊を満州から撤兵させます。たしかに日英同盟の成立が外交圧力となったのです。しかし、同盟の効果はきわめて一時的なものにとどまり、ロシアは清国との間で結んだ満州還付条約（一九〇二年四月）を無視して、その後も満州の占領を続けました。撤兵がおこなわれないことが明らかとなった一九〇三年から日露間の外交交渉がおこなわれましたが（日本側は満韓交換論を提議）、交渉範囲を韓国問題に限定しようとするロシア側との間で妥結にはいたらず、ついに一九〇四年二月に日露戦争がはじまったのです（同年四月に英仏協商が締結されましたので、日露戦争は二国間戦争に止まり、日露英仏戦争に拡大する可能性はなくなりました）。

とはいえ、日本単独で西洋の大国ロシアにたいする開戦の決断を下したことは、明治天皇が「事万一蹉跌《さてつ》を生ぜば、朕《ちん》何を以てか祖宗に謝し、国民に対するを得ん」と涙したといわれるようにきわめて重く、その精神的な重圧は伊藤や山県たちにもみられました。敗ければ明治初年以来の近代国家への歩みが水泡に帰する恐れがあったからです。ただし一方では、ロシアと一戦を交えるだけの軍事的・財政的な力が整ったとの認識もあったのです（高橋是清《これきよ》日銀副総裁の活躍で外債による戦費調達が可能となりました）。

以上、日露開戦にいたる過程を簡単にみてきましたが、その時代的要因はやはり帝国主義の時代であったからといえます。外交交渉が不調に終わった場合に戦争に訴えることが珍しくない時代でした。帝国主義国の欲望がぶつかりあう勢力範囲をめぐる対立も世界各地で起こっていましたが、日露間では朝鮮半島の支配が焦点でした。西・ローゼン協定締結までの日本は、韓国支配をいわば日露で分け合うかたちでの勢力均衡の方針をとっていました。

しかし、列強による「中国分割」を目の当たりにしたことで、日本の指導層内にも勢力範囲の設定を志向する強い意識が芽生え、やがてロシアによる満州占領に直面することで、韓国支配を日露で分け合うのではなく日本が単独でおこないたい、つまり韓国を日本のみの勢力範囲にしようとする志向性への転換がみられるようになります。その意志の表れが満韓交換論でした。

それゆえ、元来は日露協商論者である伊藤博文が、ロシアの満州占領に触発されて韓国全土の支配を志向するようになった時点で、韓国支配をあきらめていないロシアとの交渉に満足のいく妥協点をみいだすことは困難となったのです。それが、伊藤博文のロシアでの直接交渉が不調に終わらざるをえなかった要因ですし、さらには開戦直前の日露交渉が妥結にいたらなかった原因でもあったのです（なお、ロシア側には開戦直前まで、まさか極東の小国日本が大国

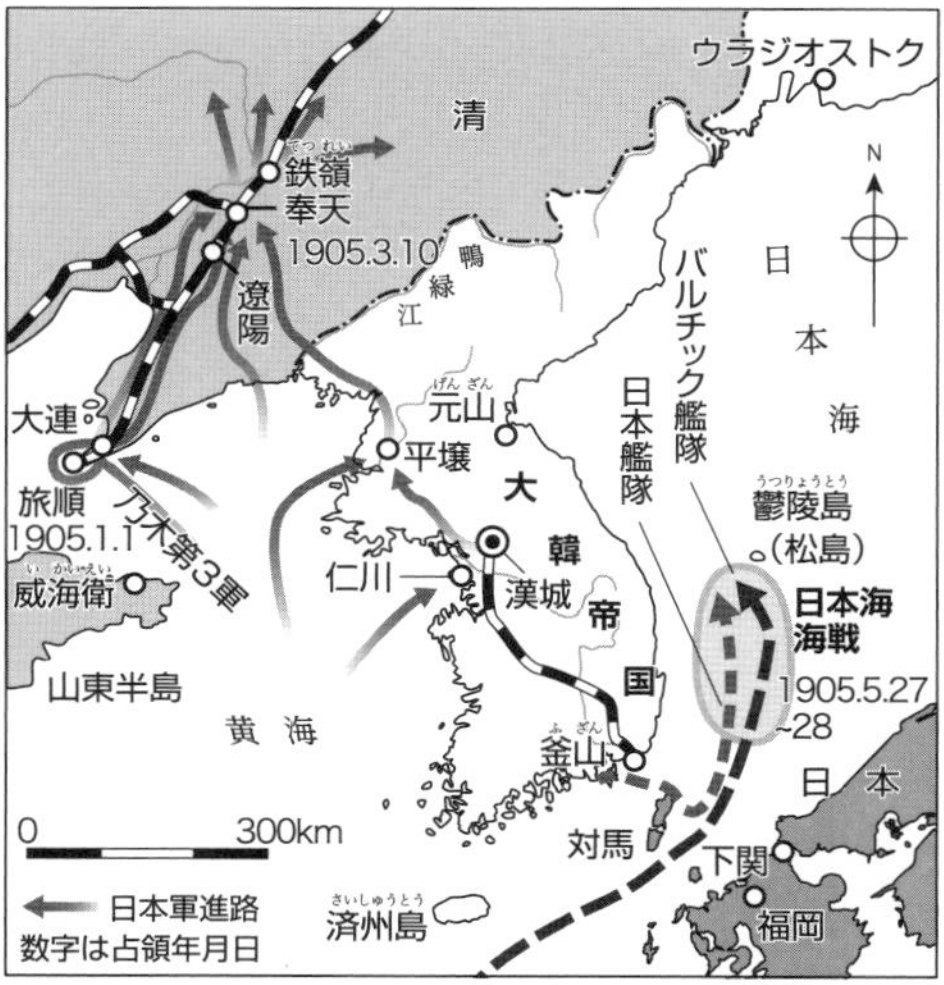

日露戦争要図　（山川出版社『詳説 日本史B』を元に作成）

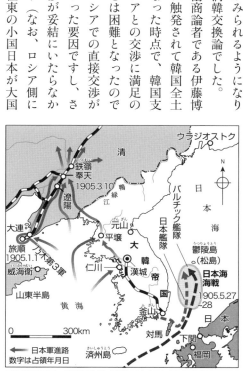

ロシアに戦いを仕掛けてくるなどありえないと、日本の出方を侮っていたところもありました）。
日露の外交交渉が不調に終わったとはいえ、日本領土がロシアによる直接的な侵略を受けたわけではありません。しかし、これまでに述べてきた文脈から、ロシアにたいする不信感のみならず、「帝国の名誉」や「日本国の威信」などの言葉にみられる日清戦後に東アジアの一等国になったというプライドと、「分配の利益」に与り勢力範囲を設定するという帝国主義的な野心（肥大化する欲望）の存在を、日露開戦における日本側の大きな要因として指摘して、お話しを終わらせていただきたいと思います。

【参考文献】

大澤博明『明治日本と日清開戦　東アジア秩序構想の展開』（吉川弘文館、二〇二一年）
佐々木雄一『リーダーたちの日清戦争』（吉川弘文館、二〇二二年）
茂木敏夫『変容する近代東アジアの国際秩序』（山川出版社、一九九七年）
黒沢文貴「江戸・明治期における日本の対露イメージ」（下斗米伸夫編『日ロ関係　歴史と現代』法政大学出版局、二〇一五年）
黒沢文貴「日露戦争への道―三国干渉から伊藤の外遊まで―」（『外交史料館報』第二八号、二〇一四年）
黒沢文貴・河合利修編『日本赤十字社と人道援助』（東京大学出版会、二〇〇九年）

第二章　第一次世界大戦はなぜ起きたのか

小原　淳

はじめに

第一次世界大戦についての講義の依頼をいただいたのは、二〇一七年に、イギリスの歴史家クリストファー・クラークの『夢遊病者たち――第一次世界大戦はいかにして始まったか』という本を翻訳したことが理由の一つかと思います。原著は二〇一二年に発表され、国際的な論争を呼びました。ドイツだけでも、半年間で二〇万部の売れ行きを示しています。第一次世界大戦は一九一四年から一九一八年まで続き、その一〇〇周年に当たる時期は世界各地で関連書の出版が続きましたが、『夢遊病者たち』はそうした第一次世界大戦ブームの火付け役となりました。

二〇一四年の秋に出版社から訳出を勧められた時は、かなり大きな本ですから、お引き受けすべきかどうか少し迷いました。それでも訳業を決意した理由は二つあります。一つには、この本の海外での評価を聞いていましたので、邦訳が出れば、日本でも議論が広がるきっかけになると思ったからです。もう一つはしかし、いわば危機意識のようなものを感じていたからで、私が翻訳を依頼された時点で、『夢遊病者たち』は既に一三の言語に訳されており、日本が世界の議論から取り残されているのではないかと懸念したためです。後述するように、人類史上初のグローバルな戦争であった第一次世界大戦は、近代日本の歩みにも少なからぬ影響を及ぼしました。また、あのような大戦争が三度も繰り返されぬようにするには、世界中が過去の過ちについて深く考え、互いの意見を交わしあう必要がありますが、当然ながら、日本もその輪のなかに参加すべきです。

訳出を終えた後、しばらくは肩の荷が下りたような気分でいましたが、今は何か引っかかるものを感じています。それは、第一次世界大戦の終戦一〇〇周年にあたる二〇一八年ごろまで、日本でも多くの論文が出たり翻訳が出たりという状況だったのですが、どうもここ数年は研究状況が不活発になってしまったのではないか、大戦の歴史的検証が一過性のもので終わってしまったのではないかと思うからです。

日本では第一次世界大戦に対する関心が少し弱くなってしまった印象があるのですが、欧米は事情が違います。そう申しますのも、例えば、敗戦国となったドイツが第一次世界大戦の賠償金支払いを完了させたのは、二〇一〇年一〇月三日です。つまり、欧米では第一次世界大戦は一時の流行で済ませられない、アクチュアルな問題であり続けており、また一銭にもならない感情論で片づけられない問題として扱われているからです。

しかし他方で、第一次世界大戦は一〇〇年を経てなお、ナショナルなプライドに係る問題でもあり、人々の感情に強く訴えかける力を持ち続けてもいます。この戦争はセルビアの青年によるハプスブルク帝国の皇位継承者夫妻の暗殺から始まりますが、そのセルビアでは、クラークの

『夢遊病者たち』が出版されると、自国がまるでテロ国家のように描かれていて不公平だということで、不買運動が起こりました。更には官民一体となって、『夢遊病者たち』に対する反駁の書も出版されています。

二〇一四年六月末にEUが大戦一〇〇周年の式典を開いた際には、セルビアはこれをボイコットし、EUの式典にぶつけるようなかたちで独自のイベントを開催しています。この時にセルビアは、歴史的な街並みを再現したアンドリッチグラードと呼ばれる疑似的な都市、いわばテーマパークのようなものを急ごしらえして、暗殺事件が起きた六月二八日に街開きを行い、市民が祝うということをやりました。こうしたセルビアでの動きに示されているのは、ヨーロッパ世界から孤立してでも主張せざるを得ないアイデンティティであり、このアイデンティティの中核にあるのは、未だに一〇〇年前の大戦の記憶だと言えます。

そもそも、セルビアに留まらず欧米においては、自分たちが生きている「現代」がどこから始まるかといった場合に、一九一四年とか一九一八年を起点に考えるのが普通です。日本では、現代の始まりを一九一四年よりも一九四五年と見なすのが一般的で、これは自国の歴史的経験に基づいた歴史認識です。しかし現代史を、日本という枠組みを超えて国際的な視点で考え、国際的な場で議論する場合には、第一次世界大戦の重要性を軽視することは決してできません。

そうしたことを踏まえて、本日は、第一次世界大戦がいかにして起きたのか、第一次世界大戦が世界をいかに変えたのかについて、新しい研究の成果に目配りしつつ、お話しさせていただきます。

ヨーロッパの平和

まず、第一次世界大戦前のヨーロッパの状況を確認することから始めます。この時代のヨーロッパを主導しているのは、イギリス、フランス、ドイツ、ハプスブルク帝国、ロシアの五つの大国です。そのうち、西方のイギリスとフランスの強さの理由は、植民地です。大戦の直前の時期、イギリスは世界の陸地面積の二三％、フランスは九％を植民地として所有していました。ですから、この二国だけで世界のほぼ三分の一の土地を支配していたことになります。

東のロシアが有する広大な領土は、世界の陸地の一五％くらいです。この国はそれほど広大な領土を持ちながら、まだ欲しいものがある。つまり、年間を通じて自由に使うことができ、外界と自由に行き来できる不凍港を確保したくて、二一世紀の今なお拡大をやめません。

ヨーロッパの真ん中にはドイツ帝国が位置しています。長らくたくさんの小国の寄り合い所帯だったドイツが統一されるのは一八七一年のことですが、その前後からドイツは急激に成長し、ヨーロッパの中央部で大きな勢力を成していました。

五番目の大国ハプスブルク帝国は東欧地域に広がり、様々な民族、様々な宗教集団を統治する、多様性に富む国家です。先ほど紹介したアンドリッチグラードのあるヴィシェグラードとか、世界大戦のきっかけとなったサライェヴォといった都市も、当時はハプスブルク帝国の支配下でした。第一次世界大戦の前に、この国は主だったものだけでも九つの言語、一六の民族、五つの宗教から構成されており、支配層はドイツ語を話すドイツ系の人たちでした。しかし、彼らは国内人口の四分の一を占めるに過ぎませんでした。

通説では、二〇世紀初頭のヨーロッパでは、これらの国々がさらなる勢力拡大を目指してしのぎを削っており、この対立関係が大戦に繋がっていくのだというふうに説明されます。しかし、近年の研究は対立ばかりを強調するのを避け、国家間の競争の反面で、国際的な協調関係が成立していたことを重視する傾向を強めています。具体的に言えば、第一にヨーロッパ各国は時々喧嘩もするけれど、しかし大局的な観点からすると、植民地という利益を共有している、言い方を変えれば共犯関係にあり、なかなか決定的な対立に至らなかったということがあります。

第二に、王侯貴族同士の血縁関係の深さもよく指摘されます。一八九四年のヘッセン大公ルートヴィヒの結婚式の時の写真を見ますと、真ん中に座っている女性がイギリスのヴィクトリア女王、端のほうで斜に構えて座っている人物がドイツ皇帝のヴィルヘルム二世、そのすぐ後ろがロシア皇帝となるニコライです。さらに後ろには後のイギリス国王エドワード、ルーマニアやベルギーの王族などの姿があり、他にも多くの有名人が同席しています。このような大家族の繋がりが、国際紛争に対する抑止力になっただろうというわけです。

第三に、当時のヨーロッパでは経済協力が相当進んでいます。例えば、現在もヨーロッパ最大の工業地帯であるライン地域の場合、一九一三年の時点で、ドイツやベルギーの企業がフランスの鉄鉱石採掘の三五％程を担当し、逆にフランスやベルギー、ルクセンブルクの企業がドイツの鉄鋼業の二〇％を支配していました。更にそこにイギリスからも大量の資金が供給され、東欧からは大量の移民労働力が流れ込むことで、同地の産業は成り立っていました。その姿は、私たちが見慣れている現在のヨーロッパに良く似ていると思います。つまり、こんにちのEUのように、国境を越えてヒトやモノやカネが行き来する状況が既に大戦前に出来上がっており、各国は互いの存在無しには、自国も長期的に存続しえなかったと言えるでしょう。

ヨーロッパは半世紀に亘り大規模な戦争を起こさず、第一次世界大戦の開始まで平和と繁栄を維持していました。一九世紀のヨーロッパの戦死者の数は、一八世紀の七分の一程であったという試算がありますが、今から一〇〇年前のヨーロッパが世界大戦に至る道は必然だったのか、あらためて考える必要があります。

国際関係の変化

大戦前のヨーロッパ外交に話を移します。今しがた、半世紀に亘る平和と言いましたが、これは、一八七一年から数えて半世紀ということです。この一八七一年は、三度の戦争（デンマーク戦争、普墺《ふおう》戦争、独仏戦争）をつうじて、プロイセン主導のドイツ帝国が創設された年です。なお、しばしば指摘されるように、ドイツ帝国の建国と同時期、一八六八年に日本では明治国家がスタートし、また少し前の一八六一年にはイタリアが国家統一を達成しています。この三国は第二次世界大戦で同盟国となりますが、それと対立した国、アメリカ合衆国もこの時期に南北戦争を経験して、こんにちに至る国のかたちを創りあげています。

ドイツに話を戻しますと、三度も戦争を行って帝国を創建したので、周辺国の恨みを買っていますです。ですから、ドイツ統一を成し遂げたビスマルクにとっては、出来上がったばかりの帝国を守るために、とくに復讐心が強いフランスを孤立させること、そしてヨーロッパの平和を維持して、ドイツが紛争に巻き込まれる危険を避けることが、外交の基本路線になりました。ビスマルクという人はこの後、一八九〇年まで帝国宰相を務めて、ドイツにおいて独裁的な地位を築きましたが、この時期はドイツのみならず、ヨーロッパ全体がビスマルクの外交術を中心に動いていきます。

それでは、フランスの孤立とかヨーロッパの平和をどうやって実現するのか。ビスマルクが重視したのは、東方の二つの国、ロシアやハプスブルク帝国との協調でした。ヨーロッパの地図を頭に思い浮かべていただくと分かるように、現在であればこれら三つの国の国境地帯にはポーランドがあるのですが、一九世紀のヨーロッパは、この三つの国がポーランドを寄ってたかって分割してしまい、いわばポーランドの犠牲のうえにヨーロッパの東半分の秩序が築かれていた時代です。

この基本的な構図のうえに、ドイツ帝国創設から二年後の一八七三年、三帝同盟（ドイツ・ハプスブルク帝国・ロシア）が結成されます。しかし、ロシアとハプスブルク帝国はバルカン半島の権益をめぐって潜在的な対立要素を抱えており、三帝同盟はすぐに有名無実化してしまいます。その後の二〇年弱、一八七九年の独墺同盟、一八八一年の三帝協商（ドイツ・ハプスブルク帝国・ロシア）、一八八二年の三国同盟（ドイツ・ハプスブルク帝国・イタリア）など、ビスマルクは次々と同盟関係を結んで、自国の地位を何とか保とうとし続けました。

ビスマルクは、とくに外交については天才的な政治家だったと言われます。しかしそのビスマルクですら、当時のヨーロッパにおいて、一つの外交プランを長期的に持続することはできず、急場しのぎの政策を繰り返さなければなりませんでした。そのことが最もはっきり表れているのが、彼のキャリアの末期、一八八七年に結ばれた二つの条約です。この年の六月、ビスマルクは独露再保障条約を締結し、ロシアとの関係を一応は回復しました。しかしそれと前後して、ドイツの仲介でイギリス、イタリア、ハプスブルク帝国、スペインが地中海協定という秘密協定を結んでいます。名前のとおり、この協定は地中海に利害をもつ国々が互いの権益を保護し合うためのものですが、そういう約束が成立するには、共通の敵が必要です。この仮想敵国はどこかと言えば、それはロシアです。要するに、ドイツは一方では反ロシア的な協定を作りつつ、他方ではロシアに接近するということを同時に行ったわけです。これはどう考えても矛盾しており、こうした同盟関係が長く続くとは思えません。

一八七一年から九〇年頃までのヨーロッパは、確かにビスマルクの高度な外交術によって平和が保たれていましたが、彼がこしらえた国際関係はあまりに複雑で、また危うげでした。ビスマルクほどの外交家であれば何とか操作できるかもしれないが、後継者たちには上手く扱えないシステム、負の遺産となりかねないものが残されたと言えるでしょう。

一八九〇年にビスマルクが退任した後、新たにドイツの政治を担ったのは、ヴィルヘルム二世という、若く野心的で、軽率な皇帝です。旧来の外交路線からの転換を掲げた彼は、ビスマルクの辞任から三ヵ月後に、独露再保障条約の更新をやめてしまいます。この新皇帝の世界観の根底には、前述の王族のファミリー・ポートレートのようなところがあったかもしれません。自分とロシアのニコライ皇太子とは大きなロイヤルファミリーのメンバー、「ヴィリー」と「ニッキー」と呼び合う親密な間柄で、ちょっとしたことでは完全な仲違いにはならないだろうという判断です。しかしロシア側は危機感を抱き、ドイツに代わる強力な同盟相手を探します。新たなパートナーとなったのはフランスで、一八九四年、露仏同盟が締結されました。

ロシアと離れたヴィルヘルム二世は、その分だけイギリスに接近しようとしました。しかし、これをイギリス側がどう思ったか。第一次世界大戦の際の同盟関係を知っている後年からすると少し意外かもしれませんが、イギリスにとって一番怖い国はドイツではありませんでした。伝統的にイギリスが恐れ、注視している国はロシアです。ヨーロッパの地図においては英露は距離を隔てていますが、世界地図においてはこの二つの国は接している、つまり、イギリスは世界中に植民地があり、広大なロシア帝国とあちこちで対峙しています。イギリスにしてみれば、かつてのようにロシアとドイツが手を組んでいる状態は危惧すべきものでしたが、そのロシアとドイツの関係が切れた。だから、ヴィルヘルム二世が近寄ってきたからといって、これに応じる必要はないだろうということになります。さらには、ヴィルヘルム二世は海軍の増強に力を入れてイギリスに軍拡競争を仕掛けてしまいます。こうした事態が続くなか、イギリスは一九〇四年に、それまで植民地をめぐる対立を抱えていたフランスと英仏協商を結びます。

同盟関係というのは、仲良しグループのようなイメージがありますが、むしろ仲が悪い相手と同盟するからこそ、効果があります。イギリスはロシアを危険視していますが、機会をみてロシアと「手打ち」ができれば、安全保障面での負担を減らすことができます。その手打ちのきっかけとなったのが、日露戦争です。ロシアはこれに敗北し、また戦争中に国内で革命が起きてしまう。イギリスからすれば、怖いロシアが力を落としたから、この辺りで手を差し伸べてみてはどうかといった形勢です。こうして一九〇七年、英露協商が結ばれます。

振り返ると、一八九〇年まではドイツ中心の国際関係がおよそ維持されていたのですが、これが大きく変わってしまい、一方に英仏露、他方にドイツとハプスブルク帝国という風に、ヨーロッパが二極分化してしまいました。これこそが第一次世界大戦への途を規定した背景だというのが、定説的な説明です。

しかし、クラークなどの研究は、こうした構図を見直そうとしています。例えば強大な軍事力を誇るロシアですが、日露戦争に負け、革命で混乱している状況ですから、まずは国内の立て直しに力を注がざるを得ません。したがって、当時のロシア首脳部が他国との紛争を望んでいたかといえば、そうではありません。フランスも国内の政治対立が厳しい状態だったため、露仏同盟を結んだからといって、両国が無条件で共同の軍事行動をとったかどうかは疑問です。また、ロシアの動向を警戒しているイギリスは、ドイツの些細な振る舞いにいちいち動じなかっただろうという見方にも、一定の説得力があります。ドイツはどうか。確かにドイツはヴィルヘルム二世が失策を犯すのですが、外交官たちが頑張って、大戦前にはかなりのところまで各国との関係を修復していたことが、実証研究の積み重ねから指摘されています。クラークの表現では、世界大戦が始まる一九一四年頃のヨーロッパは「デタント」の時期にあり、戦争の危機は縮小さえしていました。

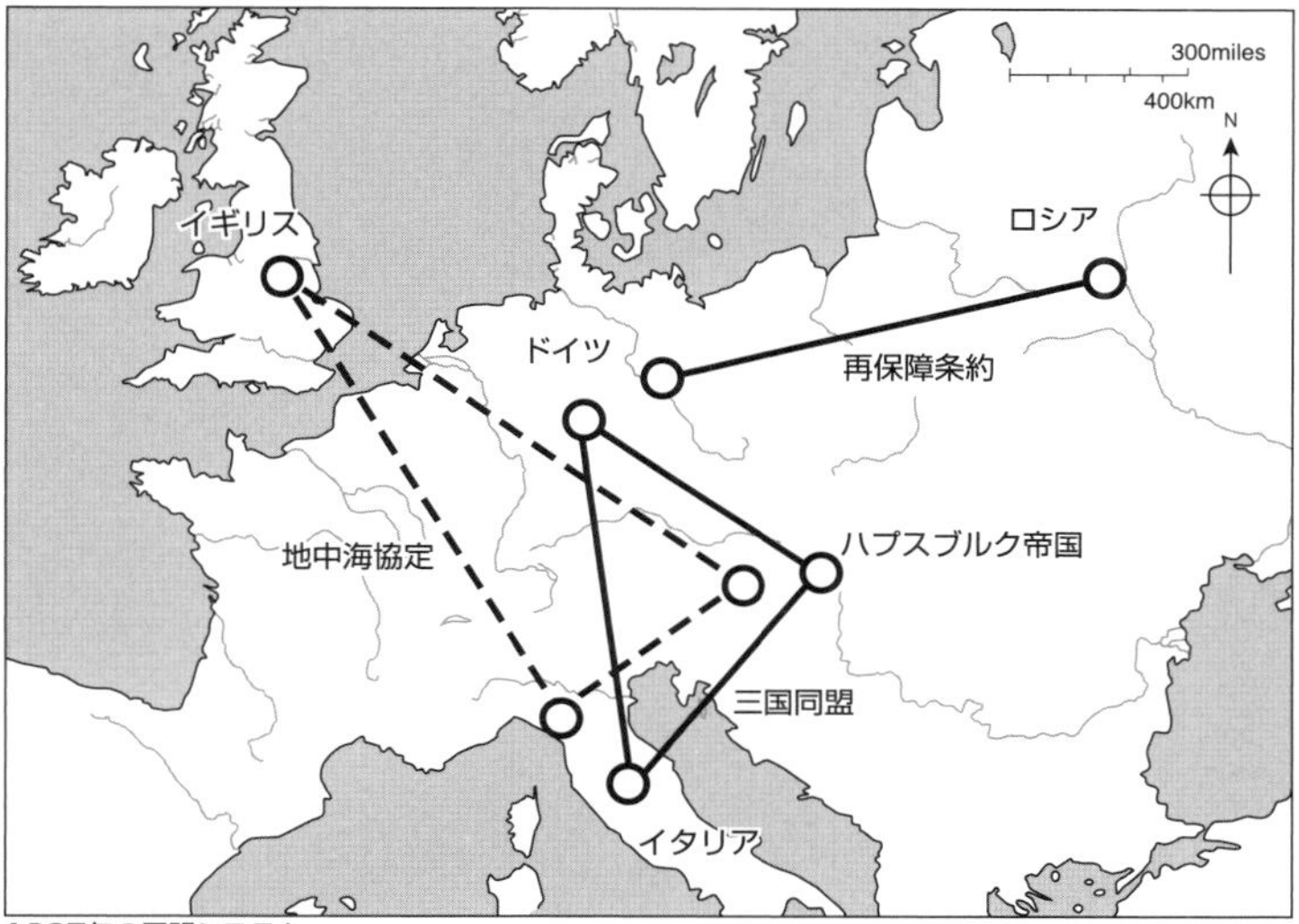

1887年の同盟システム

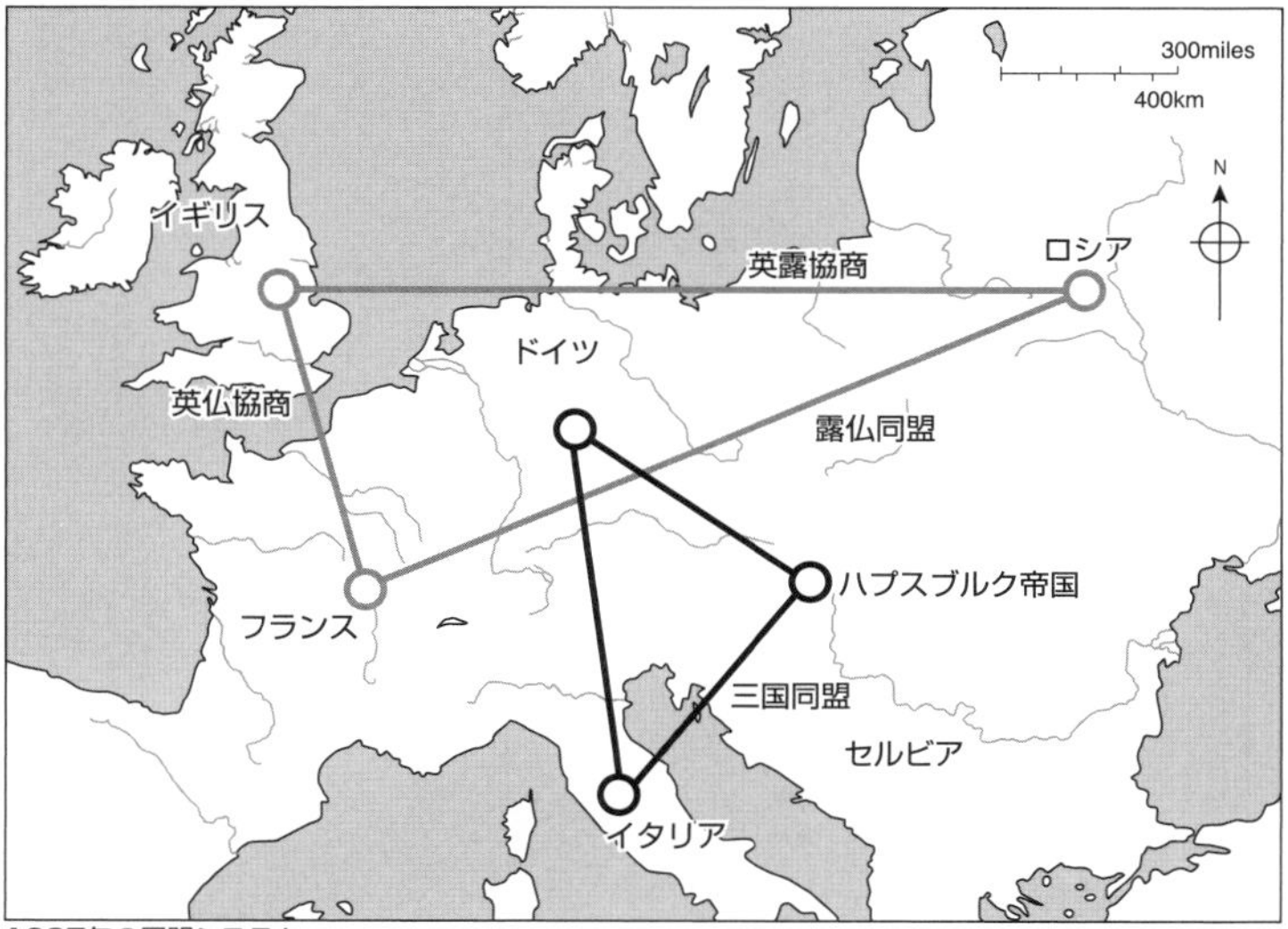

1907年の同盟システム
（クリストファー・クラーク著／小原淳訳『夢遊病者たち』〔みすず書房、2017年〕1巻、199頁を元に作成）

ここまで、第一次世界大戦前のヨーロッパ各国について見てきましたが、翻って、近代日本はどうであったか。日本は、明治の始まりとなった戊辰戦争いらい、台湾出兵、西南戦争、日清戦争、義和団の乱への派兵、日露戦争、第一次世界大戦、シベリア出兵、さらにはその後も満洲事変、日中戦争、太平洋戦争と、一九四五年まで、ほぼ一〇年と空けずに戦争を続けています。この点で、近代日本は同時期のヨーロッパにもまして、きな臭い国家だったことを認めざるをえません。付け加えれば、今の世界の大国である米中ロ、さらには英仏独のすべてと戦ったことがある点でも、日本は稀有な国だと言えるのではないでしょうか。

ヨーロッパ史では、第一次世界大戦と第二次世界大戦を一まとめにして、「二〇世紀の三十年戦争」の時代とする捉え方がありますが、日本史の場合はもっと長期的に、戊辰戦争から数えて八〇年の「戦争の時代」があったと言えます。この講座のタイトル「開戦八〇周年」が示すように、あと数年で戦後八〇年となりますが、近代日本は一九四五年を境にして、前半は戦争の八〇年、後半は平和の八〇年という、極めてコントラストの強い歴史、かなり独得な歴史を歩んだことを確認しておきます。

大戦前夜

話を戻しますが、第一次世界大戦が始まった一九一四年、ヨーロッパは戦争が避けられない状態だったわけではありませんでした。しかし実際には、偶然に発生した火花が、短期間に思いも寄らないような大火事を引き起こしてしまいます。その小さな火花が生じた場所は、バルカン地域です。バルカン地域はかつてはオスマン帝国の支配下にありましたが、一九世紀にはいってオスマンが弱体化してからは、様々な民族集団が政治的自立を目指すようになり、また大国であるハプスブルク帝国とロシアが進出を目論んでいました。

ロシアは国土が広いので、バルカン以外にも進出先はあります。例えば、その一つが日本のある極東です。あらためて地図を眺めると、日本という国は弓のような形をして、ロシアが外に出て行くのを上手く塞いでいるような、ロシアからすれば邪魔くさい国に見えます。この日本に日露戦争で敗れたことで、極東の進路は阻まれています。

ロシアにとって別の選択肢は、中央アジア周辺で、ここを陸路で南下すると、イギリスの植民地にぶつかってしまいます。しかし一九〇七年の英露協商によって、ペルシャやアフガニスタン、チベットでの勢力範囲が確定されたことで、この地域での両国の衝突は回避されるようになり、言い換えれば、ロシアは中央アジアで動けなくなりました。その結果、大戦勃発の少し前、ロシアはバルカンに関心を集中させていきます。

他方でハプスブルク帝国は、一九〇八年にバルカン西部のボスニア・ヘルツェゴビナを併合しました。その近くにセルビアがあります。セルビアのナショナリストからすると、ボスニアは中世に自分たちの支配下にあった土地で、民族的にも同胞が多く住んでいる、自分たちの一部に「復帰」すべきだという思いがあります。このセルビアが大国のハプスブルクに単独で立ち向かおうにも、子供と大人のようなもので、まともな喧嘩になりませんが、セルビアには後ろ盾になってくれる国がある、それがロシアでした。こうして、バルカンを舞台に、ロシアとハプスブルク帝国の対立が激しくなっていきます。

このような構図を背景にして、第一次世界大戦の前、一九一二年から一三年にかけてバルカン地域では二度、戦争が起こっています。第一次バルカン戦争、第二次バルカン戦争です。ただ、これらは二回とも局地的な紛争であり、バルカンの外までは戦火が拡大せずに済みました。

そこに一九一四年六月二八日、サライェヴォ事件という大変な出来事が起こってしまいます。ハプスブルク帝国の皇位継承者であり、間もなく帝位に登るはずのフランツ・フェルディナント夫妻が、ボスニアの都市サライェヴォに軍事演習の視察に訪れたところを暗殺された事件です。暗殺が行われた六月二八日は、セルビア人にとって重要な日です。セルビアは一三八九年にオスマンに敗れたことが契機となって、中世の王国が滅亡してしまうのですが、このコソヴォの戦いでの敗北の日が六月二八日であり、サライェヴォでの暗殺はこれを意識して行われました。

事件を起こしたのは一九歳のセルビア人、ガヴリロ・プリンツィプという人物です。大戦一〇〇周年にあたる二〇一四年以降、セルビアではプリンツィプを民族独立のために戦った闘士として顕彰しようと、銅像や記念碑があちこちに建立されています。

プリンツィプをはじめとする犯人たちは、ハプスブルク帝国からボスニアを独立させよう、できれば自分たちセルビアに統合しようと考える、民族主義的な秘密結社のメンバーです。しかし彼らは単独で活動していたわけではなく、その背後にはセルビアの軍部がついていて、資金や武器を提供したり、軍事教育を授けたりしていました。

この事件が発端となっていよいよ第一次世界大戦が始まるのですが、しかしハプスブルク帝国がセルビアに宣戦布告して第一次世界大戦が始まったのは七月二八日ですから、暗殺から一ヵ月の期間があります。この一ヵ月間、各国はどのような状況だったのでしょうか。

まず当事国となったハプスブルク帝国は、自分の国の皇位継承者を殺されたのですから、断固たる態度を示さなければなりませんが、政府や軍部の間で意見が分かれてしまいます。セルビアだけを相手にするのなら、さして難しくなかったのかもしれません。しかし、早く事態を収拾しないと、セルビアの親分であるロシアが出てきてしまう。そこで、セルビアを短期で片づけて、他国の干渉を招かずに済ませられるかどうかが問題になります。ところが、これをシミュレートしてみると、ロシアに背後を突かれないよう気をつけながら、国のあちこちから農民を軍隊に徴集し、言葉も宗教もばらばらの兵士たちを効率よく動かすのは、どうも無理ではないかという話になり、議論百出、方針が定まりません。

他方のセルビアは、小国ながら老獪な外交術を発揮します。彼らはこの一ヵ月の間、暗殺は一部の過激分子が起こした突発的事故に過ぎない、自分たちは大国ハプスブルクから恫喝を受ける弱小国、被害者なのだと主張して、何とか時間を稼ぎ、国際世論を味方につけ、他国の助太刀を得ようとします。

では、セルビアの後見役であるロシアはどうかといえば、決して介入に乗り気ではありませんでした。日露戦争と革命の痛手が残っていて慎重論が強かったこと、また首脳部のなかに親ドイツ派がおり、セルビアに加勢してハプスブルクと喧嘩することで、そのバックにいるドイツまで敵に回すのは避けたい、という考え方があったからです。

いま説明しましたように、ハプスブルク帝国が戦争を始めたら、ドイツは同盟関係に基づいて協力を求められることになります。暗殺事件の後、ハプスブルク帝国は本当に味方してくれるかどうかをドイツに尋ね、確約を得ます。ドイツがいわゆる「白紙委任状」を示してハプスブルクの背中を押してやったのは、早く戦争を終わらせてほしい、自分たちが手を出さなければならなくなる前に問題を解決してほしいという気持ちがあったからです。しかし、現実にはハプスブルクの動きは遅く、結局、ドイツは当てが外れることになります。

イギリスとフランスは、両国の世論はこの事件にあまり関心をもっていません。一口にヨーロッパと言っても、イギリスからするとバルカン地域は随分遠い場所にあります。当時のイギリスにとって、もっと大きな問題は国内にありました。それは、アイルランドの独立問題です。

それからフランスについてですが、一九一四年八月二日付、世界大戦に参戦した直前の号の『ル・プチ・ジュルナル』という大衆紙の表紙には、当時国内世論を沸かせていた「カイヨー事件」の裁判の様子が描かれています。カイヨーという人は首相も務めた大物政治家ですが、彼のスキャンダルが『フィガロ』という新聞にすっぱ抜かれ、ネガティブ・キャンペーンの材料に使われました。詳しくお話ししますと、カイヨーは前妻と死別して再婚したのですが、前妻の存命中から、後妻となる女性と関係をもっていました。『フィガロ』紙はそのことを示すラブレターを見つけ出して、すっぱ抜いたわけです。ところが、事件はそれで終わりませんでした。カイヨーの後妻が『フィガロ』の新聞社に押しかけて、編集長を射殺してしまうのです。一九一四年夏のフランスはこの事件の裁判に注目が集まっていたこともあって、バルカン情勢に敏感に反応しませんでした。

しかしここで見逃せないのは、七月二〇日から二三日に、フランスのポアンカレ大統領がロシアを訪問しているという事実です。露仏同盟を結ぶ二国の首脳がこの時に何を話し合ったのか、極めて興味深い問題ですが、第一次世界大戦が終わった後、どちらの国にも会談の記録が残されていません。そこでクラークは、会談に参加した人たちの書き残したものなど、様々な周辺的な史料を駆使して、この時のやり取りの中身を推論しています。彼は、フランスとロシアはサライェヴォの暗殺事件、そしてその後の対応についてじっくりと話し合ったのではないかと判断しています。通説では、世界大戦の開戦に際してフランスが演じた役割は他の国よりも軽く見られがちです。しかし、セルビアとハプスブルク帝国の戦争が迫っている時にロシアの背中を押したとすれば、フランスの役割は重大です。

さて、こうした状況を経ていよいよ戦争が始まるのですが、七月二三日、ハプスブルク帝国がセルビアに対して最後通牒を突きつけます。すると、ハプスブルクに先んじてロシアが、開戦前の七月二五日に軍事動員をしてしまいます。セルビアの親分と言っても、正規の同盟関係は無いのだから、これは勇み足です。しかしロシアは動員はしたものの、部分動員と総動員をゆきつ戻りつしており、この段階でもなお躊躇していただろうと思われます。

七月二八日にハプスブルク帝国がセルビアに宣戦布告をして、いよいよ戦争が始まると、ドイツは機敏に動きます。八月二日にルクセンブルクを攻撃、翌日にフランスに宣戦布告します。八月四日、主要国で最後に戦争に参加したのがイギリスです。一般的には、ドイツが中立国ベルギーに侵攻したことがイギリス参戦の理由とされますが、クラークはこれも見直そうとしています。イギリスは、ベルギーが陥落しても直ちに自国の危機に繋がるとは考えておらず、それよりも、参戦しなかったら戦後に何が起こるかを予想してみたのではないかという見方です。参戦しなかった場合、もしドイツやハプスブルク帝国が勝ったら、敵陣営が勝つわけですからあまり都合が良くない。しかし、逆にフランスやロシアが勝ったとしたら、同盟を結んでいながら協力しなかったことを咎められ、戦後の国際的な立場が悪くなる。イギリスが戦争に参加することを決めたのは、こうした判断によるところが大きかっただろうということです。

このように各国の様子を見ていきますと、第一次世界大戦はいずれかの国の単独の行いによって始まったのではなく、複数の「夢遊病者たち」によって始められた、つまり実は眠っていて、自分がどこをどう歩いているのかはっきり分かっていない国々がぶつかり合うことで戦争が起こったと見るべきです。ただし、これはあくまでも開戦の責任をめぐる話であって、戦争が始まってから何が起こったのか、戦争中のいかなる行為に対してどれほどの責任が追及されるべきなのかは、別問題です。

そして、戦争に至る道はずっと前から続いていたわけでも、不可避だったわけでもなく、むしろ、小さな出来事が短期間に積み重なって、大きな戦争になってしまったと考えられます。そこには、ヒトラーのような突出した、悪魔のような存在はいませんでしたし、各国の政治家や外交官もそれなりに優秀で、実績ある安全保障体制が保持されていたはずでした。戦争を予想もしていなかった平和な世界が、あれよあれよという間に未曾有の惨事に向かっていった恐ろしさを、あらためて感じずにはいられません。

かつてない大戦争

それでも開戦当初はなお、「第三次バルカン戦争」であると、短期間の局地的戦闘で終わるに違いないという見方が優勢でした。夏に出征した兵士たちの多くが、クリスマス頃には故郷に帰れるはずだと考えていましたし、小説家ウェルズの言葉を借りれば、この戦争は「戦争を終わらせる戦争」になるだろうという楽観論すらありました。

列車に乗って戦場に向かう大戦初期のドイツ兵たちを捉えた当時の写真を見ますと、車両には「パリまで遠足」とか「いざ、出陣！　サーベルがうずうずしている」などと落書きされており、多少の強がりもあったでしょうが人物の表情は明るく、いかにも陽気な雰囲気です。このようにして、戦地へ向かった兵士が多かったと言われます。

しかし蓋を開けてみると、次第に戦況が厳しくなっていきます。戦争が始まって間もなく、大規模に活用されるようになったのが機関銃です。機関銃の弾が連射されると、ばたばたと兵士がたおれてしまう。これまでの戦い方を続けていては損害が大きいので、機関銃に対抗するために塹壕《ざんごう》を掘り、塹壕を拠点にして戦うスタイルが主流となり、戦争のスピードが遅くなってしまいます。独仏両軍が無数の塹壕を掘り、数百キロに亘る塹壕のラインを形成しました。

機関銃や塹壕戦に続いて、戦車が開発されました。アメリカのフォード社やフランスのルノー社が製造した戦車はよく知られています。そして、大砲も巨大化していき、列車のレールを利用した巨大な列車砲も造られるようになりました。さらには、毒ガスの使用や戦闘機、飛行船の投入によって、戦争は短期間に巨大化していきました。

第一次世界大戦の死者数については諸説あって、推計に大きな開きがありますが、少なくとも九〇〇万人、多ければ一五〇〇万人の犠牲者が出ました。いずれの数値を採用するにせよ、人類がこれまでに経験したことのない規模です。

実は、こうした大量虐殺の技術や考え方には、大戦前からの積み重ねがあります。ドイツを例にとりますと、第一次世界大戦前にこの国は、ナミビアやタンザニアの植民地で起こった住民蜂起や、あるいは中国の義和団などに対して、数万人、数十万人という犠牲者を出す大規模な殺戮を行っています。無論、こうした殲滅戦や強制移住・収容といった暴力を行使したのはドイツだけではなく、列強各国の共通の犯罪行為と考えるべきです。第一次世界大戦は、それまでヨーロッパの外、「文明の外部」で実践されていた行為が、「文明世界」であるはずのヨーロッパの内部に還流してきた、そういう現象でした。

第一次世界大戦のグローバルな側面についても、ふれておく必要があります。この戦争において、例えばイギリスは植民地から二五〇万人の兵士を掻き集めています。また、中国人もフランス軍などに二〇万人ほどが従軍しました。植民地が巻き込まれたことで、現在で言うと五一の国が第一次世界大戦に参戦しました。

戦争のグローバル化をよく示しているもう一つの事例が、スペイン風邪の流行です。この病気は一九一八年三月にアメリカ・カンザス州の陸軍基地で最初に発生したとされますが、瞬く間に

第一次世界大戦の主な参戦国（単位は万人）

	国	人口	軍人（18〜50歳の兵役適格者内の％）	戦死者
連合国側	イギリス	4610	610（53）	75
	自治領・植民地	34220	280（3）	18
	フランス	3900	810（81）	132.7
	植民地	5270	44.9（33）	7.8
	ロシア	16400	1580（39）	180
	ベルギー	710	29.2（15）	3.8
	セルビア	310	75（65）	25
	日本	5300	80	0.1
	イタリア	3600	430（55）	46
	ルーマニア	760	75（39）	25
	ポルトガル	610	10（8）	1.3
	ギリシャ	490	35.5（33）	2.5
	アメリカ	9880	475（18）	11.7
	計	—	—	528.9
同盟国側	ドイツ	6780	1320（81）	293.7
	ハプスブルク帝国	5260	900（78）	146
	オスマン帝国	1700	300（55）	32.5
	ブルガリア	470	60（55）	8.8
	計	—	—	481

木村靖二『第一次世界大戦』（ちくま新書、2014年）213頁を元に作成

欧州戦線に拡大し、世界的なパンデミックになってしまいました。当時の世界人口は一八億人から一九億人程度ですが、そのうちの五億人くらいが感染しただろうと言われています。死者は五〇〇〇万から一億人ほど、戦闘での死者をはるかに上回る規模です。

日本もこの戦争に参加しました。日本の主たる戦役は、ドイツが中国に保持していた膠州湾《こうしゅう》租借地の攻略で、その時に四七〇〇名ほどのドイツ人俘虜が日本に連れて来られて、各地の収容所で終戦まで生活するようになります。一般的には、この時の俘虜に対する日本の対応はかなり人道的だったと言われます。文化的な交流もあって、日本でドイツ料理が普及するきっかけができたり、ベートーヴェンの第九が初めて日本で演奏されたのも、ドイツ人俘虜たちによってであることが知られています。

確かにそうしたことも大事ですが、ここでもう一つ注目したいのは、日本は第一次世界大戦に参戦したとはいえ、欧米各国よりもはるかに少ない被害で戦争を乗り切ったという事実です。元老の井上馨《かおる》は第一次世界大戦を「天祐」、恵みであるとすら言っています。戦争は経験しない方が良いに決まっていますが、ディーター・ランゲヴィーシェというドイツの歴史家は世界大戦を「乱暴な教師」と呼び、大変な犠牲を出しながらも、そこから学んだ、あるいは学び取らなければならない教訓があったとしています。ヨーロッパや世界の各国は第一次世界大戦という教師から何かを学んだはずなのですが、日本はそこを迂回してしまいました。

むしろ日本は、各国が大きな損失を出した時に、それを「天祐」として経済成長を遂げ、国際的地位を向上させ、中国への進出やシベリア出兵など、対外拡張に向かった、少なくとも諸外国からそういう目で見られてしまいました。戦後のパリ講和会議で、日本代表は人種的差別撤廃を提案します。考え方自体は正当だったはずですが、この提案は受け入れられませんでした。

話をヨーロッパに戻しますと、この戦争は人類史上初の総力戦でした。莫大な物資が消費され、砲弾だけでも日露戦争の三〇〇倍から五〇〇倍が使用されたと言われます。そのため、銃後の社会においても、政党を超えた挙国一致体制や徴兵制の導入、女性や青少年や児童の労働力の活用、食料物資や生活物資の統制、大規模なプロパガンダ、軍国教育や愛国教育の強化などが大々的に進められました。

定説では、それゆえ、多くの人々が開戦を熱狂的に歓迎したとされます。宣戦布告があった日のベルリンの様子を写した写真を見ますと、たくさんの市民が目抜き通りに繰り出し、帽子を振り、歓声をあげ、笑顔で行進しています。

この写真からは、市民の熱狂を感じますが、そうした印象論も近年は批判的に検証されています。確かに写真には多くの市民が収まっているのですが、よく見ると特定の層に偏っていることに気づきます。まず、彼らの大半は男性です。そして、帽子や衣服の様子からすると中流以上の人たちばかりで、労働者風の人は少数です。また、年齢的にも青年や中年が圧倒的多数を占めています。こんにちでは、例えば多くの労働者は戦争に乗り気でなく、愛国心を声高に叫ぶ大学生や知識人に反発を抱いていたとか、農村住民も農繁期に働き手を戦争に取られるのを嫌がっていたなど、階級や性別、年齢、政治志向などによって、戦争に対する反応に大きな差があったことが明らかになっています。

(クリストファー・クラーク著/小原淳訳『夢遊病者たち』
〔みすず書房、2017年〕1巻、6~7頁を元に作成)

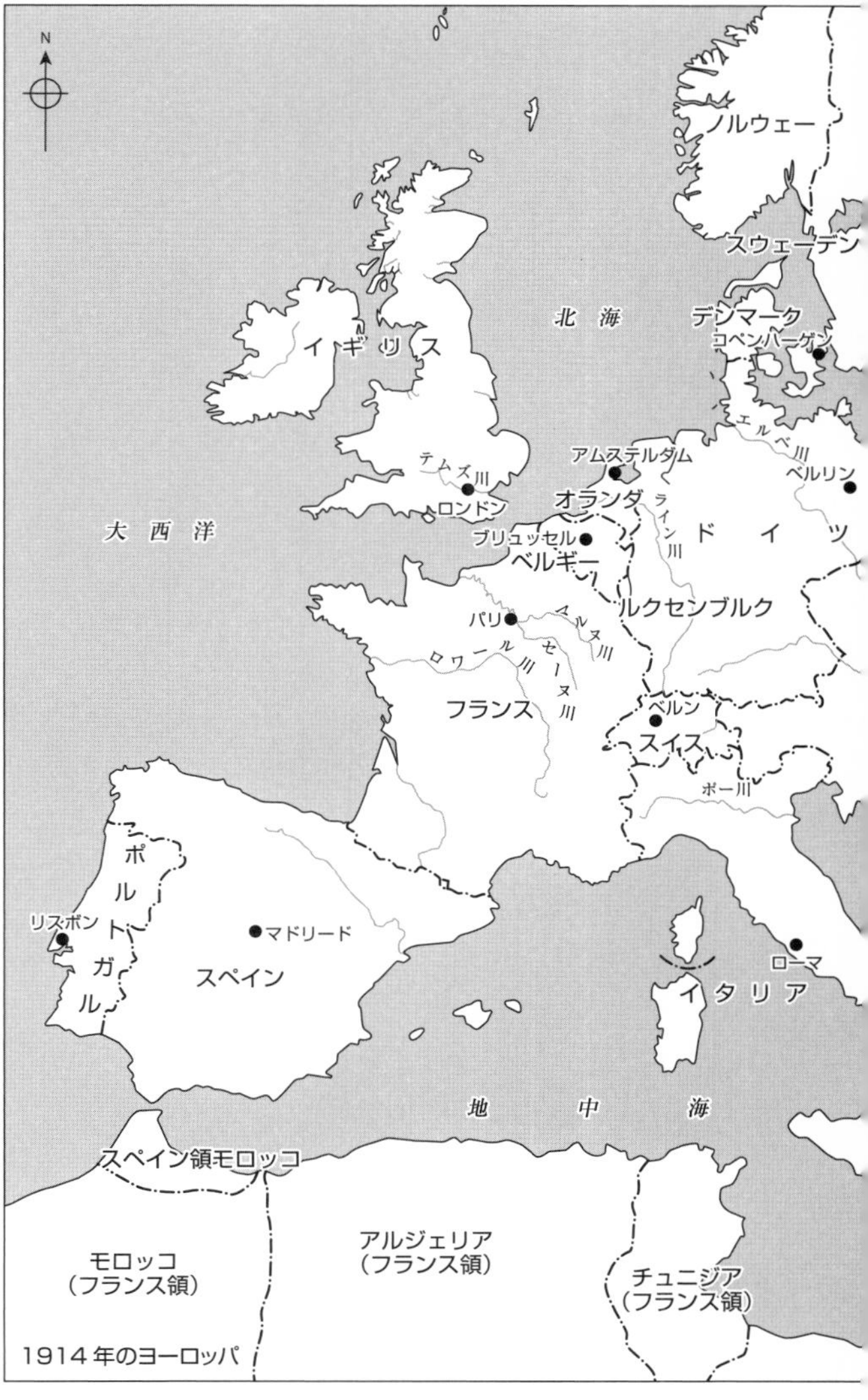
ノルウェー
スウェーデン
デンマーク
コペンハーゲン
北海
イギリス
エルベ川
アムステルダム
ベルリン
テムズ川
ロンドン
オランダ
ライン川
ドイツ
大西洋
ブリュッセル
ベルギー
ルクセンブルク
パリ
マルヌ川
ロワール川
セーヌ川
フランス
ベルン
スイス
ポー川
ポルトガル
リスボン
マドリード
スペイン
ローマ
イタリア
地中海
スペイン領モロッコ
アルジェリア
（フランス領）
モロッコ
（フランス領）
チュニジア
（フランス領）
1914年のヨーロッパ

宣戦布告の日のミュンヒェンを捉えた写真では、広場に群衆が集まっており、そこには有名人が一人います。青年時代のヒトラーです。しかし最近では、これは後から捏造されたプロパガンダなのではないかという説が出ています。ナチスの時代になって、総統も若い頃は皆と一緒になって愛国心に燃えていたのだと、アピールするためだったのではないかという説です。

第一次世界大戦は何をもたらしたのか

さて、そろそろ第一次世界大戦がもたらしたものについて、整理したいと思います。第一に、四年に及ぶ激しい戦争を経て、国際的なパワーバランスが変わりました。ヨーロッパは、戦勝国であるイギリスやフランスも含めて疲弊し、代わってアメリカ、そして後にソ連が世界の頂点に立つようになります。また大戦を契機に、植民地の独立運動が高揚したことも無視できません。

第二に、戦争によって国家のありかたが大きく変わりました。それまでヨーロッパの広い地域を支配していたロシアやハプスブルク帝国は多宗教、多言語、多文化、多民族を緩やかに統合していましたが、そうした帝国が崩壊した後に登場したのはもっと小規模で凝集性の高い、民族自決を理念とするネイションステイトです。一つの民族が小さいながらも自立して一つの国家を成すという考えはもっともらしく聞こえますが、本当に実現するには、かなり無理のある発想です。実際、戦後の中欧や東欧に誕生したのは、単一の民族から成る国家などではなく、マルチエスニックな「小帝国」、言い換えれば旧帝国の縮小版でした。これらの国々は、敗戦国の後継国家として剝奪された「失地」の回復、そして民族的統一の完成を目指し、大戦終結後も数年間、血みどろの戦争を続けます。

国家のありかたの変化は、別の観点からも語ることができます。総力戦を経験したことで、国家が経済や社会に強力に介入するモデルが登場するのです。その代表例は共産主義国家ですが、ファシズムやナチズムもそうした新しいタイプの国家です。そして、軍国主義に進んだ日本や、世界恐慌後に国家の介入が強化されたアメリカについても、共通性を確認できるでしょう。

第三に、政治文化や社会的風潮、大衆のメンタリティの変化があります。第一次世界大戦後のヨーロッパに関して『敗北者たち』という研究書を書いた歴史家ローベルト・ゲルヴァルトは、一九一八年以降も東欧やロシア、あるいは中東で戦争や革命や内戦がずっと続いたことを重視し、第一次世界大戦は「終わり損ねた戦争」だったと言っています。ゲルヴァルトによれば、ヨーロッパでは大戦が終わった一九一八年から一九二三年までに四〇〇万人以上が死亡し、また一九一七年から一九二〇年までの間に二七回の政治体制の転換が起こっていて、不安定な時代がずっと続いていきます。そうしたなかで、社会に暴力が蔓延する。ナチ党が登場したドイツがまさにそうですが、選挙のたびに血みどろの市街戦が繰り広げられるのが常態化してしまう。こうした変化も第一次世界大戦を契機とするものです。

第四に、しかし戦争が社会的平等をもたらしたことにも注意しなければなりません。最も大きいのは、各国で女性の社会進出や参政権の付与が実現したことですが、労働運動の展開や社会保障制度の拡充、多様な生活スタイルや文化的表現の承認といった現象も、戦後に起こります。アメリカの歴史家ウォルター・シャイデルは、貧富の差というのは平和な時代には拡大していく一方である、これを縮小するのは戦争や革命であると主張しています。皮肉なことですが、戦争のおかげで平等が実現した側面は否定できません。

このように、第一次世界大戦は世界のありかた、人々の意識や思考を大きく変えました。冒頭に述べたように、この戦争が現代の始まりと見なされる所以です。

おわりに――一〇〇年前の歴史に何を学ぶか

ここまで、長時間にわたりお話ししてきましたが、そろそろ結論めいたことを述べさせていただきます。

クラークは、第一次世界大戦を「剝き出しの現代性」をもった出来事と呼び、「一九一四年七月は、一九八〇年代においてほどには、こんにちの我々から隔たっていない」としています。第一次世界大戦は過ぎ去った過去の出来事ではなく、冷戦終結後の現代こそ、あの戦争が身近になっているというのです。

確かにこの二〇年、三〇年のうちに、アメリカの覇権が終焉を迎えつつあり、ヨーロッパがEUというかたちでブロック化し、中国やロシアが存在感を強めています。つまり、かつてのような単独の超大国がなくなり、代わりに複数の勢力が対峙し合う状況になっています。そしてその反面で、中東、ウクライナ、コーカサス、中央アジア、アフガニスタン、そして北朝鮮問題や中台問題を抱える東アジア等々、かつてのバルカン半島さながらのホット・スポットが世界中に点在しています。こうした様子は、第一次世界大戦前のヨーロッパ情勢がより広域に、グローバルに再現されたもののようにも見えます。

しかし、今日お話ししましたように、第一次世界大戦前夜のヨーロッパは各国が依存し合い、協調し合っていました。彼らは互いのことを良く知り、議論を積み重ねる場ももっていました。それに比べて現在の私たちは、例えばミサイルを飛ばしてくる隣国のことをどれほど知っているでしょうか。話し合う機会をどれだけもっているでしょうか。私たちは一〇〇年前のヨーロッパ人よりも進歩しているとか、もっと安全な世界に生きていると言えるでしょうか。

第一次世界大戦で大きな被害を出したにもかかわらず、ヨーロッパはもう一回、大戦争をします。しかしその後の約八〇年間、時に激論になりつつも、過去をめぐる対話を途切れることなく続けてきました。『夢遊病者たち』という本は、これまで主にドイツに帰せられてきた第一次世界大戦の開戦責任を、ヨーロッパ全体の共通の問題として考え直す契機を提供しました。膨大な史料を元にした冷徹な歴史研究のなかからこうした視点が示されたのは、各国の枠組みを超えてヨーロッパ史を描こうとする取り組みが、随分と蓄積されてきたからこそと思います。

翻って日本はどうでしょうか。日本や中国や韓国や北朝鮮といった枠組みに縛られない歴史を語ることができるでしょうか。そもそもそうした歴史をなぜ語ろうとするのかという点も含めて、私たちはヨーロッパの経験を教訓として、自らに問い続ける必要があると思います。

最後になりますが、現在、新型コロナウイルスの感染症問題というグローバルな試練に、世界中が直面しています。安易に戦争になぞらえるなとお叱りを受けるかもしれませんが、世界中が共通の試練、共通の異常事態と対峙しているこの数年は、どこか第一次世界大戦に似ているようにも思えます。最近は海外からのニュースを観るたびに、あれ、この国はこんなことをするのかとか、あの国の政治家はあんなことを言うのかといった風に、今まである程度分かっていたつもりのドイツのことやヨーロッパのことがよく分からなくなった気がしています。こうして、世界や他者、そして自分が分からなくなった時代だからこそ、歴史に立ち戻って考えることの意味が増しているのではないかと、最後に申し上げておきます。

【参考文献】

クリストファー・クラーク著／小原淳訳『夢遊病者たち――第一次世界大戦はいかにして始まったか』1・2（みすず書房、二〇一七年）

ローベルト・ゲルヴァルト著／小原淳訳『敗北者たち――第一次世界大戦はなぜ終わり損ねたのか1917－1923』（みすず書房、二〇一九年）

ウォルター・シャイデル著／鬼澤忍・塩原通緒訳『暴力と不平等の人類史――戦争・革命・崩壊・疫病』（東洋経済新報社、二〇一九年）

マーガレット・マクミラン著／真壁広道訳／滝田賢治監修『第一次世界大戦――平和に終止符を打った戦争』（えにし書房、二〇一六年）

ウィリアム・マリガン著／赤木完爾・今野茂充訳『第一次世界大戦への道――破局は避けられなかったのか』（慶應義塾大学出版会、二〇一七年）

第三章　満州事変はなぜ起きたのか

井上寿一

はじめに―〈事実〉と解釈―

本日のテーマは「満州事変はなぜ起きたのか」です。

近代日本外交の失敗は、近代日本の中国政策の失敗と言っても言い過ぎではないほどで、中国との関係をどうするかによって、成功、失敗が決まるというところがありました。近代日本の国家的な破局を直接もたらしたのは日米戦争です。それではアメリカとの戦争はなぜ起きたのかと遡れば、日中戦争が起きたからだ。日中戦争はなぜ起きたのかといえば、満州事変が起きたからだ。このように満州事変はその後の戦争の起点になりました。

満州事変に関する歴史的〈事実〉については、おおむね合意が形成されています。満州事変を巡って何が〈事実〉なのかということに関しては、反証可能性を担保した史料実証を前提とすれば、〈事実〉関係をめぐってほとんど違いがないということです。

例を挙げます。満州事変の直接のきっかけは一九三一（昭和六）年九月一八日の柳条湖《りゅうじょうこ》事件です。当時の新聞は中国側の仕業と報道していました。さすがに今の段階で直接中国側がやったという〈事実〉はありません。今日では関東軍の謀略である点で、〈事実〉関係としては、ほとんど異論がないと思います。

しかしながら、〈事実〉と解釈というのは区別した方がいいと考えます。同じ〈事実〉、同じ史料でも解釈は異なる可能性があります。

非常に有名なのは、かつての一九六〇年代前後にヨーロッパで起こった第二次世界大戦の起源論争です。A・J・P・テイラーが『第二次世界大戦の起源』という挑発に満ちた本を出して（第二次世界大戦の直接的な原因としてのヒトラーのドイツというのをあまり強調しない、極端に言えば、ヒトラーでなくても、第一次世界大戦後から続く欧州の国際政治の権力構造からすると、戦争が避け難くなっていくということも含めて、ヒトラーやムッソリーニが悪かったから第二次世界大戦になったのだというのではない解釈）、大きな論争になりました。ヒトラーやムッソリーニの役割を重く見る方とそうでない方とでも、読んでいる史料は同じです。それをどう解釈するか、前後関係や作業仮説を検証していく過程で解釈は異なり得るのです。

歴史解釈は時代状況を反映していて、満州事変はなぜ起きたのかという疑問を持った場合でも、その原因の追究は時代状況を反映しています。

例えば敗戦から約一〇年間において主流だったのは――独占資本と軍閥が結託して民衆を虐げて戦争に駆り立てたという――マルクス主義歴史学の見取図でした。

その後、高度経済成長期に入りますと、日本経済が世界第二位になるという経済的な自信に裏付けられて、戦争の解釈の仕方も変化し、林房雄の『大東亜戦争肯定論』が支持されるようになりました。

さらに一九七二年の日中国交正常化をきっかけとする日中友好ムードが生まれると、過去を反省しつつより良い日中関係を築くという文脈の中で、過去が解釈されるようになったのです。

ところが米ソ新冷戦がはじまると、中国の役割が変わります。そのような中国に対する評価を通じて、日中戦争や満州事変に対する評価も変わり得るようになりました。

そのうえで今日のように中国の大国化を懸念する時代状況の中で、満州事変とは何だったのかと問えば、敗戦から一〇年間の時代状況とはまったく違っているので、解釈も自ずと異なることになります。

例を一つ挙げます。今、新疆ウイグル自治区の人権問題がクローズアップされています。この文脈で満州事変を振り返ってみると、悪いのは中国で、日本は少数民族を尊重していた、満州事変の根本的な原因は中国にあるのだ、そういう解釈も出てくるようになりました。時代背景として中国が大国化し、新疆ウイグル自治区で人権を弾圧している、それはいけないのだとの立場から満州事変を振り返ると、日本は悪くない、悪いのは中国なのだ、と解釈することも可能になるのです。

以上に述べましたように、ここでは〈事実〉と解釈を区別して、満州事変はなぜ起きたのかをお話しすることにします。

研究史と問題の所在

次に満州事変に関する主要な研究を六つ紹介して、問題の所在を明らかにします。

最初に取り上げるのは、日本国際政治学会・太平洋戦争原因研究部編『太平洋戦争への道』（朝日新聞社、一九六三年）です。この研究書は『太平洋戦争への道』というタイトルですけれども、その第一巻が満州事変前後を扱っていて、満州事変がなぜ起きたのかというところから「太平洋戦争への道」を分析しています。

この『太平洋戦争への道』の第一巻は、「十年の曲折をへてついに太平洋戦争の開始にたどりつく、その長い道程はこうして踏み出されたのである」と記されているように、満州事変を起点として日米開戦に至ったと、そういう問題意識が明確に出ています。

本書は、すでに一九六〇年代のはじめに、事実関係について非常に信頼できる研究が公表されていたことを示しています。

次は緒方貞子『満州事変‐政策の形成過程』（原書房、一九六六年、現在、岩波現代文庫）です。この本は、関東軍、陸軍中央、政府指導者、この三者の「三つ巴の権力争い」を活写しています。それが可能になったのは、関東軍参謀の片倉衷《かたくらただし》の日記があったからです。

日本の膨張政策が加速した原因は何だったのかとの問題関心から、英米列国と国際連盟の満州事変に対する批判が実質的な裏付けを欠いていたからとの結論を導き出しています。

要するに、国際規範と権力政治の相互関係から満州事変を分析したのがこの本です。

三番目は、クリストファー・ソーンというイギリス人の歴史家の著作です。元の本は『外交政策の限界』というタイトルで一九七二年に出版されています。翻訳は相当遅れて二〇年後、『満州事変とは何だったのか』（草思社）というタイトルで出版されました。

この著作は先駆的研究の緒方貞子『満州事変－政策の形成過程』を拡大、深化させています。本書によれば、欧米各国にとって、満州事変は極東の危機に過ぎませんでした。他方で何もしないわけにもいきませんでした。何もしないでいると、ヨーロッパでヒトラーやムッソリーニが何か起こした時に抑えられなくなるからです。それゆえ極東の危機に対しても何かしら対応しなくてはならないと考えながらも、結局のところ欧米各国や国際連盟の外交政策には限界があって、満州事変は拡大したと、そのような解釈になっています。

四番目は臼井勝美『満州事変　戦争と外交と』（中公新書、一九七四年、現在、講談社学術文庫）です。本書は中国側の視点から満州事変とは何だったのかを明らかにしています。

本書によれば、中国ナショナリズムの対応には「満州事変タイプ」と「上海事変タイプ」がありました。「満州事変タイプ」は、日本が満州で軍事的な行動を拡大していくことに対しての中国ナショナリズムの抵抗、反抗が限定的だったというものです。

翌一九三二年、第一次上海事変が起きます。第一次上海事変の時には、国際都市上海での軍事行動であることもあって、中国ナショナリズムは非常に強く反発しました。その結果、第一次上海事変は短期間のうちに収束していきました。

対する日中全面戦争の直接のきっかけとなった盧溝橋《ろこうきょう》事件に際して、日本側は「満州事変タイプ」で対応しました。ところが中国側の対応は、「上海事変タイプ」でした。中国の領土であることが明確な地域で軍事行動を起こすと、中国ナショナリズムの抵抗は「上海事変タイプ」となり、欧米の対応も第一次上海事変と同様、日本に厳しかったのです。

本書によって通説が築かれたと言っても過言ではありません。このように一九七〇年代の段階で、満州事変に関する事実関係は、概ね確定したことになります。

その後、近年は、新しい問題関心から新しい解釈をする研究が出てきました。そのうちの一冊が五番目の筒井清忠『満州事変はなぜ起きたのか』(中公選書、二〇一五年)です。

本書の分析手法で非常に興味を引くのは、社会史的な問題関心があるということです。本書は指摘します。「陸軍の急進的行動の背後には、新聞の煽動により満州事変を熱狂的歓呼で迎えることになる大衆の世論があった」。つまり満州事変はなぜ起きたのかといえば、新聞の煽動と大衆の熱狂があったからだということになります。

「対外強硬」を歓迎する大衆世論はこの時だけではありませんでした。さかのぼると日露戦争後にまでたどり着きます。それがすなわち「日比谷焼き打ち事件」です。この事件を起点として、その後、憲政擁護運動が起きます。憲政擁護運動の起源は、政治参加の拡大=民主化を求める運動であると同時に、排外主義的な運動でもあったのです。

要するに本書は、世論の戦争熱こそが満州事変を拡大させたと分析しています。

関連して世論の動向と関東軍の関係を考えてみます。関東軍の日誌を読むと、満州事変を拡大していく過程で、関東軍は当初、世論の支持を実感しているけれど、世論は移り気で変わりやすい、何か問題が起きると今度は軍部批判に変わるとも認識していたことがわかります。世論はつねに満州事変を熱狂的に支持したとは限らないようです。そうだとすれば、第二次若槻礼次郎内閣が満州事変の早期収拾に乗り出すと、世論は今度はそちらの方がいいとなったかもしれません。

もうひとつは安否情報確認の手段としてのマスメディアです。近代における日本の新聞の売り上げ部数は、戦争が起こる度に増えていきました。日清戦争、日露戦争、満州事変と戦争が起きる度に部数を急速に伸ばしていました。新聞は部数を伸ばすための取材合戦、戦争を美化するような報道合戦、速報合戦をしていました。貧しい小作農民の人たちも新聞を購読するようになりました。なぜ貧しくても新聞を買うのかといえば、勝った勝ったの戦勝気分の報道を読みたいだけでなく、安否情報の確認を求めていたからです。新聞は検閲や制約がありました。それでも何々部隊は何月何日、中国の何々という所で戦って戦果を挙げましたみたいな報道記事を掲載していました。

そうすると自分の家族からの出征兵士とか、自分の家の近所の誰々さんが出征していっていま満州で戦っていると、あの人は大丈夫なんだろうかという時に新聞を読むと、自分の家族あるいは近所の誰々さんが今頃ちょうどまさにここで戦っていて勝ったみたいだというような、そういう情報が欲しくて新聞を購読する人が増えたのです。

ですので、確かに関東軍が軍事行動を拡大していけた背景にはそれを支持した大衆ナショナリズムやそれを煽った新聞の存在というのは、あったのは確かだとは思いますけれども、それはある意味移ろいやすく危ういものでもあって、状況が変われば世論も変わり得る。そういうところは留意しておいた方がいいと思います。

最後の六番目は宮田昌明『満洲事変　「侵略」論を超えて世界的視野から考える』（ＰＨＰ新書、二〇一九年）です。

この本は今日的な時代状況を反映しています。ここでは「満洲事変を引き起こした中国側の要因」が強調されています。この本の問題関心はつぎのとおりです。「中国による周辺地域、周辺民族に対する暴力的行動が、その後の支那事変や大東亜戦争の展開、さらには戦後の東アジア、東南アジアにおける軍事紛争の決定的な要因として一貫していたのではないか」。

この本によれば、「日本は少数民族の権利を保護した」のに対して、ソ連や中国は「少数民族の自治運動を分離主義として否定した」とのことです。この本は今日の新疆ウイグル自治区の人権問題を想起させます。

この本も満州事変を直接引き起こしたのは石原莞爾《かんじ》や板垣征四郎《せいしろう》らの関東軍だったと認めています。その上で、なぜ満州事変は起きたのか、歴史を遡って追究してみれば、中国側にも原因があるということになります。中国が周辺民族に対して暴力的行動をとった、それが遠因となって、満州事変は起きたと解釈しています。

このように満州事変研究は膨大な蓄積があります。少なくとも事実関係については、合意が形成されていると言っても過言ではありません。他方で事実の解釈の仕方は、時代状況の反映でもあるので、時々の問題関心に応じて解釈も異なってくるのです。日本の中国に対する侵略という観点から満州事変を批判する解釈もあれば、最後に紹介した本のように、根本的な原因は中国側にあったのだというような解釈も可能なのです。

政党政治と中国政策

以上の研究史と問題の所在を踏まえながら、政党政治と中国政策に関して述べます。一九二〇年代、戦前昭和のはじまりの前後の頃から始めます。

戦前昭和は、政友会と民政党の二大政党制、短期間ではありましたけれども、二大政党制の時代と言われています。その二大政党のうちの民政党は協調外交で、政友会は自主外交と、そのように図式化されています。協調外交の代表が民政党の浜口（雄幸《おさち》）内閣であり、自主外交の代表が政友会の田中（義一《ぎいち》）内閣であると理解されているのです。

ところが協調外交の民政党の前身は憲政会で、憲政会の前身は同志会で、同志会は加藤高明の二一カ条外交の支持基盤でもありました。このことを中国側から見ると、中国に対する侵略的な外交の二一カ条を要求した外務大臣の政党の系譜が民政党ということになります。

他方で日本側からすれば、民政党が協調外交で、政友会が自主外交です。政友会の歴史をさかのぼると、原敬《はらたかし》内閣にたどり着きます。原の政友会内閣は、対中国内政不干渉政策と対米協調外交を特徴としていました。

そうすると政友会の方が中国内政不干渉政策で対米協調だったのではないか。民政党の方が起源を遡ると二一カ条要求の方になってしまうのではないかと。

二一カ条要求を出した加藤外相の内閣は第二次大隈（重信）内閣で、その後、寺内（正毅《まさたけ》）内閣になると、米騒動が起きて原内閣になります。一九二四年に政友会・憲政会・革新倶楽部の護憲三派内閣が成立したといっても、この内閣は二一カ条の倍の「四二カ条要求内閣」だと中国側が批判したのも、一理あった、ということです。

中国に対して厳しい方が民政党の起源になったのではないか、他方で政友会の方は中国内政不干渉で対米協調だったのではないか、それが途中でねじれて民政党の方が協調外交、政友会の方が自主外交だと。問題はこのねじれをどう解釈するかです。

ここでは憲政会も民政党も、中国に対する基本姿勢は変わっていないけれども、状況が変わったからねじれたように見える、という解釈を示します。

つまり憲政会・民政党は、一貫して中国本土との通商貿易を重視していたと。対する政友会は、満蒙開発を重視していたということです。

政策は一貫しているけれども、中国情勢が変動したことによってねじれているように見えている、ということです。

別の言い方をすると、民政党と政友会の中国政策の違いと中国情勢の変動をかけ合わせるとねじれの意味が明らかになってくるということです。すなわち中国本土との通商貿易政策を重視し続ける、それには中国が安定していかなければいけない、特に中国本土が安定しないと困る。他方で中国本土はともかく満蒙の開発によって日本が経済的利益を得ることを重視する立場からすれば、満蒙にまで蔣介石《しょうかいせき》の国民党の支配権が及んでくるようになると、それは認めることが出来ないということになって中国と対立しがちになっていく。以上のように解釈できるのです。

日中関係の分岐点

つぎに時代状況を細分化して考えてみます。満州事変は必然ではなくて、ある時点までは回避可能だったと指摘されています。回避可能な地点とは、一九二五年の北京関税特別会議と一九三〇年の日華関税協定です。

北京関税特別会議において、中国ナショナリズムの条約改正要求に列国協調で対応して「満蒙」特殊権益の一部を譲歩することで、中国ナショナリズムと折り合いをつければ、満州事変は回避可能だったと、そういうロジックです。最近出版された油井《ゆい》大三郎『避けられた戦争―一九二〇年代・日本の選択』（ちくま新書、二〇二〇年）がこのようなロジックを展開しています。

この本の中でイギリスの「帝国縮小戦略」という表現が使われています。アジアに最も大きな帝国主義的な権益を持っていた国はイギリスでした。そのイギリスですら北京関税特別会議に応じて帝国を縮小しながら、ある程度権益を確保しつつ、中国で影響力を残そうとする。帝国は縮小していくけれども、撤退するのではない。そのように中国ナショナリズムとバランスをとっていくことが北京関税特別会議では可能だったと、この本は指摘しています。

北京関税特別会議では、日本も中国側と折り合いをつけようとしました。ところが中国国内でクーデターが起きます。この条約の当事国の責任者が不在となります。こうして好機は失われてしまったのです。

その後、各国は個別に中国と条約改正交渉をおこないます。日本は満州事変の前の年の一九三〇年五月に日華関税協定を結びます。日中関係は安定化していきます。この時は幣原《しではら》（喜重郎《きじゅうろう》）

外務大臣の時代で民政党内閣でした。日中二ヵ国間レベルでは、この日華関税協定の締結によって、安定化したのです。

ところが、そこに至るまでの間、北京関税特別会議が結局成果をもたらさないままにこの日華関税協定が結ばれるまでには、いくつかの大きな出来事がありました。一つは北伐《ほくばつ》ともう一つは張作霖《ちょうさくりん》爆殺事件です。

蔣介石が北伐を進めて行く過程で日本は一九二七年六月に第一次山東出兵を行います。この時の田中首相兼外務大臣は当初、出兵に消極的でした。

それというのも三つ理由がありました。一つは「アメリカによる平和」の時代だったことです。このような時代において軍事行動を起こすとなると、アメリカの反応が気になります。二つは、原内閣以来、政友会は中国に対する内政不干渉主義でした。この観点から山東出兵に対して消極的だったのです。三つは、田中自身が関与したシベリア出兵の記憶があり――日本は目的を達成することなく派兵を続けました――そういう苦い記憶が田中にはあって消極的でした。

ところが蔣介石の国民党軍による北伐の過程で、現地居留民約二万人の生命財産を脅かされる恐れがある、現に脅かされていたのですけれども、そういう時に現地居留民約二万人を日本本土に引き揚げさせるというのは現実的には非常に難しい。そうだからといって、放っておくわけにはいかず、結局、田中は出兵を決断します。

ただしこの場合の出兵は、目的限定的でした。生命財産の確保に目的を限定して、目的が達成されれば短期間で完全に撤退すると。加えて実質的に英米と協調しながら出兵する形をとりたいと。田中は以上の観点から出兵を決断しました。

第一次山東出兵はこの通りになって成功しました。ところが翌年第二次山東出兵と済南《さいなん》事件が起きます。この時は第一次のようには上手く行かず、数日間で日中双方に数千人の死傷者が出たこともあって、国内世論は田中外交の対応を非常に強く批判しました。しかしながら、田中首相は批判を甘んじて受けながら、陸軍を抑制することに努めました。

田中は、この際、満蒙問題の武力解決に踏み切りたい陸軍内の勢力を抑えることができました。第二次山東出兵は失敗ではあっても、一九二〇年代の政党内閣の中国に対する慎重な政策の文脈に位置づけることができるのです。

このように田中外交は、武断外交、あるいは自主外交というよりも、英米との外交関係を重視しながら、陸軍内の強硬論を抑制することで、北伐に対応しようとしました。

それにもかかわらず、一九二八年六月四日、張作霖爆殺事件が起きます。この事件は田中の中国政策に対する関東軍の一部の反抗であって、張作霖を通してではなく直接「満蒙」を支配する意図がありました。

当時の関東軍参謀長の斎藤恒《さいとうひさし》の日記を見てみますと、日記からは張作霖爆殺事件が起きそうな気配は全然なくて、河本大作《こうもとだいさく》とビリヤードをやっている記述の方が多く、関東軍参謀長すらいつ何が起こるのかが分からない中で、河本たちがやったと、そのように解釈できます。

その後、張作霖爆殺事件の処理をめぐって、天皇から叱責されたこともあって、田中内閣は退陣し、後継は民政党の浜口内閣になりました。浜口内閣の下ではイメージ通りの協調外交で、一九三〇年、ロンドン海軍軍縮条約によって対英米協調の頂点に達しました。満州事変の前年、日本は協調外交の頂点に達したのです。それにもかかわらず、一年後、満州事変が起きます。なぜ満州事変は起きたのでしょうか。

不拡大の可能性とその挫折

さきほど一九二五年の北京関税特別会議と一九三〇年五月の日華関税協定の話をしましたけれども、一九三〇年の日華関税協定は、日中外交関係の修復の頂点でもありました。すなわち山東出兵や張作霖爆殺事件で悪化した日中関係は、一九三〇年の日華関税協定によって修復の頂点に達したのです。

しかしながら、この関税協定の実質は、「満蒙」における日本人の商工業者を切り捨てて、中国本土との自由貿易による相互利益の拡大をめざしたもので、民政党内閣の幣原外相はそのことをはっきり言っています。「満蒙」ではなく、「中国本土」と。すでに述べましたように、民政党の中国政策の基本は、「満蒙」ではなくて、中国本土との通商貿易関係の拡大です。日華関税協定はこの文脈で成立したのです。

当時、「満蒙」の日本人居留民は、見捨てられる危機に陥っておりました。一九三一年初頭の「満蒙」は、つぎのような状況でした。「今日では支那官憲から顚覆《てんぷく》されあまつさえ敵人扱を受け、日本内地人からは産業上の差別待遇を受け、帰るに家なく、働くに商売もなく、今は只鰻の寝床の如き満鉄附属地及関東州で自己の貯金を寝食して居る次第である」。

このように「満蒙」における日本人居留民は、中国側の官憲からは敵国人扱いされ、日本の内地の人からは差別待遇を受け、非常に貧しい生活を送っていました。鰻の寝床のような満鉄附属地と関東州、そこで貯金を崩しながら生活しているのが「満蒙」の日本人居留民だったのです。困窮する「満蒙」の日本人居留民に対して、幣原外相は非常に冷淡でした。この年三月の貴族院で幣原外相は、つぎのように言っています。「在満同胞は徒《いたず》らに支那人に優越感を以て臨み、且つ政府に対し依頼心を有する事が、満蒙不振の原因である」。「満蒙」が不振に陥っているのは、在満日本人居留民が中国人に対して優越感をもって臨みながら、日本政府に対しては依頼心が強いからである、もっと自立しろと。中国人に対する優越感、差別意識をなくして、政府に頼ることなく自分で頑張れと、そういう言い方をして「満蒙」を切り捨てようとしていたのです。

このような状況において、この年六月に中村震太郎大尉事件（満州奥地の興安嶺《こうあんれい》方面を調査中の陸軍参謀本部部員が同行者とともに中国人に殺害された事件）が起きます。この事件は満州事変のきっかけだと指摘されることがあります。実際にはこの事件が起きても日中双方で事件の早期収拾に努めて、中国の排日ボイコット運動も鎮静化しています。

現地の日本の在外公館の報告によりますと、九月上旬の中国の排日ボイコット運動の状況は「一般輿論《よろん》殆ど鎮静に帰したる今日是以上活動の余地なかるべし」と、このようになっています。中国の世論は鎮静化したので、これ以上、排日ボイコット運動が活発になることはないだろうと報告しているのです。

このように満州事変が起きた年は、「満蒙」の日本人居留民が見捨てられる危機に陥っていました。本国政府は中国本土との通商貿易関係の拡大を重視していました。以上が九月（柳条湖事件が勃発する月）上旬の状況でした。

同じ年の初頭、一月の議会において、松岡洋右《ようすけ》が有名な演説（「満蒙は日本の生命線である」）をしています。「生命線」は当時の流行語になって、何にでも「生命線」と使われるようになりました。たとえば龍角散の宣伝で「のどはからだの生命線」のようにです。「龍角散で喉の痛みを止めないと――そこが生命線なんだ」というように、流行語として使われる、それほど「満蒙は日本の生命線」というキャッチフレーズは、日本国内で急速に広がっていきました。

満鉄総裁や「満蒙」開発を重視する政友会の議員の経歴から、松岡は軍部に近い人で満州事変を引き起こす側の人なのではないか、と誤解されがちです。しかし、松岡はそのような人物ではありませんでした。

松岡の「生命線」演説は、見捨てられる「満蒙」の日本人居留民を代弁しています。このままでは日本の本国から「満蒙」は見捨てられる、そのような危機感を持って、「満蒙」は日本の生命線なのだから守らなくてはならないと訴えたのです。

「満蒙」は日露戦争で血を流して獲得したものでした。しかし二五年も経つと人の記憶は薄れていきます。また「満蒙」によってどれほど日本経済が潤ったのか疑問でした。満鉄経営は赤字でした。猫の額ほどの旅順・大連、鰻の寝床ほどの満鉄とその附属地、そのような「満蒙」権益しかありませんでした。それと中国大陸全体、マーケットとしての中国大陸全体とを比較すれば、どちらが大事かは分かるだろうと。「満蒙」に執着して、中国本土との関係が悪くなるよりは、

「満蒙」のことは後回しで、広大な中国本土をめぐる通商貿易関係の拡大を優先する、そのような日本の国内状況に対して、「満蒙」を忘れるな、というのが「生命線」演説だったのです。

松岡は危機感を訴えるだけではなく、現実的なことも言っています。すなわちあくまでも外交交渉によって「満蒙」特殊権益をめぐる日中間の問題を解決し、経済的アプローチが重要だと強調しているのです。

松岡は自著のなかで、日中「提携」による「満蒙」の経済開発によって、日中両国に利益が得られるようにしたい旨を述べています。この本のあとがきを書いたのが柳条湖事件の起きた翌日の九月一九日でした。松岡はあとがきに「外交は完全に破産した。……砲火剣光の下に外交はない、東亜の大局を繋ぐ力もない。やんぬるかな」と記しています。外交交渉でやらなければいけないのに、軍事力を行使してしまったのではおしまいだ。自分の考えていたことは満州事変の勃発によってだめになった。そのように言っているのです。

松岡は、歴史年表で確認すると、「生命線」演説、国際連盟脱退、日ソ中立条約締結というように、協調外交ではなく、自主外交・武断外交の人に見えます。ところが実際は、軍事力によって解決することに反対しているのです。

満州事変が起きた時、すぐに関東軍の謀略だと分かりました。臨時閣議において幣原外相が非常に皮肉たっぷりの遠回しな言い方でこれは関東軍の謀略だと言ったのに対して、南（次郎）陸相が反論できなかったのです。別の言い方をすれば、陸軍参謀総長の金谷《かなや》範三《はんぞう》と南陸相、幣原外相、井上（準之助）大蔵大臣の四人は、一緒に民政党内閣を支えて、協力していた部分もありました。

幣原の回顧録によれば、金谷範三は「至誠の人」と非常に高く評価しています。つまり皮肉交じりに関東軍の謀略だと言いつつ、協力して関東軍を抑えようと、そのようにも言っています。

このような政府内政治状況こそ、最初の方で紹介しました緒方貞子『満州事変－政策の形成過程』の「三つ巴の権力争い」のことなのです。本国政府が関東軍に対する抑制の意思を示したことで、関東軍は孤立無援に陥りました。

世論も、さきほど説明しましたように、必ずしも自分たちを支持してくれるか分かりませんでした。最初は支持してくれるかもしれない、特に新聞が――これは中国側の仕業だ――と、センセーショナルな報道をすればするほど新聞の部数が伸びたこともあって、世論は満州事変を支持していると考えたとしても、無理はなかったのです。しかし世論は移り気です。状況が変化すれば、世論の満州事変支持も変わる可能性がありました。とくに国際社会からの非難が強まり、経済制裁を受けるようなことにでもなれば、世論も影響を受けるかもしれなかったのです。

関東軍にとって最初は「満蒙領有論」でした。要するに「満蒙」を植民地として支配するということです。関東軍の戦略的な関心は対ソ戦に備えることでした。「満蒙」は対ソ戦のための軍事的な資源の供給地と戦略的な拠点ですから、そこを自分たちが自由にコントロールできるようにしたい、そのためには「満蒙領有」だということなのです。

ところが実際に成立したのは「満州国」でした。「満蒙領有」というあからさまな植民地支配は、さすがにできなかったのです。時代状況からしても第一次世界大戦後、主にヨーロッパにおいてではありましたけれども、民族自決原則が確立していくなかで、「満蒙」地域を日本が植民地支配するということは、国際的正当性の確保が困難だったのです。要するに関東軍は、「満蒙領有」では難しいと判断しました。

その結果として、国際社会との折り合いをつける限界のところで独立国家の形式を採ることになりました。関東軍の戦略的な関心からすると、この独立国家案は大きな譲歩であって、思い通りの結果にはならなかったということです。

満州事変は「外からのクーデター」でもありました。前年の一九三〇年は協調外交が頂点に達して、ロンドン海軍軍縮条約と日華関税協定を結びました。このような状況では政党内閣は軍事行動を認めないだろう。それならば、「外からのクーデター」として満州事変を起こす。関東軍はそう考えたのです。

政党内閣が自発的に満州事変を起こすことはあり得ない。他方で、このままだとソ連の軍事力が急速に強くなって、対ソ戦に備えられなくなる。日ソの軍事バランスの観点からも満州事変はやらなければいけない。それには政府に反抗して、――普通クーデターというのは国内で起こすのですけれども、ここでは「外からのクーデター」――満州事変を起こすことで国内へ圧力をかけていく。このように満州事変は「外からのクーデター」として、一か八かで実行に移されたのです。

ここでエピソードを紹介してみたいと思います。満州事変を起こす側からすると、成功する可能性の方が低いと思わせるほど、政党内閣は協調外交と中国との関係を重視していました。そのひとつのエピソードとして、満州事変が起きる約二ヵ月前に、小磯（国昭）軍務局長、幣原外相、井上蔵相との閣議でのやりとりがあります。

この時、小磯はソ連の軍事的脅威を強調します。ソ連は五年間にわたって九〇〇億ルーブルを軍事費に投入して、一年間では二〇〇億ルーブルを投入している。対する日本は五年間で一億円しか軍事費を投入していない。ソ連は五年間で、円に換算すると一三億円である。すなわちソ連は日本よりも一三倍も軍事力を増強していると。このように小磯は閣議で説明しました。

そうすると幣原と井上は意地悪な人で、何と言ったかといえば、そのルーブルと円の交換比率は、何を根拠にしているのですか、と。ルーブルと円の交換比率を問うても、小磯は答えられなかったのです。小磯が示したのは、ソ連の軍事的脅威を強調するための架空の数字でした。またルーブルと円の交換比率の問題はともかくとして、ソ連が一年間に二〇〇億ルーブルを軍事費に費やすと言っているけれども、ソ連の国家予算からするとそのような巨額の軍事費はどうやって出せるのですかと、このような質問に対しても、小磯は答えられなかったのです。

このようにソ連の軍事的脅威認識をめぐっても、作られた軍事的脅威の側面がありました。民政党内閣の幣原と井上は冷静でした。ソ連が極端に軍事力を増強して極東に備えているようには見えない、ということでした。

実際のところ当時のスターリンのソ連は、国内政治が危機に陥っていました。国民は飢餓に苦しみ、国家の体裁をなしていないような酷い状況でした。日本の陸軍もソ連の五ヵ年計画は順調にいっているとは判断していませんでした。なので、今すぐにでもソ連が日本に攻め込んで来るかのような危機感には、根拠が乏しいことを陸軍自らが解るようになっていました。

これでは対ソ戦に備えて満州事変を起こすというのは、説得力がなく、そうだからこそ「外からのクーデター」として満州事変を起こさない限り、関東軍は目的を達成することができなかったのです。

以上から明らかなように、緒方貞子『満州事変‐政策の形成過程』が分析した「三つ巴の権力争い」のなかで、関東軍は「満蒙」を領有したかったけれども、独立国家へと譲歩せざるを得なくなっていったのです。

このような過程において、満州事変をどのように正当化するのか、あるいはどのように国内世論の支持を調達するのか、以上の観点からも、あからさまな植民地支配というのは難しい。形式的ではあれ独立国家の形とする。このように「満蒙領有」から独立国家へと転換していきました。

ここまでで何度か強調しましたように、関東軍は孤立無援で、「外からのクーデター」として一か八かで満州事変を起こしたというところがありました。そうだとすると、満州事変の拡大を抑制する可能性はあったことになります。

一つの可能性は日米連携による現地軍の抑制です。具体的に言いますと、満州事変をこれ以上拡大するとアメリカが日本に対して経済制裁に踏み切ると幣原外相が陸軍中央を通じて関東軍に伝えれば、関東軍も満州事変の拡大にブレーキをかけるだろう、ということです。

実際のところ、満州事変が起きた一九三一年は、世界恐慌の真っただ中でした。日本経済はアメリカに大きく依存していましたので、これ以上拡大するならば経済制裁をするぞというふうになったらば、日本経済はやっていけなくなります。アメリカによる対日経済制裁は、経済危機に喘いでいる日本国民の気持ちを軍部批判に変えていく、そのような可能性もありました。そうだとすれば、日米連携による現地軍抑制も効果があることになります。

ただこれだけでは不十分で、日米連携による現地軍の抑制と組み合わされるべきが協力内閣構想でした。満州事変が政党内閣を倒す「外からのクーデター」だとすれば、政友会も民政党も立場のちがいを超えて協力することで、軍部を抑制すべきで、この観点から政友会と民政党の協力内閣構想が生まれたのです。

この政権構想は非常に大胆なもので、民政党の第二次若槻内閣の側は首相のポストを政友会の側に渡すから協力内閣を作って、現地軍を抑えようと考えました。東日本大震災の時も深刻な危機に対応するために大連立を組もうとしたのに、民主党内閣の側は自民党に首相のポストを渡そうとはしませんでした。このこととの比較からわかるように、満州事変の時の方がはるかに真剣でした。政友会と民政党が協力する、さらにアメリカとも連携していく、このような協力内閣の下での日米連携によって関東軍を抑えるのであれば、可能性はあったと考えられます。

それではなぜこの構想は実現しなかったのでしょうか。原因は政党の側にもありました。民政党内閣の幣原と井上は非常に仲が良くて、自分たち単独で乗り切れる自信を持っていました。事実、幣原と井上は当初から協力内閣構想に否定的な態度をとっていました。実際のところ、これ以上拡大するとアメリカが経済制裁に踏み切って大変なことになるぞ、だからもう止めろというロジックでの説得が功を奏するかのように見えた時がありました。関東軍の独走が足踏み状態になったのです。そうすると民政党の単独内閣でいいのだ、わざわざ協力内閣をつくる必要はない、そのように民政党の側は考えるようになりました。

政友会の側も、自分たちに首相のポストがもらえて協力内閣をやるのは悪くない。悪くないけれども、政友会と民政党は、別の争点をめぐって大きく対立していました。恐慌克服政策をめぐって、両党は対立していたのです。

政友会は金本位制から離脱して円安を誘導することによって、通商貿易関係を拡大する政策です。政友会は自分たちの恐慌克服政策に自信を持っていました。当時の二大政党制はどちらか政権を担っている政党が何らかの理由で潰れると、つぎは反対政党に政権が転がり込むものとして理解されていました。それゆえ政友会はここで敵（民政党）に塩を送るようなことをせずに、このまま満州事変の拡大を止めることが出来なくなって民政党内閣が潰れれば、つぎの内閣は自分たち政友会だと考えていたのです。

このように党利党略が強くなったことによって、協力内閣でやっていこうという考えが政友会にも民政党にも乏しくなっていきました。その結果、協力内閣は実現しなかったのです。

ところが民政党内閣は事変不拡大に失敗します。責任をとって辞めると、政友会の側に政権が転がり込んできます。当時の内閣を決めるのは、事実上、最後の元老西園寺《さいおんじ》公望《きんもち》でした。その時には西園寺にも協力内閣と単独内閣の選択の可能性がありました。この二者択一のなかから西園寺が選択したのは、単独内閣でした。

さらに元老と内大臣牧野伸顕《のぶあき》との対立も関係していました。協力内閣構想を推す牧野との権限争いもあって、元老西園寺は単独内閣の方を選択したのです。しかし残念なことに、政友会の単独内閣の方は、これといった具体的な満州事変対策を持ち合わせていませんでした。犬養《いぬかい》（毅《つよし》）首相が個人的な密使を中国に派遣して何とか解決しようというアイデアはあったものの、具体的な成果には結びつかなかったのです。

今から考えてみると、協力内閣の方がよかったと思います。一九三一年九月一八日よりも前の状況に戻すことは無理だったとしても、満州国が出来てしまうというところまでは行かない範囲で収拾することは可能でした。具体的には満州は事実上日本が支配するけれども、形式的には中国の主権を認めるような地方自治政府を作るのであれば、瀬戸際のところで日中二国間の調整ができたはずです。

しかし形式的にではあれ独立国家を作ってしまったことで、日中関係は決定的に悪化しました。このような日中関係の決定的な悪化を避けることができたのは、協力内閣の方だったと解釈しています。

戦争調査会

幣原はこの民政党内閣が崩壊したあと、戦時中、生きているのか死んでいるのかも分からないくらい政治の表舞台から去りますけれども、戦後になると、首相として返り咲きます。幣原が首相として行なったことの一つとして、戦争調査会の設置があります。幣原は戦争調査会を国家機関として立ち上げて、なぜ戦争が起きたのか、あの戦争から学ぶべき教訓は何かを調査しようと試みました。

この戦争調査会において、幣原はつぎのような趣旨の反省の弁を述べているのです。「軍部の人達が何時も開戦論者であるというのは私は間違いではないかと思います」。あるいは「軍隊なんてものは余計なものだ」と考える一九二〇年代の「平和とデモクラシー」の時代の社会風潮が軍部の「非常に神経を刺激して、不穏の情勢」を生み出したと、幣原は指摘しています。

幣原は軍部による被害者、犠牲者のはずです。ところが当の幣原はそうは言っていません。幣原はこの戦争調査会で同じような趣旨のことをさまざまな表現で言っています。要するに内にあっては「デモクラシー」、外に対しては協調外交の行き過ぎが軍部を疎外した結果、のちの満州事変のような「外からのクーデター」を生んだのだと、幣原はこのように反省しているのです。

実際のところ、第一次世界大戦後一九二〇年代の「平和とデモクラシー」の時代においては、軍人蔑視の感情が生まれていました。この点に関連する先駆的な研究の岡義武『転換期の大正』において、著者は一九二二（大正一一）年の国内社会の状況をつぎのように活写した当時の新聞記事を紹介しております。「軍人に対する国民の眼は近時憎悪から侮蔑へと大きく変わった。職を失って不安に襲われている軍人に対して国民多数は無関心であり、よい気味だといわんばかりの様子をしている」。

こういう社会状況への軍部の反発が遠因となって、満州事変を引き起こした、そのように軍部を追い詰めたのは自分たち――協調外交を展開した幣原たち――なのだと、幣原自身が反省しているのです。

岡義武『転換期の大正』が引用するところによると、軍人蔑視の大正時代はつぎのようにも描かれています。子供が列車の中で愚図ったり悪戯をしていたりすると、「今に軍人にしてやるぞ」と子供を叱りつけるとか、結婚しようとしても陸軍士官学校とか海軍兵学校の出身では「お見合い」の相手がいなかったように、軍人は嫌悪されていました。「末は博士か大臣か」であって、「末は軍人大将」ではなかったのです。

繰り返しますと、このような時代状況が軍部を追い詰めて、「外からのクーデター」としての満州事変が起きました。そうだからこそ自分たちにも責任があると、幣原は戦争調査会において述べているのです。満州事変が起きた大きな原因の一つは大正時代に胚胎《はいたい》したようです。

まとめ

最後に歴史の教訓として、満州事変の歴史から学ぶべきことを三つにまとめます。

一つは「列国協調」です。北京関税特別会議が満州事変の回避可能性の分岐点だったとお話ししました。このこととの関連で、今日の日本外交は、当時の表現では「列国協調」、今の表現では先進民主主義国と協調して、中国に対応していくということがもっとも重要なのではないかと思います。日中提携のような二国間レベルでは相互に利益があっても、多国間協調とのバランスをとらなければ、失敗に陥りがちです。満州事変は、「日中提携」と「列国協調」の均衡を保持できなくなった結果として起きたことを想起すべきでしょう。日本外交は先進民主主義国との多国間協調が基軸なのです。

二つは「内政不干渉」原則です。今日の国際政治情勢のなかで、「内政不干渉」原則が揺らいでいます。途中でも何度かお話ししましたように、中国の新疆ウイグル自治区の人権問題に関して、この問題は中国の内政問題なのだから、他国はとやかく言う立場にないはずですけれども、今日の国際的な規範の基準からすれば、人権は護られなければいけない。人権を護るためであれば、国家主権を超えて介入してもよいと正当化されつつあります。

しかしながら、実際には人権問題をめぐる国際的な介入は難しいのではないでしょうか。内政に干渉するというのは間接的な手段にとどまるものであって、中国の人権抑圧をめぐってどこまで先進国間協調ができるのでしょうか。あるいは先進国で協調できたとしても、途上国が足並みを揃えてくれなければ、内政に干渉してでも普遍的な国際ルールを守らせるというのは難しいのではないかと考えます。

今日の途上国の立場からすれば、人権や民主主義は先進国の贅沢にみえるところがあります。自分たちは経済発展こそ人権、民主主義なのだという国もあるのです。そういう国にとって、手っ取り早く経済発展するには中国モデルがもっとも魅力的です。多少、人権・民主主義に問題があるとしても、国民が経済的に豊かになればそれでいいのだと考える途上国からしますと、中国を批判するのはためらわれるのではないでしょうか。「内政不干渉」原則は、一九二〇年代には大きな意義があって、今ではそうでもないということにはならないようです。

三つは対中国政策の連続性・一貫性です。日本の中国政策が短期的な状況に応じて、目まぐるしく変わるのは避けなければなりません。日本は西洋世界の国よりも同じ非西洋世界の中国のことをよく理解できる立場に立っているはずです。
他方で日本は先進民主主義国の一員でもあります。それゆえアメリカを中心とする欧米諸国と中国との間に立って、何かしらの役割を果たすこともできるにちがいありません。
欧米諸国にも中国にもどちらに対しても発言できるためには、日本という国の国際的なポジションをもっと高めないといけないので、今のような状況では、日本の言うことはアメリカや中国に聞いてもらえないところがあります。そうだとすれば、国際社会における日本の評価を高める努力を持続的におこないながら、中国に対しても欧米先進国に対しても発言できるような国になっていく必要があります。以上をもって結論とします。

【参考文献】

臼井勝美『満州事変　戦争と外交と』（講談社学術文庫、二〇二〇年）
緒方貞子『満州事変―政策の形成過程』（岩波現代文庫、二〇一一年）
筒井清忠『満州事変はなぜ起きたのか』（中公選書、二〇一五年）
宮田昌明『満洲事変　「侵略」論を超えて世界的視野から考える』（ＰＨＰ新書、二〇一九年）
油井大三郎『避けられた戦争―一九二〇年代・日本の選択』（ちくま新書、二〇二〇年）

第四章　支那事変はなぜ起きたのか

戸部良一

はじめに

支那事変、日中戦争はなぜ起きたのかという原因を考えるにあたりまして、二つほどのポイントを前もって指摘しておきたいと思います。

第一に、どんな軍事紛争でもその原因がどちらか一方の紛争当事国だけにあるということはあり得ません。支那事変の場合にも日本側だけに原因があったわけではありません。ただし紛争当事国それぞれの原因が占める比重は違います。そして私は支那事変に関しては、日本側の原因の比重が大きいと考えます。また私は日本近現代史を勉強してきましたので、今回は日本側に焦点を絞って話をしたいと思います。

第二に、私はいわゆる十五年戦争論という歴史解釈の立場はとりません。十五年戦争論というのは、端的に言えば満洲事変、支那事変、大東亜戦争という三つの軍事紛争が必然的な連鎖、繋がりであると解釈するものです。言い換えると満洲事変が起こったから支那事変が避けられなくなった、必然となった、支那事変が大東亜戦争を不可避にした、こう考えるのが十五年戦争論の基本的な立場ですが、私は満洲事変が支那事変を避けられなくしたとは考えません。満洲事変が起こっても支那事変を避ける可能性はあったと考えます。

以上の二つのポイントを前提にして話をしますが、日本側の原因に焦点を絞るといっても、それは一つだけに集約されるわけではありません。様々な原因があげられるでしょう。ここでは、その原因をすべてあげつらうのではなく、私が最も重大であったと考える二つの原因についてやや詳しく話をしたいと思います。

原因の一つは、満洲事変の後に日中両国が何とか作り上げようとした関係安定化の動きをぶち壊した現地陸軍のいわゆる「北支工作」、華北分離工作です。もう一つは、盧溝橋《ろこうきょう》事件という局地的な小規模の紛争をエスカレートさせてしまった近衛文麿《このえふみまろ》内閣の対応です。この二つの原因に絞って話を進めて行きます。

関係安定化の模索

満洲事変は一九三三年五月三一日に成立した塘沽《タンクー》停戦協定で一応のピリオドを打ったと考えることができます。それまで関東軍は満洲国防衛のためには、それを脅かす華北の張学良《ちょうがくりょう》の権力基盤を壊滅させなければならないとして、しばしば長城線、万里の長城を越えて華北に進出していました。これに対して蔣介石《しょうかいせき》は外敵を打ち払う前に国内の敵を平らげるという「安内攘外《あんないじょうがい》」の方針を立て日本との妥協に向かいます。北平《ペーピン》（現在の北京）近郊にまで関東軍が迫ってきましたので、それに抵抗を続けてさらに領土を失うよりは一時的に屈して妥協を図り、将来の失地回復に備えようとしたわけです。天津郊外の塘沽で両国の軍事当局の間に調印された停戦協定により関東軍は長城線以北に引き揚げ、その南に広大な非武装地帯が設定されます。

そしてこの後、中国と満洲国との連絡に関する実務的な合意が作られます。一九三四年六月には奉天（現在の瀋陽）と北平との間の列車の運行（「通車」）に関する合意が成立します。同年一二月には、中国側が満洲国の切手をなかなか認めなかったので交渉が難航したのですが、ようやく中国と満洲国との間の郵便の交換（「通郵」）を認める申し合わせができます。このような実務合意の交渉を中国側でリードしたのは、北平に設置された「駐平政務整理委員会」という地方組織の委員長の黄郛《こうふ》でした。日本留学生出身の黄郛は南京の国民政府と連携し困難な交渉の責任を取ったのです。一方日本政府はこうした交渉のほとんどを関東軍に委ねます。地方としての華北の現地交渉を軍事に関わる問題であるとして関東軍に委ねながら、外務省を中心とした政府は全体としての中国との関係修復、安定化に取り組もうとしました。

日本では一九三三年九月に広田弘毅《ひろたこうき》が外務大臣に就任し、その後彼の首相時代も含めて一九三七年二月まで広田が外交を担当しました。ただし、対中政策については、外務次官の重光葵《しげみつまもる》が実質的な指導的役割を演じます。重光は親日的と考えられた蔣介石と汪精衛《おうせいえい》（汪兆銘《おうちょうめい》）の合作政権との提携を通じて、日中関係を安定化させようとしました。一方中国も蔣汪合作政権の下で国家統一事業を進め対日関係を安定化させようとしていました。国民政府軍は一九三四年一一月共産軍の本拠地であった江西省の瑞金《ずいきん》を陥落させます。そして共産軍は長征という名前の逃避行に移っていったわけです。

一九三五年一月、蔣介石は匿名で論文を発表し、日中提携の必要性を訴えます。同じ一月下旬、今度は広田が帝国議会の演説で中国に対する「不脅威・不侵略」を唱え、日中親善を論じます。広田演説に応えるかのように二月には国民政府が全国の新聞社に排日言論の掲載禁止を命じます。三月には反日的な教科書の使用禁止を各地方に命令します。日中親善のムードがピークに達したのは同じ年の五月一七日、両国が大使を交換したことです。中国に対する常駐使節を公使から大使に昇格させるという方針は、実は一九二四年に閣議決定されていたのですが、いろいろな理由があって一〇年ほど実行されていませんでした。それが一九三四年から翌年にかけて、関係安定化と親善ムードが広がって、ようやく実現の運びとなったわけです。同年六月には国民政府が「邦交敦睦令《ほうこうとんぼくれい》」を公布し、反日運動を禁止します。

ところが華北ではこれに逆行する動きが始まります。広田や重光が満洲国の実在を前提として、国家統一を進める国民政府との間に安定した関係を構築しようとしたのに対して、陸軍とりわけ現地の関東軍や支那駐屯軍は、失地回復を諦めない国民政府の本質を「抗日」であると見なしました。それゆえ満洲国の防衛とか対ソ戦略の観点から、華北に国民政府のコントロールが及ぶことを阻もうとしたのです。出先の軍人たちは国民政府の対日親善はポーズに過ぎないとして、大使交換にも批判的でした。

当時参謀本部では『支那時局報』というものを関係者に配布していましたが、それは現地中国に駐在する軍人たちの情報と分析がベースになっていました。この『支那時局報』は、「蔣介石は権力維持あるいは独裁化のために排日・抗日政策を利用し、対日親善を口で唱えていてもそれは欺瞞でしかない。それゆえ国民政府内の汪精衛など親日派と提携して関係安定化を図ろうとしてもそれは幻想にすぎない」と分析しており、大使交換については次のように観察しています。「大使昇格は日本の中国に対する誠意の披瀝《ひれき》であるから、その可否は南京政府の日本に対する誠意を検討して決定すべきだが、南京政府の対日提携政策は現在のところ本物かどうか分からない。したがってこの時点での大使昇格は最も策を得ないものであり、日中関係をかえって危険に陥れる可能性がある。そもそも中国は、相手が一歩引き下がれば逆に必ず前に一歩進んでくる。日本が一歩退いた結果、中国がどんな態度に出てくるかは火を見るより明らかである」。

「排日」機関の排除

こうしたなか華北で事件が発生します。一九三五年の五月初め、反国民党で親日的な中国の新聞社の社長が天津の日本租界で暗殺されます。日本側の調査では犯人は国民党の特務組織のメンバーだとされました。それに加えて非武装地帯内では抗日・反満を掲げて活動する武装集団があり、これが時々満洲国の領内に侵入して関東軍を刺激していました。日本側では張学良系の河北省主席の于学忠《うがくちゅう》がこの武装集団を陰で支援していたと睨んでいました。『支那時局報』は次のように述べています。「今回の華北における抗日テロ事件は南京政府の二重政策、二股政策に基づく、その秘密機関、軍隊、官憲の日本に対する挑戦、攪乱《かくらん》行為である。南京政府が飽くまでこの種の欺瞞政策を続ける限り、日中親善は百年河清《ひゃくねんかせい》を俟《ま》つに等しい」。

五月二九日、支那駐屯軍（梅津美治郎《よしじろう》司令官）参謀長の酒井隆は、軍事委員会北平分会委員長

代理の何応欽《かおうきん》に対して、親日新聞社社長暗殺事件等の責任を問い、「国民党機関を河北省から撤退させよ、河北省主席于学忠を罷免せよ、于学忠軍と中央軍を河北省外に移駐させよ」と要求します。要求通告後、支那駐屯軍は天津の河北省主席官邸の前に装甲車等を並べて威嚇します。関東軍も国境近辺に部隊を集中して圧力を加えます。中国側は日本政府に対して斡旋を依頼しますが、広田は地方的軍事問題は外交交渉の埒外《らちがい》であるということで関与しませんでした。苦境に陥った何応欽は六月一〇日、酒井の要求を受諾するという口頭による回答を寄せ、後日、要求を受諾したという事実だけを記した書簡を送ります。これがいわゆる「梅津・何応欽協定」です。

同じころ察哈爾《チャハル》省でも日本の特務機関員が第二九軍の中国兵に監禁されるという事件が起こります。関東軍は奉天特務機関長の土肥原《どひはら》賢二を派遣して反日機関の解散等を要求し、六月二七日、察哈爾省主席代理の秦徳純《しんとくじゅん》はこれを認める回答を提出しました。これが「土肥原・秦徳純協定」です。この結果第二九軍は察哈爾省から河北省に移って来るのですが、以前に第二九軍は万里の長城で激しく関東軍と戦い、今度は察哈爾省から追い立てられたので、当然ながら強烈な抗日意識を持つことになってしまいます。

このように、一九三四年から三五年前半にかけて日中関係は安定化の兆しを示したのですが、出先の華北での軍人の策動はそれに冷水をかけ、中断させてしまいます。日中提携の実現を図ってきた南京政府や政務整理委員会のいわゆる親日派の人々からは、日本軍人による傍若無人の行動と、それを抑制しない日本政府に対して嘆きの声が上がります。

ただ、こうした動きにもかかわらず日中関係全体の安定化を目指す試みが断念されたわけでは

日中戦争時代の中国
1935年（昭和10年）ごろ
（ただし、現在の中国東北地方は、日本の植民地・満洲国。遼東半島は中国からの租借地で関東州と称された）
1928年、北京を北平と改称。
ソヴィエト連邦
モンゴル人民共和国
（日本は「外蒙古」と称した）
黒龍江
嫩江
松花江
黒龍江省
チチハル
（満洲国）
ハルビン
新京
吉林
吉林省
察哈爾《チャハル》省
熱河省
遼河
遼寧省
多倫
徳化
奉天
承徳
錦州
綏遠省
綏遠
寧夏省
黄河
北平（北京）
天津
大連
旅順
日本海
朝鮮（日本領）
太原
河北省
山西省
済南
青島
山東省
黄海
甘粛省
延安
陝西省
海州
黄河
洛陽
徐州
西安
河南省
安徽省
江蘇省
日本
湖北省
南京
上海
四川省
長江（揚子江）
漢口
懐寧
杭州
寧波
武昌
九江
重慶
浙江省
東シナ海
南昌
長沙
遵義
湖南省
江西省
瑞金
福建省
井岡山
福州
貴州省
貴陽
桂林
廈門
台湾（日本領）
広西省
広東省
広州
南寧
香港（イギリス領）
仏領インドシナ
南シナ海
海南島
フィリピン（アメリカ領）
N
北京、天津、上海、南京、漢口、重慶などには日本、イギリス、アメリカ、フランス、イタリアの租界（治外法権地域）があった。

（河出書房新社『図説 日中戦争』を元に作成）

ありません。日本政府では華北での日本軍人の突出を抑えるためにも、大使交換を梃《てこ》にして何とか全般的な日中関係の安定化を進めようとします。

そのころ中国は日本に対して国交原則を提示します。①相互の独立尊重と対等関係、②友誼《ゆうぎ》に基づく交際、③平和的方法による問題解決、という三原則です。そしてこれが実現されるならば中国としては当面満洲国を不問に付してもよい、返せとは言わない、とされました。これに対して日本では、対中方針についての協議が外務省、陸軍省、海軍省の担当者の間で始まり、関係三大臣の了解がつくられます。その中の①中国の排日政策の徹底的取締と欧米依存政策からの脱却、②満洲国独立の黙認、できれば正式承認、③赤化勢力の脅威排除（防共）のための協力、この三つの原則がいわゆる「広田三原則」です。

一九三五年一〇月七日、広田はこの三原則を中国大使に提示しますが、これによって日中関係安定化を促進させることは困難でした。中国側の原則はまだしも相互主義的でしたが、広田三原則は一見して明らかな通り日本側の一方的な要求に終始していました。日本側の原則は相手国との相互的なギブ&テイクよりも国内の関係者の主張や要求をどうやって調整するか、ということに重点を置いていたのです。こうして交渉の前提となる原則それ自体に問題があったことに加えて、一九三五年の後半には交渉の環境も悪化しつつありました。

北支「自治運動」

その後の日中関係の展開にとって最も重大だったのは、中国の「幣制改革」に対する日本の対応です。中国は、満洲の喪失によって関税収入が大幅に減少し、共産軍討伐戦と、日本との紛争が軍事費を増大させて国家予算を圧迫していました。経済再建のためには列国からの借款が必要でしたが、列国は借款の有効活用の前提として、中国に貨幣制度の改革を求めました。とくにイギリスは中国の幣制改革のために、日英が共同借款を供与し、それによって日英協調と日中の和解を促して東アジアの安定を図ろうとします。しかし、日本政府はこのイギリスの提案を受け入れようとはしません。満洲開発に大量の資金をつぎ込んでいたので、借款に応じる余裕はありませんでした。また、国民政府には幣制改革を実現できるような能力はないと分析されました。さらに、共同借款はイギリスの中国に対する政治的、経済的な影響力を維持、強化する危険性があり望ましくないとも考えられたのです。

結局中国はイギリスの勧告に基づき、一九三五年一一月四日幣制改革を断行し、それまでの銀本位制を廃止して管理通貨制に移行します。そして日本側の否定的な予想にもかかわらず中国の幣制改革は成功の道を辿ります。国民政府は幣制改革によって地方の軍閥勢力の経済的基盤を掘り崩し、経済的な面から国家統一事業を進めようとしたわけです。

現地の日本陸軍は幣制改革をイギリスの差し金であると見なし、イギリスの影響力の増大を警戒しました。国民政府による経済的な面での華北コントロールの強化も、憂慮すべき事態でした。華北の軍閥の間でも彼らの軍閥としての利害、地方的な利害から幣制改革には抵抗がありました。現地の陸軍はこうした軍閥の利害も踏まえて、宋哲元《そうてつげん》など華北の軍閥に圧力を加え幣制改革を妨害しようとします。さらにそれまで陰で工作していた華北の「自治運動」を性急に強行しようとします。

関東軍は華北の軍閥たちに国民政府からの離反を促すために、満洲国の国境に一部兵力を集中します。謀略工作の中心人物は土肥原賢二で、彼から「自治」を要請された軍閥たちは何とかその圧力をかわそうとします。結局のところ「自治運動」の成果として実現したのは、非武装地帯を領域として一一月二五日に成立した「冀東《きとう》防共自治委員会」(後の「冀東防共自治政府」)だけでした。こうした動きに対して、一二月九日には北平で大学生を中心とした数千人のデモが「抗日救国」を叫びます。一六日には一万人以上がデモに参加したと言われています。華北の事態は騒然とします。

一二月一八日に最終的な妥協の産物として、「冀察《きさつ》政務委員会」が、廃止された「駐平政務整理委員会」に代わる国民政府の地方行政機関として成立します。ただ、かつては国民政府が黄郛や何応欽のような中央の有力者を派遣して地方行政を担当させたのですが、冀察政務委員会は第二九軍の軍長である宋哲元を委員長にしたことに示されているように、あくまで華北の実力者、軍閥たちを主体とした地方機関でした。その分、南京の国民政府と冀察政務委員会との間では意思の疎通がうまく行かなくなってしまいます。そして華北では、日本陸軍の北支工作と、南京政府の思惑と、軍閥たちの利害とが複雑に絡みあい、三つ巴の状況を呈しました。

国民政府は日本政府に対して「自治運動」の抑制を求めましたが、日本の外交当局は、それは中国の内政問題であるとして突っぱねてしまいます。現地軍の性急な行動には何とか自制を促そうとしましたけれども、「自治運動」自体を止めようとはしませんでした。

現地陸軍の北支工作により南京の国民政府の中でいわゆる親日派の影響力が低下していきます。一九三五年一一月汪精衛が何者かによって狙撃され、行政院長兼外交部長を辞任します。一二月には汪精衛の下で外交部の次長として対日外交を取り仕切ってきた有能な外交官、唐有壬《とうゆうじん》が暗殺されます。国民政府内の親日派との提携によって日中関係を安定化させようとしてきた広田・重光外交はその前提を失いました。広田三原則をめぐる交渉もほとんど動かなくなってしまいます。

対ソ劣勢

その後、日中関係をこじらせる事件や問題が相次いで起こります。その一つは一九三六年五月に支那駐屯軍が兵力を二〇〇〇から五八〇〇へと約三倍に増やしたことです。この兵力増強は長征を終えて陝西《せんせい》省の延安に根拠地を構えた共産軍に対処することを目的とすると説明されました。しかしこれには隠れた理由もありました。それは性急かつ強引に華北「自治運動」を画策する関東軍に北支工作から手を引かせて、満洲国育成に専念させるということでした。そのために支那駐屯軍の兵力を増強させ、軍司令官の地位を関東軍司令官と同格にし、北支工作は支那駐屯軍が主導的に行うということにしたのです。支那駐屯軍の増強は当然ながら中国から厳しい批判を招きましたが、日本としては関東軍を牽制するという内向きの理由を当然ながら表に出すことはできませんでした。そのため、日本は兵力を増強させてまた何か事を起こそうと画策しているのではないか、と中国側に疑惑を生じさせてしまいます。

関東軍の強引な北支工作には対ソ戦略バランスの悪化という事情も絡んでいました。そもそも満洲事変は対ソ戦略上、有利な態勢を構築することを、少なくとも目的の一つとして始められたのですが、結果的には逆説的にも日ソ間の軍事バランスは日本にとって不利な方向に傾いてしまいます。ソ連は外交的には宥和的なポーズをとって日本との友好を維持しようとしましたが、軍事的には日本の脅威を深刻に捉え、極東領土の軍備強化を図っていたのです。一九三四年六月の時点でソ連陸軍の極東兵力は日本陸軍の総兵力に匹敵し、対ソ前線に位置する満洲と朝鮮の日本陸軍兵力はソ連極東陸軍の三〇%に達しませんでした。しかも、この格差は広がりつつあったのです。

陸軍は日ソ戦が始まった場合の中国の動きを懸念し、抗日を本質とすると考えられた国民党の勢力を華北から排除しようとしましたが、その背景には、こうした対ソ戦力バランスの劣勢という事情がありました。一九三六年三月、関東軍参謀長の板垣征四郎は次のように述べています。「現状を以て推移すれば日本とソ連は必ず衝突する運命にある」「日ソ開戦に際しては中国がソ連の味方となる公算が極めて高い」「南京政府の思想的な根拠は排日を生命とする国民党である。その財政的根拠は欧米とりわけイギリスの勢力を背景として日本の経済勢力と到底両立し得ない浙江《せっこう》財閥である」「国民党を背景とする現南京政府は如何なる手段を用いても絶対に日本とは親善関係に入ることはできない。そういう本質を有している」。

関東軍は華北だけではなくて内モンゴルにも進出を図り、内モンゴルの自治を目指していた蒙古王族、徳王の運動を援助していました。一九三六年一一月、徳王の軍隊は蔣介石打倒を掲げて察哈爾省から綏遠《すいえん》省に侵入しますが、もろくも綏遠軍に完敗してしまいます。この綏遠事件での中国軍の勝利は日本軍に対する初めての勝利、しかも無敵の関東軍を打ち破った大勝利であると大々的に報じられ、中国各地で喝采を浴びます。これまで鬱積してきた対日屈服感からの解放も手伝い、綏遠事件の勝利は誇大に受け止められます。綏遠事件は中国の抗日感情を高揚させ、日本に抵抗するという自信を強めることになりました。

そうしたところに同年一二月一二日、共産勢力討伐の督戦のために西安を訪れた蔣介石が監禁されるという事件が起こります。有名な西安事件です。内戦停止、抗日救国を訴える張学良が蔣介石を監禁したわけです。最終的に蔣介石は釈放されますが、この事件によってその後の国共合作と一致抗日が促されたことは間違いありません。

西安事件は日本にとっても大きな衝撃でした。事件は、一方では中国の内部分裂の深刻さを示すものと受け取られましたが、他方では国内統一に向かう重大な転機ではないだろうかという分析もなされました。関東軍は事件の結果、中ソ両国が抗日に関して完全に一致したと分析し、これまでのように華北「自治」を国民政府からの権限移譲によって実現するのではなく、国民政府の意向にはもはや捉われずに、日本が自主的に追求すべきだ、と主張するようになります。

これに対し参謀本部では石原莞爾《かんじ》を中心として、中国に対する政策を根本的に見直すべきではないかという動きが出てきます。彼らは西安事件を契機として、中国では内戦反対と国内統一の機運が進んだと指摘し、「抗日人民戦線派」が健全な「新中国建設運動」に転化するかどうかは、実は日本が従来の帝国主義的な侵略政策を放棄できるかどうかにかかっているとまで言います。マスメディアでも国民政府による統一を肯定的に評価する「中国再認識論」が唱えられ、実業界の一部でも華北分離工作を批判し、日中経済提携を説く議論が浮上してきました。

石原莞爾は将来の対ソ戦を睨み、当面は満洲国育成に専念し日満一体の軍需工業の基盤強化を図るためには中国との衝突を回避しなければならないと論じました。石原は内蒙工作にも反対しましたし華北分離にも否定的でした。

一方外務省でも対中政策の見直しがなされます。広田内閣に代わる林銑十郎《せんじゅうろう》内閣の外務大臣、佐藤尚武《なおたけ》の下で対中政策の再検討が本格化し、一九三七年四月に政府は新たな対中方針を決めます。この方針では、「華北の分治であるとか中国の内政を乱すような政治工作は止める」「国民政府が主導する中国統一運動に対して公正な態度を取る」「華北では民衆を対象とした経済工作に主力を置く」そして「華北の経済開発について国民政府と協力する」といったことが政策の基本とされました。画期的な政策転換でした。

しかしながら、政策転換の実績を挙げるには時間が必要でした。そしてその実績を挙げる前に林内閣は六月に総辞職してしまいます。現地では関東軍が林内閣の新方針を次のように強く批判していました。「政治工作を行わないで経済工作に重点を置くというのは従来の方針に比べて著しく消極的である。日本との国交調整に応じる意思のない国民政府に親善を求めてもその排日侮日の態度を増長させるだけである。もし武力行使が許されるならば、いま中国に一撃を加えて、対ソ戦の場合の背後の脅威を除去しておくのが最も有利な対策というべきである」。

勿論こうした強硬論があったからといって、関東軍を含む日本軍人が中国との戦争を計画していたわけではありません。しかしながら陸軍の中には、華北が国民政府によってコントロールされることを認めない、そういった意味での華北分離を何らかの形で何らかの機会に実現しようと考える軍人が少なくありませんでした。そして盧溝橋事件の後の事態の流動化は、華北分離を実現する機会を提供するかのように見えてしまったのです。

北支派兵

では、次に盧溝橋事件後のエスカレーションについて考えてみましょう。

一九三七年七月七日夜から翌朝にかけて盧溝橋事件が起こった後、日本政府は七月一一日に満洲、朝鮮、さらに日本本土からの援軍派遣を決定しました。しかしながらその後しばらく日中間に大規模な軍事衝突は起こっていません。日本軍が本格的な武力発動に訴えたのは七月二八日です。そして華北の事態は日本軍による北平・天津地域の攻略によって一時小康状態になります。ところが八月一三日戦火が上海に飛び火し、この軍事紛争は全面戦争の様相を帯びていきます。

こうしてみると、盧溝橋事件から華北の武力発動まで約三週間、あるいは第二次上海事変までの一ヵ月余り、この軍事紛争は全面衝突に拡大する前に解決される可能性があったと考えられます。何故そうならずに拡大し全面戦争となってしまったのか。それは「支那事変は何故起きたのか」という問いの半分を占めていると私は思います。この問題を考えるために当時の近衛内閣の動向に焦点を絞り、日本政府がこの軍事紛争をどのように捉え、如何に対応したのかを検証してみたいと思いますが、実は当時の日本には閣議の議事録がありません。私は最近、関係者のメモや日記や回想から閣議の内容を再構成してみたので、やや詳しくそれを紹介してみましょう。

盧溝橋事件の発生後、事件について最初に開かれた閣議は七月九日です。おそらく八日には事件発生を知らされたと考えられますが、八日には閣議は開かれませんでした。当時、定例閣議は火曜日と金曜日に開かれていました。九日は金曜日ですが、いつもの午前一〇時より早く八時半から臨時閣議として開かれます。

このとき陸軍大臣の杉山元《はじめ》は事件発生以来の状況を説明し、現地への援軍派遣について閣議の承認を求めます。しかしながら、外務大臣の広田弘毅、それに海軍大臣の米内光政《よないみつまさ》はこれに反対し、近衛文麿総理大臣もやや曖昧な言い方でありましたけれども不同意を表明します。杉山の言い分によりますと、「現地情勢の急変に備えて前もって出兵の承認を得ておきたい、そして適時に出兵を実施したい」ということでしたが、これに対して米内は「出兵は全面戦争に発展する危険性があり、国際的にも重大な結果を生じる懸念がある」「現状はまだ出兵を必要とするほど緊迫してはいない。状況が急変したらそのときに閣議を開いて出兵を決定したらよいではないか」と主張します。これに全閣僚が賛成し、出兵は決定されませんでした。

問題は七月一一日の動きです。一一日は日曜日です。前日、中国中央軍の北上という報告があって、午前一一時半頃に、首相、外相、陸相、海相、それから蔵相（賀屋興宣《かやおきのり》）による五相会議が開かれました。ここであらためて杉山陸相は現地への派兵を提案しました。当初は首相も外相も蔵相も同意を渋っていたのですが、現地軍と居留民を見殺しにはできないということで最終的には派兵についての合意が成立します。派兵の目的は「威力の顕示」により中国軍の謝罪と今後このような事件を起こさないという将来の保証を得ることとされました。事態不拡大・現地解決が根本方針とされ、中国側が要求に応じない場合に初めて攻撃を実行するということになります。陸相は派兵すれば問題は自ずと解決するだろうという見通しを語りましたが、海相は全面的な作戦になることも考慮しておかなければならないと述べます。これに首相も外相もその通りだと同意を表明しました。米内海相の指摘により、動員の後に派兵の必要がなくなったならば派兵を取り止めることも同意されました。派兵の兵力は朝鮮と満洲からの増援部隊、内地から当面は三個師団とされました。この五相会議は午後二時近くまで続き、引き続いて臨時閣議が開かれました。閣議では五相会議での合意を了承し、政府声明の案文の審議を行い午後三時三〇分ころに終了しました。

午後五時三〇分、政府はこの紛争を「北支事変」と命名し、六時二五分に政府声明を発表します。「我方は和平解決の望を棄てず事件不拡大の方針に基き局地的解決に努力する」としながらも「今次事件は全く支那側の計画的武力抗日なること最早《もはや》疑の余地なし」と非難する政府声明でした。さらに夜の九時には政界の代表たちを、一〇時には財界の代表たちを、一一時には言論界の代表たちを首相官邸に招き、政府への支持協力を要請しました。内外に挙国一致の姿勢を示したのです。各界代表を首相官邸に招いて協力を要請するというのは内閣書記官長の風見章《かざみあきら》のアイデアでした。風見によりますと「無責任な強硬論が台頭して世論を煽るようなことがあっては困るので、それを防止するために、先手を打って政府の方針を明らかにして支持を確約させようとした」というのですが、政府への支持はともかくとして、世論に対しては逆効果だったかもしれません。世論はむしろ強硬論の方に煽られたように思われます。

出兵決定後、現地で停戦協定が成立したという報告が入ります。一一日の夜に各界代表に協力を要請した後に、もう一度五相会議が開かれて、米内海相が派兵をどうするかと質問すると、杉山陸相は「関東軍には既に動員を発令し、朝鮮軍には明日の朝動員を発令する予定だが、内地の部隊の動員は見合わせている」と回答します。一三日に陸軍は満洲と朝鮮からの兵力派遣を除き内地からの派兵を保留することを決定します。一三日は火曜日でしたから定例閣議が開かれますが、近衛首相は病気のため欠席しています。この閣議で陸相は現地協定成立を報告し、さらに満洲と朝鮮からの援軍派遣状況を説明しました。また「内地師団の動員はまだ発令していないけれども、内地師団の動員派兵ということになると世界に衝撃を与えるであろうし、それだけではなく中国側に抵抗も止むを得ないと考えさせてしまうという懸念があるので、最も慎重に考慮しなければならない」とも述べます。これに外相は賛意を表し、今後もその趣旨で行動するよう「切望」しました。

一六日にも定例閣議が開かれていますが、この日も首相は欠席で、華北の紛争については議論されなかったようです。閣議の後に外相と内相（馬場鍈一《えいいち》）、陸相、海相が居残り、海相は「事態が長引くと中国側が軍事的な準備を整えてしまうだろうし、また列国が介入してくることも憂慮されるので、期限をつけて中国側に約束の実行を求める方法はないだろうか」と述べますが、陸相は「華北はともかくとして中国全体に圧力を加えるような準備は我が陸軍にはない」と否定的でした。

一七日土曜日には午前一一時から外相、陸相、海相、蔵相、内相の五人による会議が開催されます。首相はまた病欠です。この会議では冀察政務委員会委員長の宋哲元に対し一九日までに日本側の要求を実行するように申し入れ、期限内に実行しない場合には内地三個師団の動員に踏み切ること、外務省から南京政府に対して現地交渉を妨害せず中央軍の北上も停止するように申し入れること、などの申し合わせが五人の大臣の間でなされます。陸相は南京政府の回答にも期限を設けるべきではないかと主張しましたが、これは同意を得られませんでした。

翌一八日の日曜日にも同じメンバーによる五相会議が開かれました。首相はこの日も欠席です。会議では馬場内相が「今までの行き掛りを棄てて白紙の状態でやり直そうじゃないか」と述べ、米内海相から提案された以下の五項目が申し合わせとなります。①「新たに理想とする日支間の全面的交渉をなす」、②冀察冀東を「非戦区域」(非武装地帯)とし日中双方の駐兵問題を考慮する、③冀察冀東を「特殊区域」とし南京政府の下に「無理のない特殊政権」をつくる、④華北の経済問題に重点を置く、⑤日本には何ら領土的野心はなく中国の主権を尊重する。

これはかなり穏当な解決案だったと考えられます。そして、会議の後に陸相、海相、外相の三人は病気で臥せっていた近衛首相を私邸に訪れてこの五項目を報告しました。一方その日夕刻、風見書記官長は海相を訪れて、この五項目に基づいて政府の方針を作成し、閣議で決定されたならばそれをもって御前会議を開く、という構想を語ります。そして「これについては首相も同意している」と述べます。海相は賛成するのですが、その後、近衛は無理だと言い始め、結局このアイデアは取り止めになってしまいます。

なお一八日の五相会議では、会議の最後のところで陸相が軍務課で作成した「対支政策処理案」なるものを提示していました。その内容は①平津《へいしん》（北平・天津）地区での中国軍の駐屯を禁止すること、②「北支特殊性」を再確認させること、③広田三原則に基づき懸案を解決すること、というもので、前述の五項目の申し合わせとはかなり差がありました。しかもこの軍務課案の中には、「此際今次事件によりて生じたる対支武力膺懲《ようちょう》の実質的効果並に平津に於ける帝国軍隊の存在就中《なかんずく》北平天津の占拠は本交渉の後盾として巧に活用せらるべき事を予期す」という記述がありました。武力行使と平津地域の占拠を予定し、「北支特殊性」を強調して華北分離の実現を目論んでいたのです。会議の後に、これは陸軍の一致した案ではないということが判明するのですが、陸軍の少なくとも一部には、武力威圧によって要求実現を図る動きがあるということが明らかとなりました。

一九日に南京国民政府は現地停戦協定の承認を求めた日本側の申し入れに対して回答を寄せます。それは国家主権を少しでも損なうような現地協定は認められないというものでした。日本側の申し出に対する拒否的回答に等しかったのです。翌二〇日に定例閣議が開かれます。首相も病気がなおり出席します。冒頭に杉山陸相が「南京政府の回答には誠意が認められないので、やはり内地から三個師団を動員派兵すべきである」と述べます。その後各大臣の発言が相次ぎますが、概ね皆反対でした。広田外相が「何のために出兵するか不明ではないか」と疑問を呈すると、陸相は「停戦監視と北上する中央軍に備えるためだ」と回答します。米内海相が「内地からの派兵は事態不拡大主義に矛盾する。事態を拡大させる可能性が高いと思われるがどうだろうか」と述べると、馬場内相は「そのとおり」と応じます。さらに海相は「南京政府が華北を自らの統治下にあると見なしているのは明らかであり、中央軍の北上も自衛のためと主張しているのだから、それに対して日本が内地から出兵すれば南京政府に挑戦することになるのではないか」と指摘します。結局問題の決着はつかず、この日の朝に南京で日本大使館員が中国側の外交部長と会って折衝しているので、その報告を待って再審議しようということになり、午前の審議を打ち切り、午後三時まで外務省への報告を待ったのですが、報告が到着しなかったので閣議は散会します。

この日閣議は夜の七時半に再開されますが、それは南京から報告が来たからではなく、華北での武力衝突の報告が来たからでした。陸相は「事態は今や新たな進展を見るようになったので、作戦上軍事的に内地からの派兵が必要である」と主張します。外相は「派兵には賛成できないが、作戦上必要であるということであるならばやむを得ない」と言いますが、「動員をかけた後、出発までに和平解決ができたならば派兵を中止できるか」と念を押すと、陸相は「できる」と答えます。蔵相も「出兵には賛成ではないが、止むを得ない」と言います。海相は「今度の出兵はGestureと戦術上の要求とが半分半分と思う」と述べて、「Gestureが効果を収めたならば動員を解除すべきである」と論じました。海相はさらに「出兵によって事件の解決条件にまた新しい要求を付け加えることはないか」と陸相に問い質すと、陸相は「そんなことはしない」と答えます。結論として作戦上の必要であるならば止むを得ないということになり、内地から三個師団の派兵が決定されました。

しかしながら翌二一日、今度も現地から派兵の必要はないという判断が報告され、陸軍は動員派兵を保留します。ところが二五日の夜になって北平近郊の廊坊《ろうぼう》で衝突が起こる。二六日夜には北平の広安門でやはり武力衝突が起こります。陸軍は二七日、あらためて内地からの動員派兵を決定します。そして二八日に現地での本格的な武力発動がなされることになるわけです。

その間、閣議では派兵問題を協議した形跡がありません。二三日に第七一特別議会が召集され、定例閣議が開催されますが、そのときは首相の所信表明演説の案文を議論しただけでした。二四日にも臨時閣議が開かれますが、この時も所信表明演説の文言について議論をして、結局華北問題についての議論はなされず、二六日の月曜日にも閣議が開かれましたが、ここでも派兵問題は議論されません。

二七日火曜日八時半から開かれた閣議で陸相は内地師団の動員派兵を報告します。海相が武力行使の目標は何かと質問すると、陸相は「平津地域の第二九軍が相手である。北上してくる中央軍との衝突の可能性も高い」と答えます。海相は「それでは全面作戦になる危険性が高い」と述べたとされています。私が重要だと思うのは、実はこの日、七月二七日に閣議が内地師団の動員派兵を決定したわけではないということです。実は内閣は二〇日に既に動員派兵を決定しており、その実施の時期を陸軍に一任していたのです。

以上の七月末迄の時期について日本政府の態度にはどんな特徴があったと見なされるでしょうか。

事態楽観と心理的威圧

この時期の政府の対応として注目されるのは、中国を心理的に威圧しようという傾向が顕著だったことです。一一日に首相官邸に各界の代表者を呼んで協力を要請したというのは、挙国一致の姿勢を示して中国側を心理的に威圧するという狙いがあったからでした。二〇日の閣議で米内海相が「出兵は戦術上の要求が半分、Gesture が半分だ」と述べていることからも、出兵に心理的な威圧効果を狙うという点があったことが分かります。

威圧を狙ったということは、威圧すれば中国は屈服するだろうという楽観論が有力であったことを意味します。当時、陸軍が出兵に反対する「不拡大派」と出兵を主張する「拡大派」とに分裂していたことはよく知られていますが、参謀本部作戦部長の石原莞爾を中心とする「不拡大派」を抑えて陸軍の大勢を圧したのは「拡大派」でした。「拡大派」は全面戦争を唱えたわけではありません。内地から出兵して中国側に一撃を与えれば中国はすぐ屈服するだろうから、かえって事変は早く解決する、局地的に解決される、このように「拡大派」は主張したのです。当初、内地からの出兵に消極的だった政府首脳の大半も、最終的にはこの「拡大派」の判断とロジックを受け入れたことになります。

もう一つ注目されるのは内地師団の動員派兵をめぐる動きです。内地師団の派兵は閣議で二度決定されながらその実施は二度保留されました。そして実施保留は中国側にはメッセージとして伝えられません。動員派兵がその威圧効果に重点を置いていたとすると、譲歩を示すような実施保留を相手側に伝えるのは避けるべきだと考えられたのでしょう。政府は事態楽観と威圧効果への期待に捉われて最後まで譲歩的なメッセージを出そうとはしなかったのです。

上海出兵

さて、華北での武力発動の後、事態はそこで一旦鎮静化し、八月に入ると、和平の試みがなされます。船津《ふなつ》工作と呼ばれる和平工作です。その発端は七月三〇日に参内した近衛に対して昭和天皇が早期和平の意向を示唆したことにあります。さらに翌三一日には参謀総長に同行して参内した石原莞爾作戦部長が外交交渉による事変解決を奏上します。こうして八月一日の日曜日から、外務省の石射猪太郎《いしいいたろう》東亜局長を中心として、外務省、陸軍省、海軍省の担当者の間で和平条件に関する協議が進められ、やがて中国側に日本政府の意向を伝える密使として、在華日本紡績同業会の総務理事で元外交官の船津辰一郎《たついちろう》を起用することになります。

和平条件案の審議は関係者以外には極秘で進められました。政府や軍の中に、穏当な和平条件に反対する強硬派がいたからです。六日に事務当局で案が纏まり、それが陸海外三大臣の会議にかけられ、翌八月七日に合意が成立します。船津は九日に上海で国民政府外交部亜州司長の高宗《こうそう》武《ぶ》と会見しますが、その後上海情勢が悪化し船津工作は実を結ぶことができませんでした。

この間、閣議で船津工作が話し合われた形跡はありません。一〇日の定例閣議でようやく船津工作が話題になったという記録がありますが、これは話題になっただけで協議がなされたわけではありません。そして船津工作が進展を見ないなかで、第二次上海事変が発生したのです。

上海での情勢悪化に伴い現地海軍部隊からは援軍の要請が相次ぎます。海軍の軍令部では陸軍部隊の派遣が必要であるとして、それを閣議で提議するように米内海相に求めます。しかしながら一〇日の閣議で、米内は上海派兵のために陸軍部隊を動員してほしいと要請しませんでした。

おそらく海相は船津工作の進展に期待をかけていたのでしょう。ところが一二日、現地から陸軍部隊の派遣が「緊要」であるという悲鳴に近い要請が来ます。米内はようやく一二日に陸軍部隊派遣に同意します。その時点では船津工作の可能性がなくなったと米内にも見極めがついたのでしょう。一二日の夜九時に米内は緊急四相会議の開催を要請し、四相会議は上海への陸軍部隊派遣について合意します。翌一三日午前九時四〇分に正式な閣議が開かれ、居留民保護のために陸軍部隊を上海に派遣すること、派遣部隊の規模や派遣時期については参謀本部と軍令部とが協議して決めること、という方針が決定されます。そしてこの日、一三日、ついに現地上海で武力衝突が発生してしまいます。

興味深いのは一四日、土曜日の夜の閣議です。夜一〇時半に開かれた閣議は上海に医療救護のために救援船を派遣することを決定しました。このとき米内海相は上海の事態を説明し、こうなったからには事態不拡大主義は消滅したと主張します。米内は全面作戦となった以上、実施するかどうかは別として南京攻略が「主義」として当然ではないか、と杉山陸相に問いかけます。杉山は、「南京攻略については参謀本部と協議しなければ何とも言えないけれども、ソ連に対する考慮から多数の兵力を用いることはできない。実施できないことは主義としても同意できない」と答えます。なお風見書記官長の回想によると、鉄道大臣の中島知久平《ちくへい》は「この際中国軍を徹底的に叩きつけるべき」だと述べ、逓信大臣の永井柳太郎はそれに相槌を打ったとされています。

その後、この閣議では陸相が「この際政府声明を発表して日本の立場を内外に明らかにすべきではないだろうか」と述べ、それに閣僚の多くが同調しました。そして政府声明の案文をめぐってとりとめもない議論が続き、ようやく案文が纏まったとき、広田外相は「これを今すぐに発表しなくてもいいのではないか」と疑問を呈しましたが、風見書記官長は「閣議がこれだけ長引いてしまうと、救援船派遣を決定したというだけでは誰も信用しない、かえって変な憶測や誤解を生んで悪影響を及ぼすのでこの際直ちに発表するほうが望ましい」と論じ、結局発表することになります。

こうして八月一五日、日曜日の午前一時一〇分、真夜中に上海出兵に伴う政府声明が発表されます。この政府声明は「支那側が帝国を軽侮し不法暴虐至らざるなく全支に亘る我が居留民の生命財産危殆《きたい》に陥るに及んでは、帝国としては最早隠忍其の限度に達し、支那軍の暴戻《ぼうれい》を膺懲し以て南京政府の反省を促す為今や断乎たる措置をとるの已《や》むなきに至れり」と強調します。日本には「領土的意図」はないとか、「無辜《むこ》の一般大衆」に敵意はない、とも謳っていましたが、隠忍の限度に達したとか、断固たる措置をとるとか、その声明の趣旨が強硬になったことは否定できません。

その二日後の八月一七日、閣議は不拡大方針放棄を決定し、増大する経費を捻出するために九月の初めに臨時議会を召集することを決めます。そして九月二日の閣議は事変を「支那事変」と呼称することを決定します。盧溝橋事件に端を発する紛争は今や中国全体に及ぶ事態となったので、呼称も実態に合わせ国民の意思を統一する必要がある、これが呼称を変更する理由とされました。既にこの頃から関係各省の事務レベルでは宣戦布告の是非についての検討が始まっています。結局のちに宣戦布告は見合わせることになるのですが、その検討がなされたこと自体、盧溝橋事件に始まる軍事紛争が単なる局地的な紛争ではなく、実質的には既に戦争にほかならないという見方が広まっていたことを示していました。九月四日に始まる臨時議会では臨時軍事費が成立し、様々な戦時立法がなされるようになります。こうして日本は戦時態勢に移行して行きます。

近衛の政治指導スタイル

九月五日、近衛首相は第七二議会の演説で次のように述べています。「隠忍に隠忍を重ねて参りました我が政府も、是《ここ》に於て従来の如く消極的且局地的に事態を収拾することの不可能なるを認むるに至りまして、遂に断乎として積極的且全面的に支那軍に対して一大打撃を与ふるの已むなきに立至りました次第であります。……今日此際帝国として採るべき手段は、出来るだけ速《すみやか》に支那軍に対して徹底的打撃を加へ彼をして戦意を喪失せしむる以外にないのであります。かくして尚支那が容易に反省を致さず、飽く迄執拗なる抵抗を続くる場合には、帝国として長期に亘る戦も勿論辞するものではないのであります。……」

中国軍に対して積極的かつ全面的に打撃を与えるとか、長期戦を辞するものではないという近衛のこの演説から見る限り、紛争はもはや事変ではなく戦争と捉えられていたことが分かります。

以上の八月段階の政府方針決定のヤマとなったのは上海出兵ですが、七月段階の出兵時にはそれなりの躊躇や慎重さが見られたのに比べると、八月の上海出兵の決定は当初船津工作に及ぼす影響を懸念したことを除けば、あまり慎重さは見られません。船津工作に期待して慎重論を唱えていた米内海相が出兵に踏み切った後、内閣では出兵反対論はほとんど見られなくなりました。

また、一般に海軍は武力発動に慎重でしたが、武力が発動された後は局地紛争に留めることは困難であるとし、全面戦争となる可能性を考慮せざるを得ないという立場を取りました。

上海出兵と並んで重要なのは不拡大方針の放棄や支那事変という呼称の決定ですが、これらを決定した八月一七日や九月二日の閣議の協議内容に関する記録が見当たらないので、この決定をめぐってどのような賛否の議論が交わされたのかを明らかにすることはできません。

注目されるのは、現在利用可能な記録に基づく限り、閣議における近衛首相の発言がほとんど聞こえてこないことです。おそらく近衛はあまり発言しなかったのでしょう。近衛は閣僚たちの意見を聞き、また議会の動向や世論の動きを観察しながら、その大勢に乗ろうとしたのだろうと思います。九月の近衛の議会演説は、閣内の強硬論や国内の強硬論を反映したものと考えられます。このように強硬論を安易に反映する近衛文麿の政治指導スタイルこそ、盧溝橋事件から全面戦争に至るエスカレーションを引き起こした重要な要因の少なくとも一つであった、と言うことができるのではないかと思われます。

むすび

結びとして、一言申し上げたいと思います。戦争が何故起きたのかを一つの原因だけに還元することはできないと私は考えます。それは支那事変だけではなく、ほとんどの戦争に当てはまります。私は今回、支那事変の原因について日本側の事情だけを議論してきましたが、中国側の事情に焦点を当てればまた別の見方ができるでしょう。

盧溝橋事件についてはこれまでしばしば陰謀論が提起されてきました。しかし、私は盧溝橋事件そのものよりも、その処理を間違ったことのほうが重大だと考えます。なお、日本側に謀略を計画して実行したという史料はありません。中国共産党の謀略だという説もありますが、七月七日の盧溝橋での小さな衝突事件はともかくとして、それから三週間後の武力発動まで引っ張っていくシナリオを事前に描いていた謀略があったとは思えません。

何故支那事変は起きたのか。私は現地陸軍を中心として、華北を国民政府のコントロールから分離し、日本との提携を図る特殊地域にしたいという構想があり、それに基づく華北分離工作が日中関係の安定化を挫折させ、華北に危機的な状況を生んでしまったこと、これが原因の一つだと思います。

もう一つの原因は政府が事態楽観と心理的威圧効果の期待に捉われてしまい、紛争のエスカレーションを許してしまったことです。勿論エスカレーションは日本側の行動だけで起きたわけではありません。中国側も譲歩を一切示さないといった非常に強い態度に出ていました。しかし、近衛内閣がもっとしっかりしていれば、たとえ中国共産党の謀略があっても、また日本の国内世論が対中強硬論に傾いたとしても、七月七日以後の事態を解決の方向に導くことは不可能ではなかったと私は思います。それを結論として話を終わらせていただきます。

【参考文献】

臼井勝美『新版　日中戦争　和平か戦線拡大か』（中公新書、二〇〇〇年）

川島真・岩谷將編『日中戦争研究の現在　歴史と歴史認識問題』（東京大学出版会、二〇二二年）
黄自進・劉建輝・戸部良一編『〈日中戦争〉とは何だったのか』（ミネルヴァ書房、二〇一七年）
日本国際政治学会太平洋戦争原因研究部編『太平洋戦争への道3　日中戦争〈上〉』（朝日新聞社、一九六二年、新装版、一九八七年）
波多野澄雄・中村元哉編『日中戦争はなぜ起きたのか　近代化をめぐる共鳴と衝突』（中央公論新社、二〇一八年）

第五章　対米戦争はなぜ回避できなかったのか

森山　優

対米戦争の性格

対米戦争は、なぜ回避できなかったのでしょうか。この問題に入る前に、この戦争をどのように捉えたらよいかを考えたいと思います。まず、この戦争はあまりに巨大でした。日本の死者だけで二百数十万人、三〇〇万人近い。中国は一〇〇〇万人を超える、ものすごい人的被害を出しています。そして、多面的な性格があります。太平洋戦争という名称から、どうしても日米戦争に引きずられてしまいますが、三年九ヵ月弱の間に日本軍がどこにどれだけ展開していたのかを考えてみますと、中国大陸には日中戦争（一九三七年～）からずっと一〇〇万人前後はり付けていたわけです。対米戦争以外に東南アジアでの戦闘、更に最末期にはソ連との戦闘も加わります。多面的なため、当事者の体験も千差万別です。当然、共通の歴史認識を持つのは、もともと困難なのです。

大学で歴史を学ぶ際、先生からまず教えられることは、当事者全員が死んでしまわないと歴史にはならないということです。つまり、研究者が何を言っても、当事者の体験と全て合致することはありません。我々のことを考えても同様ですが、何十年か経って二一世紀初頭はどうだったのかと訊かれて、果たして納得できる説明が可能か。自分の身の周りの非常にささいなことからの類推しかできないのが普通でしょう。

歴史になるのは非常に難しい。戦争の巨大さを改めて指摘したのは、国連の次席大使も務められました北岡伸一先生の「太平洋戦争の〈争点〉と〈目的〉」（細谷千博ほか編『太平洋戦争』東京大学出版会、一九九三年）という論文です。ただ、この頃、一九九〇年代初頭は、時代が進んでいけば共通の歴史理解が各国の間に形成されていくだろう、という楽観的な雰囲気もありました。しかし、現在はむしろ各国の歴史が神話化して、共通の歴史認識とは逆を向いている感があります。

今も昔も、明日のことは分からない

それから、歴史について講演する際、いつも前提として強調しているのは、我々後世の人間は、歴史の当事者にとって神のような立場にあることです。つまり、何が起こるか知っている。これがどれほどの魔力を持つか。神様が私に何かくれるとしたら、ねだりたいのは、明日の新聞です。それを読めば、どの株が上がるか、どの馬が勝つか分かりますから、一生左うちわで生活できます。後世の人は、そのような力を過去に対して持っているのです。

このことに無自覚だと、さまざまな陥穽《かんせい》に落ち込んでしまいます。現在の価値観を過去に遡って適用し、当事者を批判するというスタンス、自分は断罪史観と呼んでいます。それから、何故あの時ああしなかったのかという無い物ねだり史観、これも自分の造語ですが。そして一番人気があるのは陰謀史観。事件が起こったら、推理小説の定番では、その事件で儲かった人、つまり最大の受益者が事件の実行犯だそうです。しかし、火事が起こって焼け太りした人が放火犯というわけではないのが現実です。

我々の世代が歴史研究を始めたころは、まだ唯物史観が生き残っていました。社会主義革命により平等な社会が実現し、国家はなくなり世界平和が訪れる。歴史学は現在が革命に向かうどの段階にあるのかを測定することが使命とされました。今はほとんど顧みられていませんが、我々が知りたい大きな物語を語ってくれるものとして、歴史学が過剰な期待を抱かれていたとも言えます。

歴史を分析するときに最も必要なことは、歴史に登場する人物は現代人と同じく明日何が起こるか分からない、今も昔も一寸先は闇という状況で行動していることを、我々は同じ地平で考えることです。ですから、まず何が課題になるかというと、当事者が当時の状況で何を知り得たのか。そして、どのように判断したのかです。それをまず基礎として理解する。これは、たぶん全ての歴史学者が肝に銘じている基本です。

日米戦争までの流れ　なぜワシントン体制が崩壊したのか

まず、この戦争に至るまでの大状況について、概観します。日本の歴史学がずっと課題としてきたのは、一九二〇年代の国内的には政党政治、国際的にはワシントン体制という協調の時代が、どうして一九三〇年代になったら全然違うことになってしまったのかという問題です。そして戦後は民主主義の社会に戻っていくわけですから、一九三〇年代から戦争までが異質な時代に見えてしまいます。その変化の原因は何だったのか。

ワシントン体制という戦前の日本の資本主義の頂点とも言える時代に、何が経済的基盤になっていたかというと、日米の金融連携です。日本はワシントン軍縮を成立させた直後に、関東大震災に襲われます。復興資金は主にアメリカから借りました。多くの資金がアメリカから日本に流れ込んだのです。それによって帝都が復興し、東京市、横浜市も電化事業等々で多くの公債をアメリカに依存しました。

だいぶん前に新聞の投書か何かで読んだ覚えがあるのですが、横浜が一九四五年五月末の空襲で焼かれた時に、昔のことを憶えていた老人が「震災の後、アメリカに金を借りて復興できたことを忘れて、アメリカに喧嘩を売るからこういうことになったんだ」とぼやいていたという内容でした。一九二〇年代は日米が金融面でも密接な関係にあったのです。ただ、当時の資本主義は非常に原初的でした。豊かな人は豊かになっていくが、貧富の差はどんどん拡大していく。セーフティネットなんかない。貧乏人が貧乏なのは優勝劣敗、最近の言葉では自己責任として切り捨てられる。そして、この政党政治を支えた政治家は財閥と非常に密接な関係を持っていました。たとえばワシントン軍縮の立役者で、ときの民政党内閣の外相だった幣原喜重郎《しではらきじゅうろう》（戦後は首相になります）は三菱財閥の岩崎弥太郎の女婿、まさに政治と財閥が蜜月状態だったのです。もちろん、お金がうまく回っていればいいのですが、恐慌が起こると貧しい者や経営に失敗した者は娘を身売りするなどという状況になってしまいます。しかし財閥と結託している政治家は救済策をなかなか講じない、政党政治に対する幻滅が、軍への期待を増大させていきました。

満州事変と日中全面戦争

この流れを大きく決定づけたのが、満州（中国東北部）の関東州に駐留していた関東軍が起こした満州事変（一九三一年）です。民政党政府は、これは謀略だと感じて、不拡大方針を表明し続けました。しかし、関東軍がどんどん拡大していき、ついには満州全土を占領してしまいます。そして民衆は満州事変を圧倒的に支持しました。政権が政友会に変わって、関東軍の陰謀を追認し、満州国という傀儡《かいらい》政権を承認する。この悪しき成功体験が、その後の陸軍の中国大陸に対する侵略政策をエスカレートさせていく背景にあったことは、誰しも否定できません。

では、これが一直線に日米戦争に繋がるのか。自分が学生の頃、日中十五年戦争という呼称が提唱されました。満州事変から日中全面戦争、さらに日米戦争までを一つの戦争と捉えるという認識です。この呼称は当時一般的だった太平洋戦争という言葉では捨象されてしまう戦争の多面性をうまく表現したのですが、どうしても運命論・必然論的印象が強くなります。最近の外交史等の研究によると、やはり満州事変と日中戦争の間で一旦切れていたという見方が常識化してきています。ですから、満州事変でやめておけばという議論が必ず出てきますし、それはあながち間違いではないのですが、議論が多岐にわたりますので、ここでは省略させていただきます。

一九三七年七月からの日中全面戦争については、最近、蔣介石《しょうかいせき》の日記が公開されて中国が不退転の決意で戦争を挑んできていたことがわかってきましたので、回避しようがありません。ただ、日中ともに相手を甘く見ていたため、意に反して泥沼化してしまいます。決定的な勝利は収められず、多くの兵隊を中国戦線に張りつけることになります。もともと満州の利権は基本的にロシアか日本が持っていましたから、日本が独占してもそこまで問題にならなかったのですが、中国本土はアヘン戦争以来イギリスの権益が集中しているところです。そこで戦争をやられるとイギリスは大変困る。ただ、欧州情勢がどんどん不安定になってくると、イギリスは日本との全面対立は避けたいわけですから、若干融和的な動きも出てきました。

泥沼化した日中戦争

問題は、戦争にはお金がかかることです。日本は資源輸入国ですから、正貨（金《きん》）がないと戦争できません。昭和恐慌のときに六割の正貨が流出して、そして、この日中戦争でまたそこから六割、残るは〇・四×〇・四で一六％、正貨は恐慌前の二割以下しか残りませんでした。それから、一〇〇万人近い若者を動員して戦場に送り込むわけですから、生産力が低下するのは当然です。その解決のため日本は統制経済に向かいますが、逆に生産力は減少していきます。そして、戦死者が二〇万人を超えてしまっても（日露戦争の約二倍）、戦争を終わらせる見通しが全く立たない。つまり、振り上げた拳をおろせない状態で、何のために戦っているのか分からなくなってしまった、戦争の目的自体が消失してしまったことになります。

では、なぜ蔣介石が頑張っているのか、日本は英仏の対中援助（援蔣《えんしょう》）が原因であると国内世論を煽って、反英感情を高揚させます。これは、イギリスに圧力をかけるには効果的でした。ただ、中国国民党に対する最大の援助国はドイツですから、日本の世論は不可解でした。多くの日本兵がドイツ製やチェコ製の機関銃の弾丸に引き裂かれて山のように死んでいった。国民党軍への軍事指導は、ドイツ軍がやっていました。ドイツが第一次大戦の塹壕《ざんごう》戦の経験などを伝授したため、日本軍が大損害を受けたのです。となると、反独感情が出る筈なのですが。

このことについてクレイギー駐日イギリス大使も、日本はイギリスの対中援助を問題にしているが武器はドイツ製ではないか、と理性的に反論しました。しかし日本は内務省や陸軍を中心に、イギリスはアジアを侵略してきたと反英感情を煽ってイメージ操作をしています。日本は陸軍を中心に反英を視野に入れて独伊と提携する枢軸路線を取ろうとしたのですが（防共協定強化交渉。イギリスを対象とするかどうかで陸海軍が対立して膠着）、一九三九年八月末、かの独ソ不可侵条約が締結され、当時の平沼（騏一郎《きいちろう》）内閣が崩壊します。今まで日独共通の敵がソ連だと言って防共で手を結んでいたのに、突然うっちゃりを食らわせられたわけですから反独感情が芽生えても当然の筈ですが、何故か一九四〇年春にドイツが西ヨーロッパを席巻すると、それに便乗しようとする勢力が日本の中に出てきます。当時ヨーロッパの植民地だった東南アジアへの進出論が高まっていきました。ただ、問題は武力でやったら必ずイギリスやアメリカと戦争になるので避けたい、まずは外交交渉による南方進出を模索し始めます。

日米戦争の原因と目的

それでは日米戦争の原因と目的を考えてみましょう。教科書的には、アメリカの「東アジアでの門戸開放」「自由貿易主義」（グローバリズム）対、日本の「地域主義」（リージョナリズム）「満州や中国での特殊権益」（後には大東亜共栄圏に発展）という原則的な対立があり、だから戦争は不可避だった。そういう理解になるかと思われます。

ただ、問題は日米対立はあくまで原則のレベルであり、両国とも相手に武力を使ってでも強要する意志は全くない。そもそも日米間には具体的な利害対立がなかったのだ、と指摘したのが先ほどの北岡先生の論文です。これは、戦争は政治の延長というクラウゼヴィッツの『戦争論』を引っ張ってくるまでもなく、利害対立を交渉で解決できないから戦争するという立場からすれば、日米戦争は非常に不可解な戦争です。利害対立があるとすればアメリカの門戸開放政策ですが、幻想としての利益～統一中国が成立すればアメリカの余剰生産物の市場として大変有望～に過ぎません。アメリカはまだ過剰生産による世界大恐慌から立ち直っていませんから、統一中国を自国の生産物を買ってくれるフロンティアと見ていました。単なる願望です。そんな願望のためにアメリカが自国民の血を流す筈はありません。日中戦争・日英戦争だったら実際に利害が対立していますから理解しやすいですが、日米戦争になると非常に性格が違う、まさにイデオロギー戦争だと指摘されたのです。

ただ、もちろん戦争には契機が必要です。直接的な契機は一九四一年七月、日本が南部仏印（ベトナム南部）に兵力を進駐させたことです。それに対してアメリカが対日全面禁輸を断行したのが八月。日本は多くの資源をアメリカからの輸入に頼っていましたが、中でも死活的だったのは石油でした。当時の日本の石油のストックは二年（平時）から一年半（戦時）しかない。最も近い産油地帯は蘭印（現インドネシア）です。ここを占領するしかない。つまり、日本の自存自衛を侵されたから戦争に訴える。これが当時の政策担当者の理解だったのです。しかし、それが周囲を説得できるレトリックだったのか。東條英機首相自身が、物盗りの戦争ではだめだ、大義名分が必要と言ったのが、ほぼ戦争が決まりになった一一月になってです。戦争すると決めた後から大義名分を探しているということは、自存自衛では理解を得られないと自覚していたことの証左です。

では、蘭印を攻略するのになぜアメリカが関係したかと言うと、蘭印に行く途中にフィリピン・グアムというアメリカの植民地がある、ということだけです。地図を見ていただくと分かりますように、南方資源地帯に接近するには、アメリカの植民地を無視して通っていくことは難しい。つまり、アメリカと戦争したのは、アメリカがそこにいたので避けて通れなかったから、と言わざるを得ません。

この不可解さは当時も認識していました。戦時中さかんに叫ばれた鬼畜米英という言葉があります。そのような極端な表現をしないと、アメリカと戦争することに対し自分たちを納得させること、戦争を合理化することができなかったことの裏返しです。

そもそも対日全面禁輸の原因となった南部仏印進駐は、なぜ実施されたのか。キーマンとなるのが、ご存知の松岡洋右《ようすけ》外相です。松岡は枢軸路線を看板に掲げ、大東亜共栄圏など非常に威勢のいいことを言っていました。一九四〇年九月の北部仏印進駐は陸軍の要請でしたが、松岡は外交的に上手くまとめ、タイとの関係強化、日蘭会商（蘭印からの資源買い付け交渉）など、外交による南方進出を図っていきます。見落としがちなのですが、フランスはドイツに敗北したとはいえ、いまだに植民地帝国なわけです。植民地を維持するために、進駐を受け入れて日本と妥協する道を選びました。

蘭印も、当初は妥協的でした。現実に自分だけでは植民地を守れないので、日本が資源を売ってくれと頼んだら了解していました。それが停頓したのは、松岡の看板でもあった枢軸との関係強化が原因です。俗に日独伊ソ四国ブロック構想と言われています。その第一歩が一九四〇年九月の日独伊三国同盟でした。以前の防共協定強化交渉は陸軍が中心でしたが、今回は松岡がほぼ独断でやっています。ところが、三国同盟は蘭印を英米側に追いやることになりました。蘭印は日本に資源を売らないという態度に転じます。つまり、日本は戦争の種を自分で蒔いてしまったわけです。

四一年四月、日ソ中立条約が結ばれ、四国ブロックが完成したかに見えました。意気揚々と訪欧から帰国した松岡外相は、これをバックにアメリカと交渉する腹でしたが、別の筋から発展した日米交渉にヘソを曲げてサボタージュします。問題は、日本の外交資源を非常に大きくしたかに思えた独ソとの提携が、六月二二日の独ソ開戦により大きく価値を減じたことです。アメリカは日本との交渉を急いで妥結する必要がなくなる。結局、松岡枢軸外交が残したものは日米対立と蘭印の対日硬化でした。

ただ、この独ソ開戦は非常に大きな波紋を日本に及ぼしました。北進か南進か、南北どちらに行くのかという問題が浮上したのです。ドイツを支援しておかないと戦勝のおこぼれに与れないのでソ連を背後から叩けという議論が起きます。これは陸軍の参謀本部が中心でした。ところが、陸軍省はお金がないものですから、戦闘なしで進める状態になったらやってもいいという消極的な姿勢でした。もちろん、参謀本部の中にも独ソ戦長期化と見ている者もいれば、陸軍省の中にもすぐにでもやれと言っている者もいる。意見は二分されましたが、関東軍の増強については一致していたため、関東軍特種演習（関特演）が開始されてしまいます。松岡は口では北進論を唱えましたが、おそらく本心は南にも北にも行かせないと思っていたと推測されます。海軍は北に行くのは絶対いや、資源をほとんど得られない浪費戦ですから、冗談じゃないと思っている。この三者の思惑が入り乱れ、七月二日の御前会議で南北準備陣という国策が決まります。南にも北にも準備をする。

実は、この国策で南北準備陣の前に書いてあったのは、日中戦争解決でした。それに南北準備ですから、三つの方向性が併存していた。日本はいったい何をしたかったのだろうと思うわけです。そのような状況で何とか一致できたのが南部仏印進駐でした。南進の準備のために、これだけはやっておかないとと考えて進駐した結果、アメリカの対日全面禁輸を招いてしまった。石油のストックは戦争になったら一年半しかない。当時のタイムテーブルでは南方を攻略するのに五ヵ月かかる。そして、石油施設はおそらく破壊されるので石油が出るまでに半年はかかるだろう。となると、もうぎりぎりという計算です。すぐにでも開戦したいというのが強硬派の考えです。

ただ、問題は、こういう危機が発生したときに、そもそも日米間に具体的利害対立がなく、あったのは原則的対立だったから取引ができなかったというのが、北岡先生の議論です。非常に皮肉なことですが、重要な一面を照射する指摘です。

「国策」決定のシステム

なぜ三つもの方向性が一つの「国策」に併記されてしまうのか。日本の政策決定システムの脆弱性に話を進めていきます。そもそも、政策決定を議論するとき、日本はこう決めた、アメリカはこう決めたと言いますが、日本とかアメリカとかいう人間はいません。日本の誰が、アメリカの誰が、どのように決めたかを検討する必要があります。ところが、日本の政策決定システムは非常に複雑なので、理解がきわめて困難なのです。個人的な話で恐縮ですが、大学四年生のときに卒業論文で開戦過程を研究しようとして、夏休み中かかって読んだのが、当時入手できる最重要史料である『杉山メモ』という参謀本部が残した大本営政府連絡懇談会（中途で大本営政府連絡会議と名称変更）の議事録でした（原書房、一九六七年）。ところが、いくら読んでも日本が何をしようとしているのか分からない。なぜ戦争になってしまったのだろうかと、呆然とした記憶があります。その後も研究を続け、そもそも当時の日本の意思決定システムは、強力なリーダーシップがない寄り合い所帯だったという前提にたどり着きました。まず、どのような寄り合い所帯だったのかを説明します。

現行憲法では（図1）、内閣総理大臣（首相）が最高権力者です。そして、首相は閣僚の任免

図1　現行憲法における政治システム（概念図）

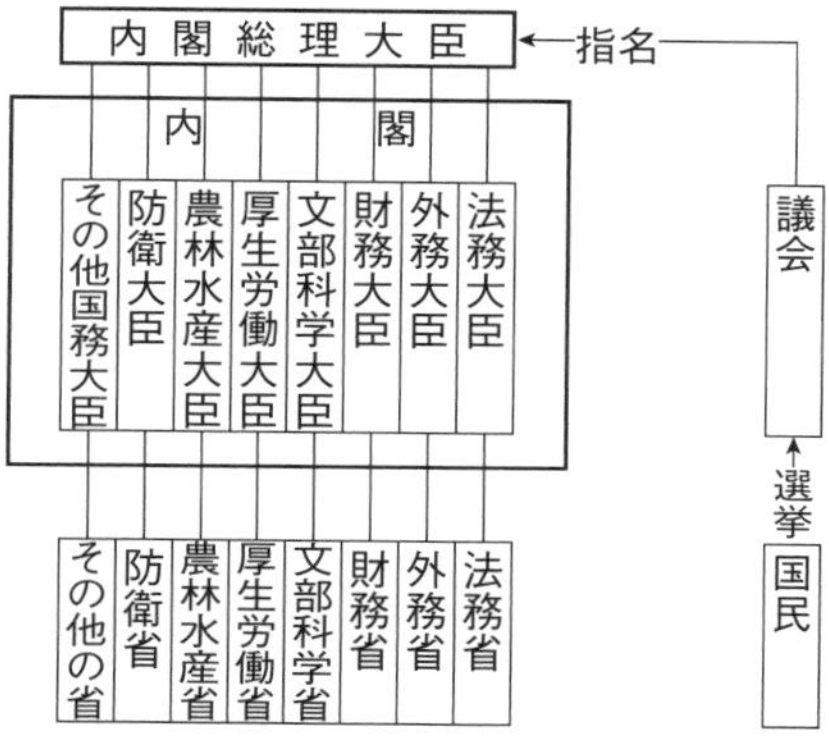

図2　明治憲法体制における政治システム（概念図）

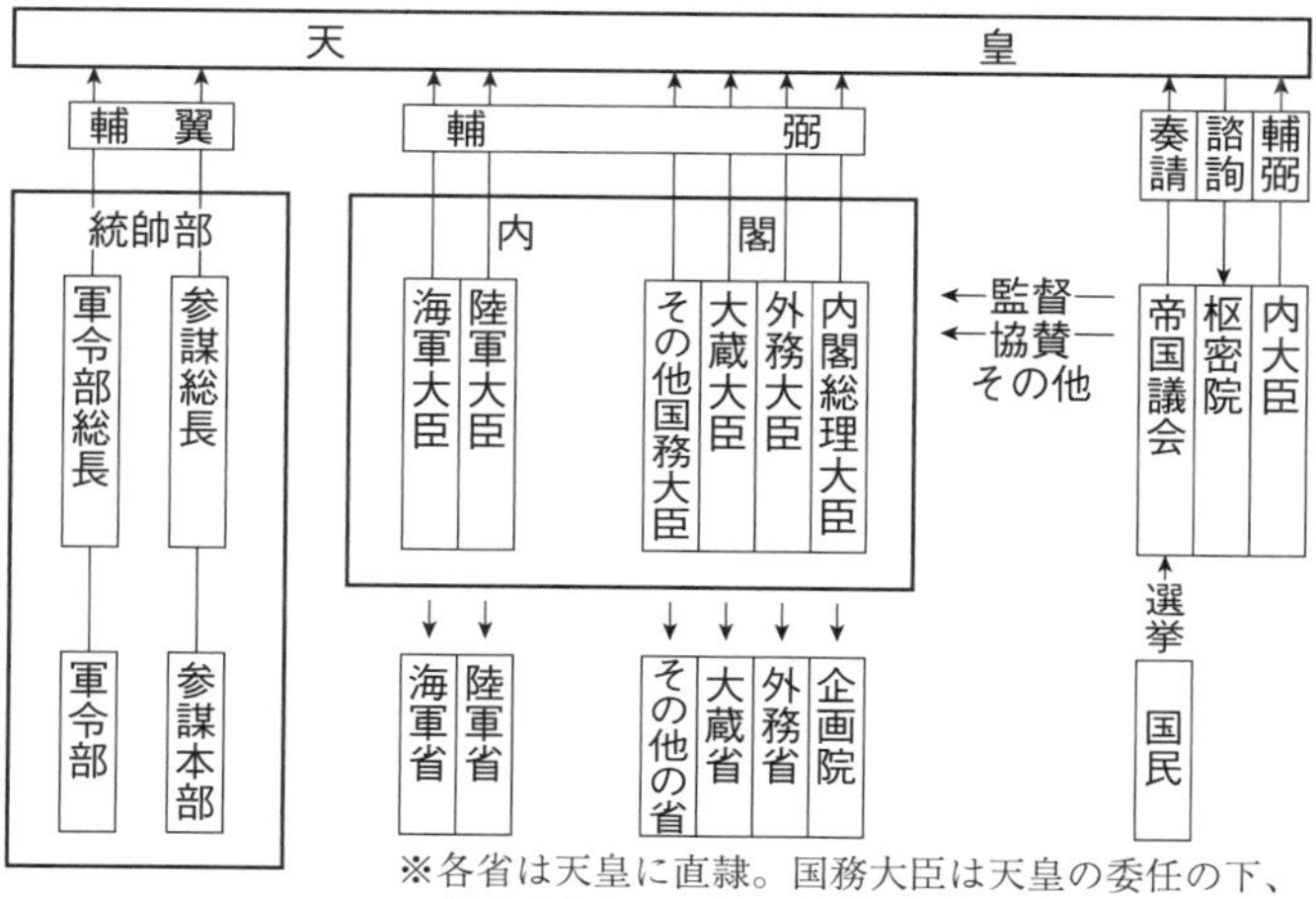

※各省は天皇に直隷。国務大臣は天皇の委任の下、
行政長官として各省を指揮監督する

権を持っています。つまり、閣内で意見が対立したら、大臣の首を切ってすげ替えることができます。ところが、当時の明治憲法体制における政治システム（図2）は、天皇が一番上にいますが、まず内閣がどこにあるか図の中で探さないといけないくらいです。さらに内閣の中で首相はどこにいるのか。実は、首相も含め国務大臣はみんな横並びです。つまり、閣僚も総理も等しく天皇を輔弼《ほひつ》する存在（輔も弼も助けるの意味）です。天皇に対して責任を負っています。閣僚の誰かひとりでも意見が対立したら、閣内不一致で総辞職しなければならない。軍部大臣は当時現役武官制になっていますから、陸海軍は自分の大臣を辞職させて後任を出さなければ、内閣は自動的につぶれることになります。

それから、統帥部《とうすい》は内閣の枠の外にあります。参謀総長も軍令部総長も天皇に直結して輔翼《ほよく》（翼も助けるの意味）しています。統帥部の長が単独で上奏した場合、首相は上奏の内容を知りません（もちろん、天皇はお互いの意思疎通を促しますが）。天皇が一番権力を集約しています。ですから、こういう体制を見れば、首相にどうしてリーダーシップがないのかと嘆いても、そういうシステムになっているからとしか言いようがないのです。

どうしてこういうシステムを作ってしまったのか、同じ憲法下でも明治時代はうまくいっていたと思われています。それは、明治のリーダーたちは維新をやった人たちですから、そういう人たちは要職に就いているから偉いわけではありません。首相だから偉いのではなく、桂だから偉いのです。別にポストに付与された権力ではない。桂太郎が首相だから、こういう不完全なシステムでも、ちゃんと回っていたわけです。

時代を経て、政治を実際に回していた維新の当事者が後景に退いていくと、それに代わるものとして様々なものが出てきます。山県有朋《やまがたありとも》の影響下にある官僚たち（山県閥）であったり、政党であったり、そのような補完勢力がうまく回していた、裏返せば補完勢力なしでは明治憲法体制は機能しなかったとも言えます。

一九三〇年代に入ると政党が皆の支持を失っていきます。ところが、政党に代わる補完勢力は生まれず、残された不完全なシステムが機能しなくなったことになります。

機能不全を打破する試み

もちろん、新たな統合システムを作る努力はされていました。一例を挙げれば、一九四〇年夏に成立した第二次近衛文麿《このえふみまろ》内閣が展開した新体制運動です。国民の自発的な力をバックに大政翼賛会という新たな権力核を作ろうとしたところ、それは政治結社なのかという問題が起きます。もし政治結社にすれば、首相や統帥部が直接天皇に対して責任を負う明治憲法体制とは矛盾する。つまり、天皇と内閣との間に幕府のようなものを作ることになります。翼賛会は天皇親政の理念に反する幕府的存在として、特に復古派から猛攻撃されました。結局、大政翼賛会は政治結社ではなく公事結社、つまり行政補助機関と定義されました。その結果、どこの市町村でも市長や町村長が大政翼賛会の支部長になります。これでは今までのお役所と同様で、翼賛会はリーダーシップを発揮できず、下からの力も動員できず、わけの分からないものになってしまいます。

政戦両略の統合の試み

それから、日中戦争の間に露呈してしまったのは、政戦両略の分裂と呼ばれる事態です。統帥部は内閣を通さなくても作戦ができるわけです。ただ、軍事力というのは政治と一体化して運営するから大きな力を発揮するわけで、外交と軍事がバラバラでは、あまり力を発揮できません。もちろん、そのことは自覚されていますから、大本営政府連絡懇談会というものを作り、そこで国策を決定して舵取りをしていこうという了解がなされたのが、一九四〇年一一月の話です（四一年七月、第三次近衛内閣から大本営政府連絡会議に改称されます）。

実は、大本営政府連絡会議は、以前にも開かれたことがあります。日中戦争初期、第一次近衛内閣の時ですが、ドイツのトラウトマン駐華大使を仲介に日中和平工作をやろうとしました。その時、もう交渉に脈がないと打ち切りを主張したのが、政府、つまり近衛首相や米内光政《よないみつまさ》海相、広田弘毅《こうき》外相でした。継続を主張したのが参謀本部で、多田駿《はやお》参謀次長（総長が宮様だったので、参謀本部の実質的なトップ）が頑張ったわけですが、政府に押さえ込まれてしまいます。その結果、日本政府は蔣介石政府否認の声明を発し、戦争終結への道を自ら閉ざしてしまいました。

このように、大本営政府連絡会議で統帥部が政府にコントロールされた先例ができてしまったので、参謀本部は連絡会議の再開を非常にいやがりました。このため、当初は会議ではなくて懇談会と呼称したのです。参謀本部がいかに警戒していたかが窺えます。『杉山メモ』冒頭には、懇談会は連絡会議と「若干趣を異にし」「軽易に政府と統帥部との連絡懇談を行はんとするもの」と連絡会議との性格の違いを強調しますが、「軽易」と言いつつその決定は閣議決定以上の効力を持ち、御前会議とともに重要国策を決定するとしています。

非常に不思議なのですが、これには法的根拠が全くない。そもそも御前会議も法的な規定がなく、何か会議を天皇の前で開けば御前会議ということです。ですから閣僚と統帥部の会議に天皇が列席すれば御前会議になるわけですが、法制上の縛りは何もない。いくら『杉山メモ』に閣議決定以上の効力を持つと書いてあっても、会の後に杉山元《はじめ》参謀総長が参謀本部に帰って下僚に口述筆記させた議事録に法的効力がある筈はありません。ですから、懇談会の決定が法的効力を持つには、改めて閣議を開いて決めないと憲法違反になる。問題は、閣議には統帥事項を諮らないので、隠してぼかしている。こんなやり方で、なんとか辻褄を合わせようとしたのです。

国策――不可解な文書

連絡懇談会（連絡会議）では、最終的に日米開戦決定まで至る、さまざまな国策が決定されました。これらを読んでみると、何を決めたのか分からないようなものばかりです。それを一つ一つ分析していくのが私の修士論文から博士論文にかけての作業だったのですが、本当に、猫の目のように変わっていきます。突然、反古《ほご》にされてしまったりする、こんなものに拘束力があったのかと思うくらい、評価が非常に難しい文書です。たとえば南部仏印進駐も連絡懇談会で決めたのですが、松岡は様々な手を使って実行を渋りました。また、決まった国策を全て御前会議にあげるわけではなく、天皇に上奏したりしなかったりと、取り扱いの違いがあります。

このような不可解な国策の特徴を指摘したのが吉沢南さんの『戦争拡大の構図』（青木書店、

一九八六年）でした。両論並立的秩序という概念で分析されています。吉沢さんは、タイと仏印の国境紛争調停に焦点をあてましたが、その概念を発展拡張したのが、自分が言い出した「非（避）決定」です。結局、なぜ曖昧な両論併記の国策が成立するのか。分裂した指導体制の中で、さまざまな政治アクターがさまざまなことを主張します。全てのアクターが拒否権をもっている状況で、それを行使されないためには、玉虫色の決定をするしかない。その目的は、天皇の前で自分たちが一致していることを表現することでした（一致していないと裁可されないため）。その結果、できあがった国策は、さまざまな矛盾した内容を併記した、何が決まったのか分からない文章になります（両論併記）し、決定的対立を惹起しかねない問題は外されます（非〔避〕決定）。いったん国策が決まれば、それを根拠に自分たちの政策を実現しようとして、国策決定後も延々と陸海軍や外相等との間で綱引きが繰り返されます。まさに、諺《ことわざ》にあるように「船頭多くして船山に上る」状態が常態化していく。これが国策決定の特徴です。

吉沢さんの本が出版されたのは一九八六年で、彼は戦争責任を負うべきなのは天皇という研究スタンスですから、こうまでして天皇の前で一致を表現しなければならなかったのは天皇制に原因があるという結論です。私はそれだけでは説明できないと考えますので、自分なりのやり方で吉沢さんの一部を引き継がせていただいています。

戦争の直接的な原因と交渉の困難性

次に、このような寄り合い所帯の政治システムに危機が訪れてしまったらどうなるか。当時の国内対立とアメリカとの交渉に議論を進めます。日米間の懸案は中国からの撤兵問題、三国同盟問題、そして中国大陸での通商無差別原則の問題。この三つが非常に大きいと認識されていました。第三次近衛内閣で松岡のかわりに外相となった豊田貞次郎《ていじろう》は、三国同盟に関して日本は自主的参戦（第三国＝アメリカから独伊が攻撃されても参戦するかどうかは日本の判断）と何回も伝えている、通商無差別も日本は原則的賛成を表明しているつもりと認識していました。実は、これはつもりだったわけで、本当に伝わっていたかどうか、評価が難しいところです。

第三次近衛内閣が倒れた最大の問題は、中国からの撤兵問題でした。大陸利権は陸軍のレーゾンデートルですから、撤兵は陸軍の威信に関わります。しかし、対米戦は海軍の問題、戦争に成算がないと言ったら、海軍は不要の存在になってしまいます。では、彼らはどうやって対米戦争を回避しようとしたかというと、海軍は陸軍の、陸軍は海軍の犠牲によって解決しようとしたのです。

海軍に言わせれば、アメリカと戦争して負けたら中国での利権どころではない。どちらが優先するかは分かりきった話です。ただし、中国から撤兵したら傷つくのは陸軍です。陸軍は海軍がアメリカと戦争できないと言うなら撤兵を考えてもいいと主張しますが、それを言ったら今まで多くの予算をとってきた海軍の存在意義に関わる。

つまり、陸海軍の利害がねじれの位置にあった。国家利害という一つの天秤にかければ、どうひっくり返っても対米戦という危険な選択肢の方がいいとはならない筈です。しかし、政策の主体とどこが害を一番引き受けるか、そこが一体化されていないところから、最終的に調整がつかずに第三次近衛内閣が退陣することになります。一〇月一八日です。

陸軍の主張と戦争の論理

それぞれの論理をもう一度確認しておきますと、陸軍がやったのは一〇月一四日に閣議で東條陸相が表明したように、陸軍の組織的利害の主張そのものです。彼は「撤兵問題は心臓だ。撤兵を何と考へるか、陸軍としては之は重大視して居るものだ。米国の主張に其儘《そのまま》服したら支那事変の成果を壊滅するものだ。満洲国をも危くする更に朝鮮統治も危くなる〔中略〕支那事変は数十万の戦死者、之に数倍する遺家族、数十万の負傷兵、数百万の軍隊と一億国民の戦場及内地で辛苦をつまして居り尚数百億の国幣《ママ》を費して居る〔中略〕満洲事変前の小日本に還元するなら又何お《ママ》か言はんやでありますが〔中略〕駐兵は心臓である〔中略〕心臓迄譲る必要がありますか。これ迄譲りそれが外交とは何か、降伏です。益々彼をしてずにのらせるので何処迄ゆくかわからぬ」と主張しています。閣議の後、東條は近衛に会いたくないと伝えています。それは近衛に辞めろと言っているに等しい。

問題は、東條の主張にどれほど正当性があったかです。国民世論はおそらく支持したでしょう。しかし、バランスを持った考え方からすると、これは極端な議論でしかありません。今まで多くの犠牲を払ったのだから、それを無にしないためにもっとひどいことになるかもしれない選択をしろということですから、論理的には筋が通っていません。

戦争を合理化するもう一つの大きな主張が、永野修身《おさみ》軍令部総長の「ギリ貧論」です。石油の備蓄が枯渇する前に一刻も早く南方資源地帯を占領して不敗態勢を築くべきであるという考えです。問題は、南方から資源を還送して国力を維持することが果たして可能か、という点にありました。実は、計算はかなり前にできていたのです。開戦の約八ヵ月前、一九四一年三月です。陸軍省の戦備課は、海上輸送路が理想的に確保できても、現状維持すらできないという結論を出していました。それから、「ヂリ貧論」に対する評価の変遷を見てみますと、不思議な思いがします。七月三〇日、アメリカがまだ全面禁輸したわけでなく、在米日本資産を凍結した段階で、永野は昭和天皇に対し突然「此際打って出るの外なし」と上奏しました。勝敗については「日本海海戦の如き大勝は勿論、勝ち得るや否やも覚束《おぼつか》なし」と、正直なことを言っている。それに対して天皇が木戸幸一内大臣に「つまり捨てばちの戦をする〔中略〕誠に危険なり」という感想をもらしたため、木戸は「永野の意見は余りに単純なり」と奉答しています(『木戸幸一日記　下』東京大学出版会、一九六六年)。

それから、九月六日の御前会議で戦争準備と外交をともに推進するという国策を決めた時のことです。前日の五日に国策を天皇に説明した杉山参謀総長は、天皇から「絶対に勝てるか」と詰問されて正直に「絶対とは申し兼ねます」と答えています。永野が脇から日本を手術が必要な重病人に喩えて説明したところ、天皇は機嫌を直しますが納得はしませんでした。本当に納得しなかったのなら、「明日の御前会議はやらない」と差し戻せばよかったのですが、なぜか開催に反対せずに翌日の御前会議の場で明治天皇の御製《ぎょせい》を読み上げ、まず外交をやれと意思表示します。となると、「ヂリ貧論」はやはり駄目だと周囲は認識した筈ですが、不思議なことにほぼ同じ内容を決めた一一月五日の御前会議までの過程では、天皇はずっと上機嫌でした。

つまり、永野は、ぶれなかった。勝てるのか勝てないのかもよく分からない、という主張を貫くのです。そして、決めるのは統帥部ではなくて政府だと責任逃れをします。統帥部の長は直接的に天皇を輔翼する存在なので、自分たちが決める立場にないというのは、そもそも制度上おかしな話なのです。問題は、誰もそれを不思議だとは思わなかったところです。

国策再検討における議論

近衛の後に組閣された東條内閣は、国策再検討を天皇から命じられます。その場でどういう議論が繰り広げられたのでしょうか。賀屋《かや》興宣《おきのり》大蔵大臣が「此儘戦争せずに推移し三年後に米艦隊が攻勢をとって来る場合海軍として戦争の勝算ありや、否や」と訊くと、永野は「それは不明なり」と。さらに賀屋は「米艦隊が進攻して来るか来ぬか」と質すと、永野は「不明だ、五分五分と思へ」と答えます。これに対し賀屋は「来ぬと思ふ、来た場合に海の上の戦争は勝つかどうか」と切り返せば、永野は「今戦争やらずに三年後にやるよりも今やって三年後の状態を考へると今やる方が戦争はやりやすいと言へる、それは必要な地盤がとってあるからだ」と、はぐらかす議論しかしていません。東郷茂徳《しげのり》外相も賀屋に賛成して「私も米艦隊が攻勢に来るとは思はぬ、今戦争する必要はないと思ふ」と助太刀します。永野は結局「先は不明、安心は出来ぬ、三年経てば南の防備が強くなる、敵艦も増える」と早急な開戦の方が有利と繰り返すため、賀屋が「然《しか》らば何時戦争したら勝てるか」と問い詰めると、永野は「今！戦機は後には来ぬ」と強い語調で返したと『杉山メモ』は記しています。秦郁彦先生は、このやりとりをナマクラ問答と表現しました（『昭和史の軍人たち』文藝春秋、一九八二年、現在、文春学藝ライブラリー）。勝てるかどうかは分からないが、三年後に戦争するより今の方が勝てる可能性が少し高い、としか永野は言っていないのです。

また一一月四日の軍事参議院会議、これには天皇も同席していますが、ここで永野は「確実なる屈敵手段〔敵を屈服させる手段〕なきを以て結局長期戦となる算多く〔中略〕見透しは形而上下の各種要素を含む国家総力の如何及び世界情勢の推移如何に因《よ》りて決せられる処大である」と説明しています。戦争の見透しは形而上下の各種要素、形而上は精神、形而下は物ですから、物量では負けると分かっているので、勝つ要素は精神力と世界情勢だけとなります。

これらの議論を整理すると、攻めてくるかどうか分からないアメリカに対して自分の都合で戦争を仕掛けるということになります。なぜ戦争の方が有利と判断したのでしょうか。それは日本が戦争をやりたがる好戦的な国家だったわけでも、戦争を目的として追求してきたわけでもなく、他の選択肢が脱落したからと考えた方が実相に近いでしょう。

一七五頁の表に日本が採り得た四つの選択肢をまとめてみたのですが、どれが選択され、どれが落されたのかを分析していくと、落された選択肢は最悪の結果を根拠として落しており、採択された方は最良の結果を根拠として採択していることがわかります。1のイギリスとオランダだけに戦争をしかけるという選択肢、これが上手くいったらどうなるか。不敗態勢が構築でき、アメリカが介入してこず、イギリスやソ連が敗北し、ドイツが勝つ。これが日本にとっても最も良い結果です。しかし、この選択肢が外されたのは、最悪の結果、つまり資源輸送の横腹をアメリカから攻撃されると戦略も作戦も成立しない。フィリピンもグアムも放置して資源輸送ができるとは想像できないということで外されました。

2の臥薪嘗胆、これも外されましたが、最良でも日本の国力は確実に低下していく。最悪は、戦機を失って身動きがとれなくなった段階でアメリカ艦隊が来攻しても反撃できない。これを根拠として外されています。

では採択した議論、③の外交です。このとき東郷は甲案、乙案というものを出して何とか通すことに成功するわけですが、どちらかの成立が最良の結果です。最悪の場合は不成立により戦争に踏み切らざるを得なくなる。どっちを採ったかというと、希望的観測、つまり成立に期待するということです。希望的観測と言えば④の対米英蘭開戦もそうです。現在の戦機を生かし南方資源地帯を占領して不敗態勢を構築して、国際環境の変化によりアメリカの戦意が喪失するという、日本にとってはベストがこれであると。これに対し最悪の結果は、三年目以降は不明ということになっています。

実は、この選択肢の中でいくつもの要素が排除されています。例えば、臥薪嘗胆では最良の結果でも日本の確実な国力低下が見込まれる、これはソロバンをはじけば出てきます。ところが、ここでは表の1と④で最良の結果に入っている国際環境の好転は勘案されていません。戦争の場合に国際環境が好転するのだったら、臥薪嘗胆でも国際環境が好転する筈ですが、外されている。その結果、非常に弱い選択肢にみえてしまう。

それから、排除された要素の一番大きなものは、④の最悪の結果が三年目以降は不明、つまり思考を停止して想像可能なことを想定から外している。それは、日独の敗北、日本が占領されて植民地を全て喪失する、これくらいは当時でも想像できたわけですが、それが最悪の結果の想定に入っていない。不都合なことを想定外に追いやることで、戦争の方が有利という結論が導かれたことになります。

結果的に採択された選択肢、外交も対米英蘭開戦も、希望的観測に依拠している点では同じです。共に相手がいる問題です。自分の意思を相手に強要することはできないわけですから。この案だったら乗ってきてくれるだろうとか、敵が戦意を喪失してくれるだろうとか。どこかで思考停止して希望的観測に依拠することで、採択されたことになります。

このような短期的な見方の典型が、塚田攻《おさむ》参謀次長が一一月一日の連絡会議の後に下僚に漏らした言葉です。「五年先きはと問はるれば作戦、政治、外交何れも皆わ

	選択肢	最良の結果	最悪の結果
1	対英蘭戦	不敗態勢の構築。米の不介入。英ソの敗北。独の勝利	資源輸送の横腹を米が攻撃、戦略・作戦構想崩壊
2	臥薪嘗胆	日本の確実な国力低下 ❶	戦機を失い、身動きがとれなくなった段階で米艦隊が来攻
③	外交交渉	甲案 or 乙案成立	不成立により戦争
④	対米英蘭戦	現在の戦機を生かし、南方資源地帯を占領して不敗態勢を構築。国際環境の変化(英ソの敗北。独の勝利)により米の戦意喪失	三年目以降は不明 ❷
	排除された要素	❶国際環境の好転	❷日独の敗北・日本被占領・植民地全ての喪失

○ 採択された選択肢　[採択された議論]（点線枠）

からぬのは当然だ」と。もちろん分かりませんが、想像は可能です。賀屋と東郷の議論です。敵艦隊が三年後に増えるということは、日本が要衝を取っていようといまいと、敵艦隊が三年後には増えるわけですから。今なら日米互角に近いから一時的に勝てても、それでアメリカが戦意を喪失するかどうかは相手の問題。三年後にはもっと多い兵力が攻めてくることは同じです。

ところが、この冷静な議論がなぜか押し切られてしまいます。思考停止することにより、自分たちに都合がいい未来像を想定した選択肢を有利と判定できたわけです。

では結局、何が日本にできたのだろうか。最も現実的な選択肢は臥薪嘗胆しかありません。これが排除されてしまった原因はいくつも考えられますが、一つは楽観的要素がない状況が確定してしまうこと。必ず国力が低下していって、自分の身を守れなくなる危険がある。それから、自ら血を流す選択、いわば損切りを引き受ける度量と当事者意識が、リーダーたちにはなかったこと。今までの大陸政策を修正する、満州事変の「成果」も全部放棄するわけではなく日中戦争前の段階まで戻る、それでもかなり自らの血を流す選択ですね。それができる度量がなかったとしか言いようがありません。もちろん、どう転ぶかはわからなかったので、東條は組閣時に内務大臣を兼任しています。戦争をやらないと決めたときに、国民の暴発を警察と憲兵で抑えるという目論見でした。戦争が不利という結論が出せれば、東條はそうしたと思いますが、現実にはそうはなりませんでした。

それから、起こらなかったことを避けたとしても、果たして評価されるのか、という側面があります。我々は現実に起こったことを知っているので、それより臥薪嘗胆の方がましと容易に判断できます。が、戦争を避ければあのような悲惨な結果は起こらないわけですから、それをよくやったと評価されるかどうか。おそらくされないどころか、あのときだったら戦えたはずだ、という議論が必ず出てくる。まさに茨の道を歩まなければならないのです。そのような苦難を現場で引き受ける太っ腹なリーダーは、一人もいなかったということになります。

日米間の外交解決は本当に不可能だったのか？

アメリカの外交は、理想主義的側面と現実主義的側面がありますから、両方を検討する必要がありますが、原則論では無理でも、バーターは可能だったと思われます。これを追求したのが、東郷外相です。最後に出した対米交渉乙案では、南部仏印から撤兵することで資金凍結以前の段階に戻すという取引を持ちかけたのです。

これには陸軍が非常に抵抗して、最終的には乙案の㈣に「米国政府は日支両国の和平に関する努力に支障を与ふるが如き行動に出でざるべし」という項目を入れざるを得ませんでした。これは援蔣の中止という意味で、原則問題に抵触します。もちろん、陸軍はそれを分かっていて入れたわけです。苦しい立場に追い込まれた東郷は、グルー駐日大使に、結局は日中戦争が解決するのだから、援蔣は不要になるでしょうと、苦しい説得を試みました。ただ、乙案がある程度のインパクトをアメリカに与えたことは事実です。これを真剣に検討したうえで、アメリカは逆に暫定協定案で交渉しようとしたのですが、結局、暫定協定案を渡さず、ハル・ノートだけを日本に渡しました。なぜなのか、現在でも謎になっています。

それではアメリカの態度の変遷を時系列で整理していきましょう。

一九四一年四月に日米交渉が始まりました。六月二一日にアメリカは正式に案を出します。後世の視点では、この案であれば交渉になったのではないかと言われていますが、それでも当時の交渉推進派の寺崎太郎アメリカ局長ですら、日本を馬鹿にしていると書き残しています。もちろん、後々のハル・ノートに比較すれば、妥結の可能性はゼロではありませんでした。

特に中国における駐兵問題について、「今後更に討議決定すべし」と、未来のこととして考えようと。そして、日中間で締結する協定に遵《したが》って中国から可能な限り速やかに撤退する。この段階で中国は何者かとは書いていない。日本は汪蔣合流、日本の傀儡政権と目された汪兆銘《おうちょうめい》と蔣介石の合流を想定しています。さらに、満州国に対しても友誼的交渉という言葉が書いてあります。後々に比較すれば日本側に有利な提案でした。それが戦争に近づくに従って、アメリカの態度がどんどん硬化していく。一〇月二日案では撤兵しないと駄目となります。一一月末のハル・ノートに至っては、交渉案と言うよりアメリカの原則を開陳するための「立派な」声明（『スチムソン日記』）ですから、中国とインドシナから撤兵、蔣介石政府以外は認めないと、はっきり書いてあります。

ハル・ノートが来ても、放置しておけばよかったとする議論もあります。撤兵と書いてあるけれど、期限を切っていない。だったら実施しますといって放置しておけばいいだろうということです。これは一応あり得るので、とりあえずは一番良かったでしょう。しかし受け取った時には、東郷のような交渉推進派ですら目の前が真っ暗になったという位、日本にとどめを刺す非常に突飛なものに見えたのです。今まで交渉しているつもりだった、バーターするつもりだったら、突然むき出しの原則論が来てしまったわけですから。東郷は交渉が失敗したら外相を辞めるつもりだったのですが、辞めずに戦争に突っ走ったほどです。

他に選択肢はなかったのでしょうか。大きな枠組の議論になるのですが、田中宏巳先生が『復員・引揚げの研究』（新人物往来社、二〇一〇年）のあとがきで指摘しています。戦前の日本は多くの資本を植民地に投下してそれを全部失ってしまった。しかも無一文になった日本人が約六〇〇万人（民間人と軍人三〇〇万人ずつ）も帰ってきた。常識的に考えれば、日本は立ち行かなくなって破産を重ねた筈なのに、実際は大発展になった。となると植民地を獲得して自給圏だ何だと言って中国大陸や南方を占領していった日本の近代の歴史はいったい何だったのかと。

これを歴史の後知恵と切り捨てられるかというと、実は当事者、東郷外相が一〇月三〇日の連絡会議で言及しています。「撤兵するも経済はやれる否寧《いなむし》ろ早く撤兵する方可なり」と。大陸利権を軍事力で支えているという認識は古い、撤兵したほうがいいという主張です。

ところが連絡会議の大勢は、アメリカの一〇月提案を受け入れたら、日本は三等国になるという認識でした。しかも、このとき開戦に反対していたもう一人、賀屋蔵相は東條内閣に入る前は北支那開発会社、まさに大陸利権を司る国策会社の総裁で、資金調達のために帰国したところ東條に入閣を頼まれた経緯がありました。ですから、この問題に関して賀屋は共闘できない。東郷の、条件を少し低下して容認すれば何でも好転する、との主張は「一同に奇異の感を懐《いだ》かしめ」ただけで、大勢を動かせませんでした。しかし、これは戦後の日本が実現することになります。

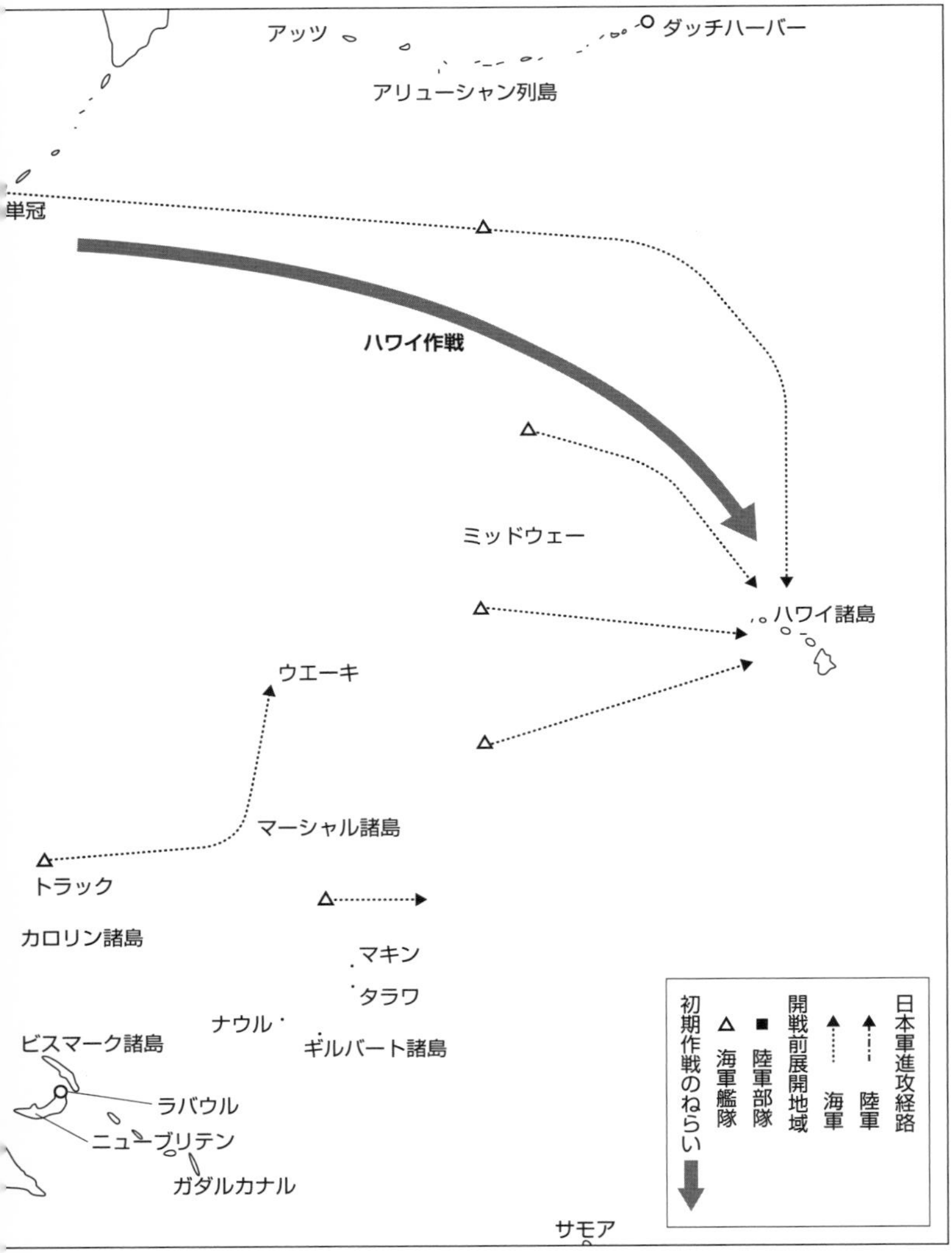

（森山優著『日米開戦と情報戦』〔講談社現代新書、2016年〕8〜9頁を元に作成）

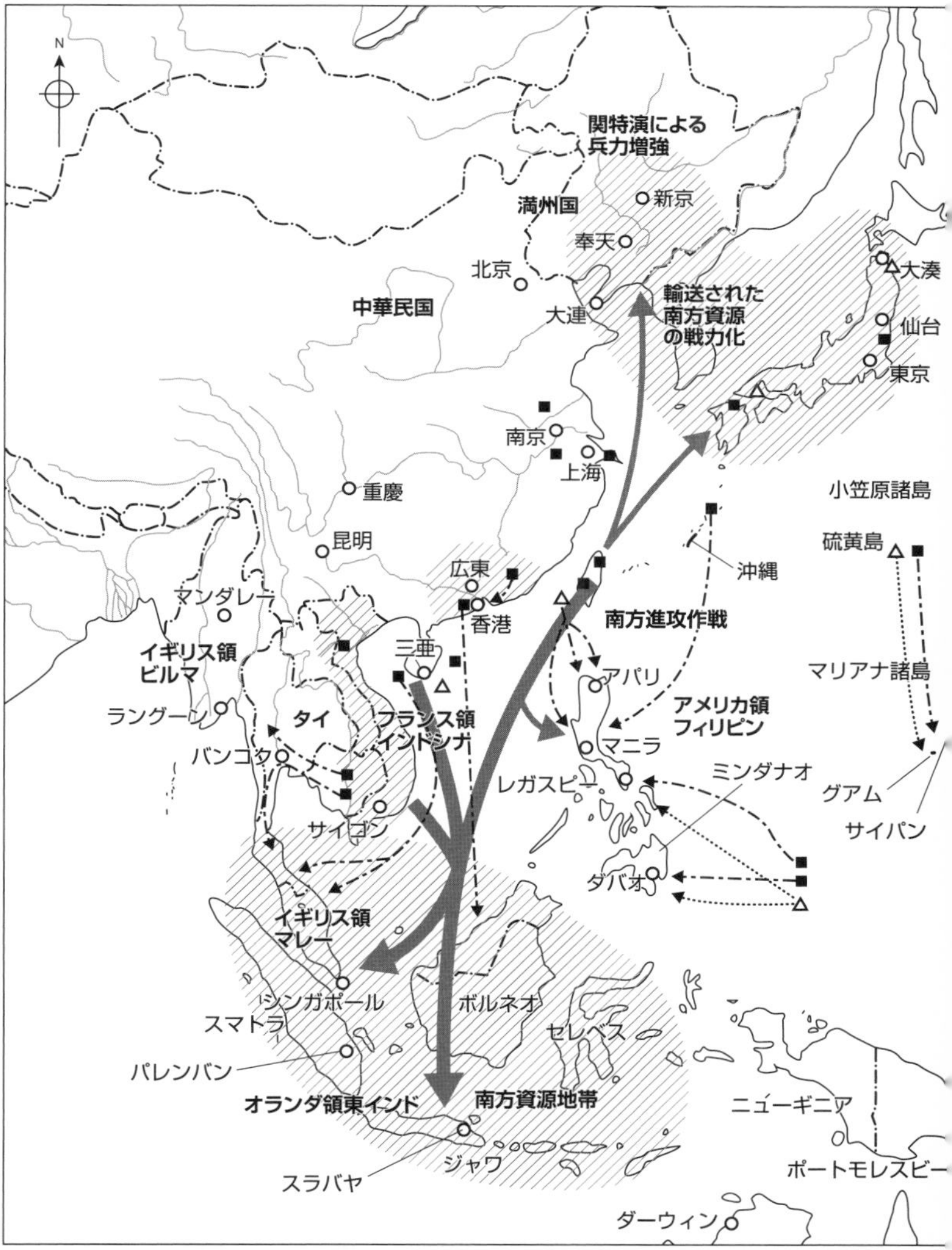

N
関特演による
兵力増強
満州国
新京
奉天
北京
大湊
中華民国
大連
輸送された
南方資源
の戦力化
仙台
東京
南京
上海
重慶
小笠原諸島
昆明
硫黄島
沖縄
広東
マンダレー
香港
南方進攻作戦
三亜
イギリス領
ビルマ
マリアナ諸島
アパリ
ラングーン
タイ
フランス領
インドシナ
アメリカ領
フィリピン
マニラ
バンコク
ミンダナオ
レガスピー
グアム
サイゴン
サイパン
ダバオ
イギリス領
マレー
シンガポール
ボルネオ
スマトラ
セレベス
パレンバン
ニューギニア
オランダ領東インド
南方資源地帯
ポートモレスビー
ジャワ
スラバヤ
ダーウィン

対米英蘭戦争初期作戦全般図

（注）文中で引用した史料は原文の表記を尊重したが、カタカナをひらがなに変更し、適宜句点と濁点を補った。

【参考文献】

小谷賢『イギリスの情報外交　インテリジェンスとは何か』（ＰＨＰ新書、二〇〇四年）
塩崎弘明『日英米戦争の岐路　太平洋の宥和をめぐる政戦略』（山川出版社、一九八四年）
須藤眞志『真珠湾〈奇襲〉論争　陰謀論・通告遅延・開戦外交』（講談社選書メチエ、二〇〇四年）
日本国際政治学会太平洋戦争原因研究部編『太平洋戦争への道6　南方進出、7　日米開戦』（朝日新聞社、一九六三年、新装版、一九八七年）
防衛庁防衛研修所戦史室『戦史叢書　大本営陸軍部大東亜戦争開戦経緯』一～五（朝雲新聞社、一九七三～七四年）
森山優『日本はなぜ開戦に踏み切ったか──「両論併記」と「非決定」──』（新潮選書、二〇一二年）

第六章　真珠湾攻撃前後の英米関係はいかに形成されたのか

赤木完爾

はじめに　問題への視角

一九三九年九月に勃発したナチス・ドイツのポーランド侵略に端を発するヨーロッパの戦争と、一九三七年の盧溝橋《ろこうきょう》事件を契機に拡大した日中間の戦争は、別の戦争でした。この欧亜における別個の戦争は、一九四一年一二月七日（本稿では基本的に現地時間で表記する）の日本海軍による真珠湾攻撃によって、アメリカは即座に対日戦に参戦し、四日後ドイツがアメリカに宣戦布告するに及んで世界大戦となりました。アメリカは大西洋・ヨーロッパと太平洋の戦争を同時に戦うことになりました。イギリスはアジアの植民地帝国でもあり、さらに中国をめぐって日本との係争を続けていました。イギリスはすでにヨーロッパで交戦中でしたが、一二月七日以降はアジアにおいて第二戦線として対日戦に参戦することとなったのです。

ヨーロッパにおける戦争の起源は、アドルフ・ヒトラー（Adolf Hitler）のドイツにおける独裁とその特異な人種イデオロギーを抜きにしては語れません。第一次世界大戦に従軍したヒトラーは、塹壕《ざんごう》のなかで、イギリスのシー・パワーとアメリカのランド・パワーが結びついたとき、ドイツは必ず負けると確信しました。加えて英米の協力はユダヤ人による国際的な陰謀だと信じていました。アダム・トゥーズ（Adam Tooze）教授によれば、アメリカは再び敵の排除に必ず乗り出してくると予想したヒトラーは、第一次世界大戦が終結し、ウィルソン（Woodrow Wilson）以後のアメリカがヨーロッパから撤退した時が、ドイツに残された最後の機会であると考えるようになりました。この機会を逃したら、ドイツが競争し、生き残り、勝者となるために必要な領土と資源を確保する機会は二度と訪れることはない。このように考えるヒトラーは、戦争は必然だと信じました。問題は戦争するかしないかではなく、いつするか、ということであったのです。

今日から顧みて、第二次世界大戦を戦った英米両国は史上まれに見る強固な同盟関係を形成していたと一般に認識されています。それは正しい認識であるけれども、同時に英米関係は、国益の対立を内包した競争的な側面を含む、複雑な協力関係であったことを改めて確認する必要もあるでしょう。第二次世界大戦時の英米同盟は同じ英語を話す国同士の、予定調和的な同盟ではなかったのです。たとえば経済的側面における両国の国益の差異、すなわちイギリス植民地帝国の保全とアメリカの主張する市場の開放は原理的に両立しない利害関係でした。そうした対立を乗り越えることを可能にしたのは、英米両国首脳のナチス・ドイツの大きな危険に関する共通の認識だったのです。

次に今日の研究の前提として注意しなければならないのは、イギリス側にあっては、ウィンストン・S・チャーチル（Winston S. Churchill）首相に対する評価が「救国の英雄」といった一面的なものだけではないことです。史上有名なチャーチルの回顧録は、戦後の米ソ冷戦状況が厳しかった時期に執筆公刊されたこともあって、意図的に大戦中の英米対立の側面には言及していません。頑固な対独態度が、イギリス帝国の将来を抵当に入れ、その衰退を招いた張本人であるという否定的評価もあることは承知しておく必要があります。

他方、一方の当事者であるフランクリン・D・ローズヴェルト（Franklin D. Roosevelt）大統領についても、その事績に対する評価は錯綜しています。これはローズヴェルト大統領の内面を窺うことのできる史資料が決定的に不足していることに理由があります。彼は語る大統領であって、書き残す大統領ではありませんでした。このため、アメリカの参戦外交をめぐる戦後の研究も、開戦前の国内における孤立主義者と、対外介入を是とする国際主義者との政治的対立が、しばらくの間そのまま戦後の研究に反映することになり、それは形を変えて今日においても続いています。

本稿では外交政策と軍事戦略の展開を中心に、軍事同盟が形成されるアメリカ参戦の直前の二年間、すなわち一九四〇年のフランス陥落から一九四一年一二月の真珠湾の頃までの英米関係に焦点を当てて、政治指導者の認識と選択、さらに大局的な国際関係の動向に目を配りつつ検討を進めていきます。

イギリス――勝利の必要条件

チャーチルが一下院議員として、ヒトラーの脅威を警告していたことはよく知られています。

その警告は当時顧みられませんでした。チャーチルは戦争勃発直後の一九三九年九月三日、チェンバレン（Neville Chamberlain）内閣の海軍大臣として閣僚に復帰しました。彼はイギリス海軍の全艦艇・部隊に宛てて「ウィンストン復帰シアリ（Winston is back）」の電報を発信しました。海軍の士気はあがったけれども、チャーチルの海相への復帰によって一挙にイギリス政府が従来の政策から転換した訳ではありませんでした。チェンバレン内閣の基本姿勢はドイツ問題をヨーロッパ自身によって解決することでした。加えて彼の対米不信も根深いものがあったのです。

第二次世界大戦を総力戦として戦ったイギリスにとって、勝利の必要条件は言うまでもなくヨーロッパ大陸上の敵ドイツの打倒でした。けれどもイギリスはヨーロッパの一国であると同時に世界帝国でもあったのであり、その帝国の防衛にもまた応分の努力を傾注しなければならなかったのです。こうした帝国防衛の要請は、イギリス本土の生存が危殆《きたい》に瀕し、あわせて極東と地中海の危機が激化していった一九四〇年においては、その戦略運営に重大な緊張を加えることになりました。

他方ヨーロッパ正面では最大の敵ドイツを打倒するにあたって、二〇世紀中葉の戦略環境は、過去三世紀にわたるイギリスの海洋国としての戦略的優位を揺るがしており、イギリスの戦略はこうした前提条件のもとに構築されねばなりませんでした。ここでは一九三九年から一九四一年のアメリカ参戦までの時期を中心に、イギリスの戦略の形成を、帝国防衛の要請と、ヨーロッパ大陸上の敵への対処という二つの問題を中心として分析を試みます。

ドイツのポーランド侵略をきっかけに開戦した後、一九三九年一〇月にイギリスの外務事務次官アレキサンダー・カダガン（Alexander Cadogan）は、その日記で戦争目的を自問自答しています。第一は、イギリスに戦争を強要したものを排除することでしたが、それは一つにドイツの侵略を排除することであり、二つに当面の目的としてヒトラーが支配する恐怖政治から非ドイツ人を救出することとメモしています。第三に、長期目標として、ヨーロッパと世界におけるよりよい秩序とは何かを考え、何を追求するかと自問しています。列強の戦後のグルーピングはどうなるか、そして戦争ですべての国々の資源はどのくらい消費され、将来の国際社会は何によって構成されるのか。そもそも回復されねばならない戦前状態についても、ドイツのラインラント進駐（一九三六年）以前のそれか、独墺併合（一九三八年三月）以前か、一九三八年一〇月のズデーテン併合以前の状態かと問題を指摘していました。こうした検討のスタイルは、いかにも伝統的な国益とパワーを中心とする外交的思考の典型でしょう。

交渉による最終的な解決は、一九三九年にイギリスが参戦した時の最後の目標でした。チェンバレン首相や外相のハリファックス（Edward Halifax）の立場は、イギリスの勝利とは完璧な勝利ではなく、ナチスの排除であって、ドイツを叩き潰すことではなかったのです。したがってドイツ国内の崩壊を引き起こすような圧力を維持し、ヒトラーとナチス政権を打倒して、その後に新しいドイツ政府と交渉に入るという考え方でした。チェンバレンらにとって、こうした方針はバランスの取れた現実的な目標として捉えられていたのです。

一九四〇年五月一〇日、西部戦線でのドイツの攻勢が始まった、まさにその日に、ノルウェー作戦の失敗の責任をとって首相を辞任したチェンバレンに代わって、チャーチルが首相に就任しました。同年五月一三日、下院でチャーチル首相は「勝利なくして生存なし」と演説しますが、イギリスにとってこれほど簡潔に、この総力戦の性格を表現している文言はありません。

後述するように、一九四〇年六月のフランス失陥から、ダンケルクからの英欧州派遣軍の撤退、引き続く英独航空戦など、チャーチルはドイツに対する徹底的抗戦を主導しました。彼は英独航空戦のさなか、抗戦継続を選択しました。これは今日から見れば正しい決定であったけれども、間違った根拠に基づく決定でもあったのです。イギリス情報は、ドイツの戦争経済はすでに限界に達し、かつアメリカは数ヵ月のうちに参戦するという誤った見通しを提示していたのです。さらにチャーチル首相は最終的にイギリスを救うこととなるヒトラーの対ソ攻撃について何ら情報を持っていませんでした。他方、彼の政治的基盤は必ずしも盤石ではありませんでした。首相就任時には、チェンバレンの影響力は閣内に残っており、彼が癌のために引退を余儀なくされたあと、一〇月にチャーチルは保守党の党首となりました。この年を通じて、チャーチルは議会での確固とした基盤を確立し、ミュンヘン会談後のチェンバレン以上の国内支持を獲得しました。けれども戦争指導に対する議会の批判は厳しいものがあり、チャーチルは問題が提起されるたびに、議会に対して徹底した説明をなす必要があったのです。後のこととなりますが、一九四二年二月のシンガポール陥落、六月のトブルク陥落の衝撃は、首相が議会対策において誤れば、倒閣の可能性すら排除できないものでした。

ともあれイギリスは一九四〇年六月のフランス失陥からアメリカの参戦までは、国家の生存を懸けて、救えるものを救いつつ、何とか敗北を凌いでいたというのが実態に近い。その戦略は一連の断片的な状況への対処と計画の集合体であり、ことに戦争内閣の三軍幕僚長委員会（Chiefs of Staff Committee：COS、帝国［陸軍］参謀総長、海軍軍令部長、空軍参謀総長で構成される）は、できることを、できる場所で、使うことのできる兵力で実行していたのです。

次に、戦間期の防衛構想が、一九四〇年前後のイギリスの政策と戦略に与えた影響を把握しておきましょう。

戦間期イギリスの防衛構想とシー・パワーの限界

戦間期イギリスの防衛構想は一貫して抑止に依存するものでした。けれどもその抑止は、短期的な脅威に対処する能力を維持したり、あるいは懲罰的な軍事作戦を実行可能な状態にしておくことで、抑止の信頼性を確保しようとするものではなかったのです。むしろその抑止は、イギリスと事を構えようとする国は、必然的に長期消耗戦を覚悟しなければならず、その場合イギリス帝国の莫大な資源が戦力化されるであろうことを、潜在的な敵に対して暗黙のうちに了解させることによって効果あらしめようとする考え方に基づいていました。それはまた一九三五年から始まる再軍備の過程においても、直ちに経済的な無理をして軍備の充実を図るよりも、むしろイギリス経済の健全さこそが抑止のために重要であるとする論議に繋がっていました。

しかし極東からインド、地中海を経て本国の間に存在する帝国のすべてを防衛しなければならないという要請は、一九三〇年代にはイギリスの防衛力の限界を越えるものとなり、そこでは帝国防衛のコミットメントとそれを支える軍事力の間に大きな乖離《かいり》が生じてきたのです。そして帝国防衛に固執すればするほど本国とその周辺の防衛力は弱体化するのであり、一方本国の防衛に努力を集中すれば極東の防衛など投げ出さざるを得なくなるといったディレンマが生じていました。

したがって、いわゆる宥和政策が追求された背景には、たとえば日本との対立の激化がドイツに端を発する紛争やインドでの不穏な情勢と重なった時にはイギリスの防衛力の限界を越える危機を作り出すといった認識が存在しました。ちなみに一九三八年のズデーテン危機に際して、イギリス政府は常にヨーロッパでの戦争開始が極東における日本の反英行動を誘発させることを恐れており、さらに継続していたパレスチナにおけるアラブの反乱は中東にある地上軍をヨーロッパに振り向けることを不可能にしていました。

しかしディレンマは単にヨーロッパ、極東、そして中東・地中海に同時に危機が発生することに対処する軍事力が欠如していたことからのみ生じたのではありません。一九三八年において、英本国の輸出の六二％、輸入の五五％が英連邦とスターリング・ブロック諸国との間でなされており、こうした帝国内部の経済的相互依存関係は、戦時にあってはとりもなおさず帝国の戦力造成に直接関係するものですから、帝国防衛の誓約を本国が取り下げることとは、想定された長期消耗戦における自治領などの寄与を危うくしかねないという、まさに防衛構想そのものに内在する構造的な困難が存在したのです。

戦間期イギリス政府が帝国防衛において最優先した地域は一貫して極東でした。その理由は極東での帝国が崩壊すれば、帝国全体が危機に瀕するという切迫感が存在したためでもありました。

イギリス再軍備の過程にあっても、帝国防衛を重視し、このため海軍力の再建を重視する立場と、英本土とヨーロッパを最優先させ、したがって空軍の建設を主張する意見が対立しました。けれども先に触れた帝国の一体性の確保が長期消耗戦を支える重要な要素であったことを顧みれば、当時の閣僚の大部分が海軍再建の支持者であったことは驚くにあたりません。しかし現実には有事極東に主力艦の大部分を派遣してなお独伊に対処しうる海軍は建設されませんでした。

帝国防衛の地域的優先順位が明確に極東からヨーロッパ重視に転換するのは、一九三九年四月から五月にかけて、イギリスがギリシア、ルーマニア、トルコに安全保障上のコミットメントを与え、東地中海に深く関与するようになってからです。しかしなお一九四〇年のフランス降伏まで、自治領に対する極東防衛重視の発言は折に触れてなされ、極東への艦隊派遣の発言も繰返されました。ともあれイギリス政府は宥和政策によって敵を減らす努力をなしつつ、一方でコミットメントも暗黙のうちに漸次減らしていったけれども、一九三〇年代の終わりにはこれはきわめて危険なゲームの様相を呈してきたのです。

次に現実の戦争遂行を担う軍部の防衛構想を整理しておきましょう。戦間期の防衛構想の混乱は一つには航空機や戦車といった兵器の技術的進歩が将来戦の予測をすこぶる困難にしたことから生じたのですが、もともと帝国防衛の要請からくるオーヴァーコミットメントもその混乱に拍車をかけました。各軍はそれぞれ本国と帝国の防衛を様々な形で担っていたからです。イギリスの三軍もまた完全に独立した組織体であり、陸海空それぞれが想像していた将来戦の態様は各々異なるものであり、したがって兵力整備の優先順位もまた異なっていました。海軍・陸軍・空軍はそれぞれ独自の予算を有し、独自の行政を行ない、それぞれの文官部門を有していました。

イギリス空軍は、独立して遂行する対ドイツ戦略爆撃攻勢によって、陸・海軍から独立したことを正当化することを望み、戦略爆撃任務から他の任務に振り向けられることに消極的でした。海軍は北大西洋と本国周辺海域の安全（この制海を失うことはイギリスの敗北を意味した）のみならず、中東および極東の戦域を結ぶ海上交通路の確保に責任がありました。戦間期の陸軍はもっぱら帝国の警察官を任じていましたが、一九三九年からは、日本やイタリアの攻撃からその帝国領を守るだけでなく、大軍を徴集し、その同盟国とともに枢軸打倒のためそれらをヨーロッパ大陸上に展開しなければならなくなりました。これに明らかなように各軍はそれぞれ異なる戦争を想定していたのです。以下空軍と陸軍についてやや詳細に検討していきます。

戦間期のイギリス空軍戦略はもっぱら爆撃機による攻勢を重視するものであり、爆撃攻勢のみが将来戦の勝利を約束するとしていました。当時、歴史的先例を持たない空軍戦略は主として想像によって左右されていたのです。したがって一九三七年末まで、イギリス空軍は爆撃攻勢を実施するとしても、いかなる目標を選択しどのように爆撃すれば効果的であるのかをおよそ知らなかったことは別に奇異なことではないのです。そしてこの爆撃攻勢作戦への傾斜は航空機の他の用法についての研究を排除する結果をもたらしました。一九四〇年のフランスでの戦いにおいてイギリス空軍が今日いうところの近接航空支援の能力をまったく欠いていた理由もここにありました。さらにこの空軍戦略の欠陥は仮に対ドイツ爆撃攻勢が効果的であるとしても、それによってイギリスが長期戦に備えるための資源を動員する時間を確保しうるかについては確実ではなく、逆にイギリスが敵を打倒する前に敵がイギリスをノック・アウトする機会があるかもしれなかったのです。一九三八年のミュンヘン会談時、パリとロンドンでは、対独開戦に至った場合に、首都を爆撃されるのではないかという恐怖が人びとに蔓延していたと伝えられています。

本国の安危に直接かかわる本土の防空については一九三四年以来、戦闘機集団の将校たちと一部の科学者や政府部内の文官がレーダー開発を空軍参謀総長の抵抗を押し切って進めていました。一九四〇年までにレーダーを利用した防衛システムは完成しますが、肝腎のハリケーンとスピットファイアの生産が最優先となるのは、一九三七年一二月二二日の閣議で防衛調整相のサー・トーマス・インスキップ（Thomas Inskip）が本土防空の死活的重要性を訴え、これが承認されてからです。

インスキップの主張は、「爆撃機は常に敵地上空へ侵入でき、それを阻止することは困難である」とするドゥーエ以来の考え方を放棄し、ドイツは短期決戦しか考えていないから、強烈な第一撃を加えることのできる打撃兵力を必要としているけれども、イギリスは単に生き延びればよいのであって、長期戦のうちに他の自由主義諸国との連合が成り立つことさえ念じていればよい、そのためイギリス空軍の役割は開戦劈頭《へきとう》に敵に痛打を浴びせることではなく、ドイツ空軍がイギリスをノック・アウトしようとするのを防ぐことにあるというものでした。戦闘機は爆撃機よりも安く大量に調達できるということも閣議における説得材料でした。いずれにせよこれが英空軍政策の大転換となりました。第一次大戦中、ドイツのイギリス爆撃によって、それは僅かに三〇〇トンの爆弾が投下されただけでしたが、それでも死者一四一三人、負傷者四八二〇人という損害が出ました。その直接の帰結が空軍の独立であったのですが、ドイツとの爆撃機保有競争となった空軍戦略をインスキップは低地諸国がドイツによって席巻された場合という最悪の事態に対処するものに暫時変えたのです。

第一次世界大戦においてイギリスは四五歳以下の成人男性の九%にあたる七五万人を失い、さらに一五〇万人を超える莫大な戦傷者を出しました。開戦から一八ヵ月間、徴兵制を取らなかったことも、損害の質を著しく深刻なものとしました。一世代が壊滅したのです。こうした苛酷な経験から戦間期のイギリス朝野には野戦に大陸軍を展開することに対して激しい感情的反撥が存在し、一方こうした事情から海空軍を重視し、経済封鎖といった手段を使用し、動員した戦力を背景に同盟国とともに戦うという伝統的な戦略を好む傾向がきわめて強くなっていました。

このため大陸上の敵との陸上戦闘の負担は大陸の同盟国に肩代りさせることが強調され、当時リデル・ハート（B. H. Liddell Hart）が主張した「大陸に対する有限責任（Limited Liability）」の思想が流布し、こうした方針は一九三七年には閣議において採用されるのでした。「大陸に対する有限責任」の意味するところは、仮にイギリス地上軍をヨーロッパ大陸に投入する場合は、ごく少数の機械化部隊のみを送り、なしうればそうした介入をまったくすべきでないとするものでした。

このため陸軍の大陸への介入能力は一九三九年まで準備することを許されなかったのです。そして前述のような空軍の爆撃攻勢第一主義とあいまって、大陸への介入能力に不可欠であった空軍と地上軍の協働作戦能力も全く欠如する結果となっていました。さらに陸軍の大陸介入能力の欠如がもたらした政治的結果は重大でした。なぜならそれは開戦直前、ポーランドを中心とする東方戦線の形成が失敗し、ドイツに東進の道を開くことを容易にした大きな軍事的理由となったからです。またそれはほとんど先験的に受け入れられてきた対ドイツ経済封鎖の実効性を大いに損なう結果を招来しました。

ともあれイギリス三軍は戦間期にあって脅威とそれに対処する優先順位について一致せず、調整され統合された軍事ドクトリンを政府に提示することができなかったのです。もっともイギリスの外交政策それ自体が開戦前の数ヵ月を別にすれば大陸ヨーロッパからの孤立を志向するものであったことを顧みれば無理からぬところもあったと言えましょう。そして一九三九年三月のチェコ占領によって、ナチス・ドイツの野望が単にヴェルサイユ条約の「不当な条項」の改訂を越えて遥か彼方にあることが明らかになった時、イギリス政府は遅蒔《おそまき》ながら、そして唐突にポーランドに保障を与えたのでした。それは大陸ヨーロッパへの回帰であったけれども、十分な準備の後に実行されたものではなかったのです。

対ドイツ開戦を導いたイギリスの理由は伝統的なものでした。それはイギリスの大陸政策の伝統である「勢力均衡」の政策、すなわちヨーロッパ大陸においていかなる国であろうと特定の一国が過度に強大となることを防ぐため、大陸諸国間の勢力の「バランス」を試みる政策でした。一九三九年夏にイギリスはまさに前年の九月にフランスがイギリスの暗黙の承認のもとに同盟国チェコを見捨てたようにポーランドを見捨てることは自由でした。しかしそうすることは、東ヨーロッパをドイツの思いのままに支配させることとなり、そしてドイツの支配がひとたび強固なものとなれば、必然的に西ヨーロッパに対する同様な支配、そしてイギリスがその国家の生存を危険な状態に置くものであると一貫して考えてきたような一つの覇権の下におけるヨーロッパ大陸の支配に事態を導くことが予想されました。それ故にイギリスは一九三九年九月に、まさに国家の生存のために戦争に突入したのであり、この開戦事由に国民は何等の疑念もさしはさまなかったのです。たしかにイギリスは短期的には守勢に立って、戦前状態（status quo ante bellum）の回復を試みたのでしたが、しかし世紀転換期から徐々に認識されてきたように、国際社会の不安定要素は単に現状を打破しようとする国家の外交政策のみならず、その対外政策を生み出す国内体制に胚胎するものであるとみられるようになってきたため、ヒトラーが結局ナポレオンと同様、相互に永続的な和解をなしえない人物であると認識された時、戦争は今や、ドイツ軍事力打倒の総力戦として戦われねばならなかったのです。

ナポレオン戦争以来、大陸ヨーロッパの戦略家たちは、戦争における目的は武力によって決着させるものであり、それは戦闘によって追求されねばならないとしていました。したがって、戦略は三つの段階を有するとされていました。第一は、すべての利用可能な資源の動員。これには平時における軍事的準備だけでなく、同盟国を獲得し、経済的資源へのアクセスを確保し同時にそれらを敵の使用から拒否することが含まれます。第二は、兵力の戦略的展開。すなわち最も優位を生み出すように兵力を展開し、同時に敵の戦略的機動性に掣肘《せいちゅう》を加え、敵戦力を切り崩すことと組み合わせる。第三は決戦です。最初の二段階が成功すれば、最後は自ら達成されたも同然であったけれども、第一次世界大戦において、すべての軍事計画はこの最後の決戦に指向されました。その結果がいかなるものであったかは説明を要しませんが、一九三九年三月、英仏の幕僚が対ドイツ戦争の構想を協議した時、そこではもっぱらこの第一段階に関心が集中しました。彼等は、勝利は敵に優越した人的物的動員によって第一次大戦と同じような形でやってくると考えたのでした。

そしてドイツの資源は優勢な連合海軍の海上封鎖と戦略爆撃によって弱体化するであろうし、バルカン半島や西半球における外交努力によって、ドイツは潜在的な友好国や資源供給源から孤立させられる。最終的に物資の優越が十分なものとなったとき、連合国は攻勢をとると考えられました。これは少なくとも戦略目的の意思表明でしたが、非現実的なものであったことは言うまでもありません。

しかしこの優越した武力を動員するという英仏の意図は、一九四〇年五月の、ナポレオン以来かつて西ヨーロッパが目撃したことのなかった、フランス陸軍に対するドイツ国防軍の電撃的勝利によって、あえなく崩れさりました。こうした情況はイギリスにとって、大陸ヨーロッパで決定的勝利をもたらすのに伝統的に不可欠であった、大地上軍に対抗しうる同盟国の陸軍が消滅したことを意味したのです。イギリス海空軍は、全面的破局を回避しうるのみであり、あるいは生存をせいぜい長引かせるものでしかありませんでした。だがどうやって勝利するか。イギリスの勝利の最良のチャンスはそのシー・パワーによって戦力を造成し、エア・パワーによって敵を弱体化させつつ、可能な限り決定的な対戦を先に延ばすことでした。これに成功すれば、ドイツ帝国は内部から崩壊することが期待されました。すなわちドイツ陸軍は石油の不足と占領地の反乱のために戦えなくなることが期待され、その時こそイギリス陸軍は、ドイツ国防軍に決戦を強いるためではなく、その降伏を受理し、秩序を回復するため大陸に戻ることが出来ると予測されたのです。これは一九四〇年夏の三軍幕僚長委員会の予測であり、もとより彼等自身こうした戦略が楽観的にすぎることをよく承知していました。けれども、なによりも大陸の同盟国の陸軍との結合によってこの種の戦略は成功してきたのであり、前提が一変したのです。今やイギリス単独でその戦略のみをもってドイツに対する勝利を作為しなければならなくなったのです。

一九四〇年五月からアメリカが参戦する一九四一年一二月までのイギリスの戦略は、三つの戦争遂行手段から構成されていました。経済封鎖・戦略爆撃・転覆活動の三つです。一九四〇年の冬前には、封鎖と爆撃によって食料と石油の不足を生み出し、それがドイツのヨーロッパ支配を揺るがすと三軍幕僚長委員会は期待していましたが、ドイツは占領地からの物資の調達と、バルカンのみならずソ連からの輸入によって封鎖を凌いでいました。封鎖と爆撃によってドイツが経済的に崩壊する兆しはみえませんでした。一方イギリスが自由にできる資源はたしかに大きなものであったのですが、それを動員し展開することはきわめて大きな困難を伴うものでした。なるほど制海を維持している限りイギリスは英連邦や友好的中立国のアメリカなどから資源を輸入することはできました。しかし海上交通路の防衛はきわめて多くの資源を消費するものであり、当時地中海を除いて、英海軍の兵力はすべて船舶護衛用であったけれども、それでもなおこうした状況下で部隊なり資源をある戦域から他の戦域に迅速に移動することはきわめて難しかったのです。このため陸軍の半分は海外の帝国領にあり、そして極東では高まりゆく日本の脅威に対処しなければならず、英連邦の交通線の要衝としてのみならず、主要な石油供給源でもあった中東にもかなり強力な部隊を維持しなければなりませんでした。

ここで地中海方面をみると、イタリアの参戦によってスエズ運河自体の意義は低下しましたが、エジプトは最も容易にカナダを除く英連邦諸国の兵力を集めうるところであり、また六〇年にわたって英陸軍が存在した場所であり、本国に次いで最も多くの部隊がいました。

ドイツに対してではないとしても、イタリアを打倒することは、シリア、レバノン、北アフリカのフランス当局に影響を与え、地中海の西の出口を封鎖する力のあったフランコ将軍を慎重にさせ、バルカン半島にもしかるべき反響を及ぼすと考えられました。だが北アフリカや地中海の作戦はそれ自体有意義なものであったとしても、それは決してドイツ打倒には結びつかなかったのです。たしかにイギリスは一九四一〜四二年の間、北アフリカで戦い勝利を収めたけれども、それはドイツ打倒にとっては間接的な貢献であり、またドイツ軍をイタリアや地中海方面に引き付けましたが、それは北西ヨーロッパへの進攻を十分に可能にするほどの兵力量ではありませんでした。ともあれ最初にこの戦域で活潑な戦争が構想され遂行されたのは、たまたまそこに使用可能な兵力が存在したことが大きな理由でした。

イギリスの戦略の当時の三番目の構成要素であった転覆活動は、一九四〇年夏、経済戦争相ヒュー・ダルトン（Hugh Dalton）の指揮下に特殊作戦執行部（Special Operations Executive：SOE）が設立されてから本格化します。チャーチルが「ヨーロッパを燃え上がらせよ（set

Europe ablaze)」と指示したことは有名ですが、ここで初めて転覆活動（subversion）が封鎖と爆撃にならんで、イギリス戦略の武器の一つになったのです。

統合計画幕僚部が行動計画を作成しましたが、その計画は戦間期イギリスが一九二〇年のアイルランドや一九三六年のパレスチナで一夜にして無政府状態に直面した経験が反映されていました。今度はその逆を試みた訳です。しかし三軍幕僚長委員会の検討で、ドイツ国防軍を機能不全に陥らせるために、こうした秘密戦争に依存することもなかなか困難であることが明らかとなりました。特殊作戦執行部が必要とする装備品でも当時のイギリスにとっては容易に調達できるものではなく、またそれでなくともたいした成果をあげていない爆撃攻勢からさらに特殊作戦の任務のために飛行機を引き抜くことは難しかったのです。またこうした特殊作戦を訓練すること自体それほど迅速にできることではなかったのです。

一九四〇年〜四一年――フランス失陥の衝撃と英米の接近

一九三三年に大統領に就任したフランクリン・D・ローズヴェルトの当面の課題は、世界恐慌によって傷ついたアメリカ経済の回復に全力を注ぐことでした。やがて世界情勢の緊迫化にともなって、ローズヴェルト大統領は、航空機増産の基盤の拡充など徐々に軍備強化の措置を取り始めますが、議会ならびに世論の孤立主義（対外不介入姿勢）は堅牢であり、ナチス・ドイツの興隆がもたらす危険は広く認識されてはいませんでした。

ヨーロッパの戦争が勃発してイギリスは即座に必要な大量の物資をアメリカから調達し始めま

した。一九三九年九月から一九四〇年八月にかけて、イギリス及び英連邦諸国の発注は、アメリカの航空機および航空機部品輸出の九〇%を占め、大量の武器弾薬を購入しました。この間、イギリスは一三二隻の輸送船も購入しました。さらに一九四〇年五月から六月にかけてのダンケルクからの撤退で多くの装備を失ったイギリスは、小銃六〇万挺、機関銃八万挺、迫撃砲三一六門、野戦砲九〇〇門をアメリカから輸入しています。一九四〇年六月だけで四三〇〇万ドル以上の装備がイギリスに送られている。これでももとより十分ではなかったのです。

一九三五年からアメリカ議会は、交戦国に対する武器輸出を禁じた一連の中立法を制定していました。一九三七年の中立法では「現金自国船輸送」方式を導入し、交戦諸国はアメリカの港での現金決済を強いられていました。ヨーロッパにおける戦争の勃発後、武器禁輸条項は取り除かれ、連合国側に軍需物資を供給できるようにしていましたが、程なくイギリスは金とドルの準備金に不安をきたし、「現金自国船輸送」方式が隘路《あいろ》となって困難な事態が生じていました。

ローズヴェルト大統領とその政権は、徐々にイギリス支援の姿勢を明らかにしつつあったのですが、一九四〇年秋の大統領選挙を前に、明示的な戦争関与にはきわめて慎重であり続けました。大統領の三選が決まったあと、ローズヴェルトは一定の行動の自由を得ることになります。そして積極的な対外関与を可能にするためには、議会を始め国内世論を「孤立」から「介入」へ転換させる必要がありました。このことは国内政治的にすこぶる難事業であり、大統領選挙の勝利後も、難しい舵取りを迫られることとなります。

一九四〇年六月のフランスの降伏は、国際政治上の重大な衝撃をイギリスとアメリカに与えました。イギリスにとっては、規模ではドイツ陸軍とほぼ同等のフランス陸軍がドイツの電撃戦の前に呆気なく潰《つい》えたことは、大変な衝撃でした。イギリスは、フランス艦隊がドイツの手に渡ることを懸念し、アルジェリアのメルセルケビル（オラン）港で、その大部分を攻撃して無力化し、仮借ない対処を行いました。しかしフランスの敗北の結果、イギリスはヨーロッパ大陸上の同盟国を失うこととなりました。当然の成り行きとして、この後イギリスはアメリカとの同盟を希求し、アメリカをヨーロッパの戦争に参戦させることが、最重要の目標となりました。

アメリカにとっても衝撃は大きいものがありました。歴史的にアメリカの「無償の安全」を支えた二つの要素がありました。それは大西洋におけるイギリス海軍の存在であり、今ひとつはヨーロッパ大陸上の強力なフランス陸軍です。その一つがドイツ陸軍の前に消滅したことは、アメリカの朝野に甚大な衝撃を与えました。

一九四〇年五月のヨーロッパにおけるドイツの西方電撃戦の成功を目の当たりにしたアメリカ軍首脳、マーシャル陸軍参謀総長（George C. Marshall）とスターク海軍軍令部長（Harold R. Stark）は、ドイツ陸軍の卓越した戦いぶりに衝撃を受け、英仏の敗北は必至であると判断し、従来策定されていた戦争計画の中の、レインボー第四号計画を大統領に提示することとしました。それはアメリカのすべての資源を西半球の防衛に投入する計画でした。フランスではまさにドイツ軍がフランス軍の最後の防衛線を突破しつつあった六月一三日、この計画はローズヴェルト大統領に達しました。大統領は五月一〇日に首相に就任したチャーチルの断固たる抗戦を援助するか、マーシャル参謀総長らの陰鬱な見通しを信ずるかどうかの選択に迫られました。ローズヴェルト大統領はただちに陸海軍統合計画委員会に対して、フランスの敗北にもかかわらず、イギリスとその帝国が戦い続けるという前提のもとに計画を研究することを指示しました。大統領選挙はまだ終わっていなかったけれども、イギリスとともに戦うという大統領の決意はこの頃から明確であったように思われます。

さらに大統領はイギリスが生き残る見通しについての証拠を得るため、大統領の個人的な使節としてウィリアム・ドノヴァン（William Donovan）をイギリスに調査のため派遣しました。ドノヴァンは程なく新設される戦略情報局（Office of Strategic Services：OSS）の責任者となる、アメリカ情報機関の基礎を築いた人物です。八月にドノヴァンは、イギリスはドイツの侵攻を阻止する可能性は高いとの報告を大統領に提出しました。この報告は対英支援に対するワシントンの微妙な空気を変えました。ローズヴェルト大統領はイギリスの生き残りは可能であり、またそれはアメリカの安全保障にとって死活的であると判断し、イギリスに対する支援を最優先することを命じたのです。

続いて大統領は、見解を同じくする二人の共和党員、ヘンリー・スティムソン（Henry L. Stimson）とフランク・ノックス（Frank Knox）をそれぞれ陸海軍長官に任命し、九月にはアメリカの旧型駆逐艦五〇隻と西半球にあるイギリスの基地を交換する協定をイギリスとの間に締結しました。この間、アメリカ議会はフランス失陥の衝撃のもとで、前例のない海軍の大増強をめざす両洋艦隊法を成立させ（一九四〇年七月）、さらに平時においてはじめて選抜訓練徴兵法を制定しました（一九四〇年九月）。この頃までに、アメリカの外交政策エリートのなかで、コーデル・ハルに代表される互恵通商を重視するリベラル勢力、ソ連の弱体化のためにはドイツとの協力を辞さないとするグループ（ジョセフ・ケネディ駐英大使）、ヨーロッパ嫌いの西半球第一主義者（サムナー・ウェルズ国務次官）［このグループは一九四〇年春まで優勢］に対して、合衆国の安全保障をヨーロッパ大陸の勢力均衡、大西洋の友好的支配、ナチス・ドイツの打倒に結びつけて考える親英派が圧倒的に有力になってきていました。

こうした事態の推移を受けて、マーシャルとスタークは西半球防衛の主張を転換しました。一九四〇年一〇月、スターク海軍軍令部長は明確な戦略優先順位を定める必要を痛感し、イギリスがアメリカ防衛の第一線であると認識すること、そしてその地理的な位置ゆえに将来のヨーロッパにおける地上戦のためにイギリス本土を確保する必要があること、さらにアメリカは大西洋を越える大規模な地上作戦を準備し、太平洋では厳密な守勢に立つという一般方針を提案しました。マーシャル参謀総長はこれに同意し、ノックス海軍長官に報告されました。これが「D計画(Plan Dog)」です。

スタークが検討した選択肢は、「A計画」が西半球の防衛、「B計画」が日本を主敵とする太平洋優先戦略、「C計画」が太平洋・大西洋の双方における潜在的同盟国に対する全力をあげた援助でしたが、これらではいずれもアメリカの基本的かつ重要な国益を実現することは難しいと判断していました。その国益とは、アメリカ合衆国とその他の西半球の「領土保全、ならびにその経済と社会体制を損なわれないようにする」ことでした。彼がとるべきとした「D計画」の意義は、アメリカの安全保障をはじめて明確にヨーロッパのパワー・バランス、およびイギリス帝国の生存確保と結びつけたところにあります。そしてもしアメリカが日独伊枢軸と両洋戦争に直面した場合には、まずドイツ打倒に全力を傾注し、その間、日本に対しては守勢を堅持する。また文書起草段階の一九四〇年秋の情勢を踏まえて、可能な限り対日戦を後回しにし、経済封鎖も控え、ハワイ以西においては主要な部隊のコミットメントは避け、必要であればフィリピンは放棄するという方針でした。この文書は改訂の上、陸海軍統合計画委員会の文書として一二月に正式に大統領に報告されました。多くの歴史家が指摘するように、「D計画」文書は第二次世界大戦のアメリカ戦略の発展に決定的影響を与えたものです。さらに、アメリカ陸海軍が、アメリカの安全保障にとってヨーロッパの勢力均衡が重要であることをはじめて認めたものでもありました。

ローズヴェルト大統領はこれに内々同意し、一九四一年一月から三月にかけて、議会が武器貸与法を審議している最中、英米の軍事幕僚会談が極秘のうちに開催され、アメリカが参戦した場合の連合戦略の基本方針が検討されました。その結果がＡＢＣ－１協定です。この協定では、日本とドイツとの戦争において、極東における戦争は守勢を堅持し、大西洋とヨーロッパが決定的な戦場であると考えられていました。そして経済封鎖、航空攻撃、沿岸部に対する襲撃、ヨーロッパの抵抗運動、そしてイタリアを早期に戦線から脱落させることが、連合側の戦力の蓄積とあいまって、勝利を導くという方針が承認されました。

この方針は基本においてイギリス側の主張に沿うものであったのですが、この段階では、アメリカ側は何よりもイギリスの抗戦の継続を強く望んでいたため、ほぼイギリス側の骨子にしたがってこれを受け入れました。もとより大西洋と太平洋の両戦域の関係において、ドイツ打倒を最優先する両者の方針に違いはなかったのです。さらに三月に至ってアメリカ議会は武器貸与法のイギリスへの適用を認め、ローズヴェルト大統領は五月と一一月に武器貸与の対象国に中国とソ連を加えました。大西洋におけるアメリカ海軍はイギリス船舶に対する護衛範囲を東方に拡大し、さらにグリーンランドとアイスランドに進駐しました。議会は八月に僅差で平時徴兵法の延長を認めました。

武器貸与法・独ソ開戦・太平洋・大同盟

一九四一年一月から三月にかけて、ローズヴェルトは武器貸与法案を議会に送りました。そして卓越した政治的手腕によって議会から友好国に対する物質的援助についての合意を獲得したのです。この間、チャーチルはローズヴェルトの真剣さについてまだ確信を持つにはいたっておらず、時折、アメリカの援助がない場合には、イギリスは交渉による和平を余儀なくされる事態もあり得ることを示唆しつつ、大統領に圧力をかけました。しかし武器貸与法の発表と大統領顧問ハリー・ホプキンス（Harry Hopkins）の訪英によって、チャーチルはローズヴェルトがイギリスの最良の友人であると確信しました。この時点以降、イギリス政府は、二義的な問題についてはすべてアメリカに譲歩し、またアメリカ世論に好印象を与えるように振る舞い、すべてを挙げてアメリカの参戦を実現しようとしました。

さて独ソ戦争の重大な意味をアメリカ政府にあっては誰もが認識していましたが、それに対して何をすべきかについて合意が存在していませんでした。独ソ戦争はイギリスの主要敵を東方に拘束するものであることは明らかでした。しかしもしソ連が崩壊するならば、イギリスは精々一時的にドイツの圧力から解放されるにすぎませんでした。その場合にすべての援助をソ連に送ることは、イギリスが再開されるドイツの攻撃を凌ぐ能力を損なうことにつながる可能性がありました。しかし反面において、ソ連が戦い続けることが確実であるならば、可能なすべての援助を彼らに送ることが有利であることは明らかでした。けれどもソ連とともに協力して達成された勝利は、戦後平和の条件をめぐって深刻な問題を引き起こしかねなかったのです。スターリンの戦争目的と西側連合国のそれが一致することは想像できなかったからです。したがってローズヴェルト大統領の顧問たちは、この新たな事態の展開に慎重に対応すべきであると勧告しました。

ロンドンの見解は明確かつ断固としたものでした。ヒトラー打倒のためには、悪魔とでも結ぶというのです。敵の敵は味方でした。チャーチル首相は宣言しました。「もしヒトラーが地獄を侵略したのであれば、私はイギリス下院においてその悪魔（スターリン）について、何はともあれ好意的に言及するでありましょう」。チャーチル首相はすでにローズヴェルト大統領にドイツがソ連を攻撃した場合には、スターリンを同盟者として公式に歓迎するという構想について打診していました。大統領は反対しませんでした。かくして六月二二日の夕刻、イギリス首相はラジオ演説において、ナチ国家と戦うものは誰であれ味方であり、ナチと提携するものは何者であれ敵であるとの認識を明らかにし、ソ連に対し可能な限りの援助を与えることを声明しました。

一九四一年六月の独ソ戦勃発は、イギリスの戦略にいかなる影響を及ぼしたのでしょうか。その開戦から一一月まで西側の専門家はソ連の崩壊は必至とみていました。しかし一二月にソ連がモスクワ正面で反攻に転ずるにおよんで、評価は一変しました。独ソ戦争は戦争の新しい要素であり、今日から顧みればアメリカ参戦以上に大きな意義を有するものでした。イギリスはここで再びドイツ陸軍に戦闘で戦争の決着をつけることのできる、大地上兵力を持つ国と同盟関係に入る展望が開けたからです。言うなれば一連のナポレオン戦争における第二回、第三回の対仏同盟を構成したロシアやオーストリアの役割と同様のものがソ連に期待しうるようになったのです。しかしソ連の参戦は一九四一年一二月の段階ではイギリスの戦略計画において、それまでの封鎖、転覆活動にもう一つの手段が加わった程度にしか認識されておらず、東部戦線は戦争の最終的な決着をつけることのできる戦場ではなく、ドイツ弱体化の一手段として評価されていました。

ここに至って、イギリスの戦略は決してシー・パワーの持つ機動性やコマンドウ・タイプの両用攻撃の柔軟性に依存するものではなく、消耗戦略となっていました。それは一九三九年春における英仏の幕僚会議の結論に近いものであったのです。すなわち優越した資源を確保し、敵を孤立させ、その弱体化を待つというものでした。

ローズヴェルト大統領はこうした方針に全面的に同意していました。第二次世界大戦初期におけるローズヴェルトの戦略と外交への対処方針は、きわめて首尾一貫した一連の前提に基づくものでした。そしてその核心に存在したのは、西半球の安全保障はイギリスの独立国としての生存を絶対の必要条件とするという信念でした。この大前提から、反ドイツ・反ヒトラーという大義を共有することで、他の国々がこの同盟に参加することができるということとなり、イギリスはその苦境をわずかではあっても脱することができると考えられました。ドイツのソ連侵攻はそうした機会をもたらしたとローズヴェルトは認識していました。もしドイツのソ連侵攻が本格的なものであることが判明すれば、「それはナチの支配からのヨーロッパの解放を意味する」と考えたのです。

ローズヴェルトはヒトラーのドイツがアメリカの国益にとって危険なほどにはソ連は危険ではない、と考えていました。そしてソ連はその国土を防衛しつつあるのであって、その時点での侵略国はドイツでありソ連ではないとしていました。「ドイツの独裁が生き延びることの方が、宗教あるいは教会にとって、さらに人類一般にとって、ロシアの生存よりも危険である」とローズヴェルト大統領は九月三日にローマ教皇ピウス一二世に宛てて書いています。

独ソ戦争勃発後の八月、チャーチル首相とローズヴェルト大統領がニューファンドランドのプラセンティア湾で会同しました。米重巡洋艦オーガスタ、および英戦艦プリンス・オブ・ウェールズ艦上で会談（大西洋会談）した際、随行した英米両国軍首脳は併行して戦略問題の討議を行いました。両者は一九三九年以来、電報ないし書簡によって連絡し続けていましたが（この会談までにチャーチルから一一〇通、ローズヴェルトから五二通）、直接会談はチャーチルが忘れていた一九一八年の短時間の邂逅《かいこう》を除いて、はじめてでした。ここで採択され公表された「大西洋憲章」は連合国側の戦争目的となりました。経済面などでの対米紛争要因を抱えていたイギリスが、大西洋憲章に謳われたアメリカの戦争目的に大筋で同意したことは重要です。憲章にあるウィルソン外交の原則が戦争目的としてイギリスにとりあえず受け入れられたことは、議会の孤立主義者に対する大きな説得材料となりました。さらに大西洋会談はヒトラーにとっては英独の対米連合の可能性を消滅させ、日本にとっては英米による包囲を実感させることとなりました。アメリカによる在米日本資産凍結命令と相まって、それは日本の対ソ戦の最終的断念と南進決意の強化に繋がったといえるでしょう。そして一九四一年の夏がアメリカ外交の転換点となりました。これ以降、アメリカにとっては日本が北進しようが南進しようが自らの死活的利益にかかわってくることとなり、対日戦争を避けることではなく、戦争を遅らせることが目的となっていました。加えて一九四〇年後半以降、イギリスの対米交渉上の立場は弱体化しており、北アフリカ、地中海で激しく戦いつつも、極東情勢に対して主体的にかかわる力をすでに喪失していました。

さらに強調したいのは、二大キリスト教国にして二大海軍国の友好関係、文化的紐帯が世界に喧伝されたことです。英戦艦プリンス・オブ・ウェールズ後甲板で催された、英米両首脳、士官水兵の参集する日曜日の礼拝時、祈禱において英米海軍共通の『欽定訳聖書』(King James Bible) が用いられ、賛美歌「すすめつわもの」(Onward, Christian Soldiers) が歌われました。その模様はニュースフィルムとなって世界中に配信されました。三国同盟への隠れもない対抗措置でした。

武器貸与法のもとでローズヴェルト大統領は、アメリカの援助をソ連にも送る権限を有していましたが、議会は歳出権限を統制していて、大統領決定に同意しなければ、資金を削減することができました。この可能性は一九四一年夏のアメリカ一般市民のソ連に対する態度を前提とした場合には無視できなかったのです。いうまでもなく二年前からのポーランド、フィンランドやバルト三国に対するソ連の行動は、ドイツの対ソ攻撃によってさえ、一夜にして消すことのできな

い ソ連に対する敵意をアメリカ国内に引き起こしていました。孤立主義者は、ソ連とイギリスとの連合そのものを、アメリカは戦争に対して何も関係してはならないという主張の根拠としていました。アメリカの介入を支持する人々ですらごく最近までドイツの同盟国であった国との協力を正当化することは難しかったのです。世論調査の結果は矛盾する意見を反映していました。すなわち圧倒的多数はソ連がドイツを打倒することを期待し、他方少数がその逆を望むかあるいはアメリカがドイツを援助することを望んでいました。

こうした事情から大統領は慎重に行動しなければなりませんでした。彼はソ連援助のための当面の計画を承認しましたが、慎重に武器貸与法の資金を対ソ援助に利用することを自制しました。かわりに、彼は事態の背後で、観測気球を上げ、反対派を無力にするために策動し、親ソ感情を徐々に作り上げることを促進しました。議会における反対派が一〇月に将来の武器貸与援助対象国からソ連を排除しようと試みたときに、大統領は水面下で議会工作をおこない、世論の反対が繰り返されている間に、反対派の修正条項を葬り去ることに成功しました。

ローズヴェルト大統領はこの時までに、七月末にモスクワを訪れたハリー・ホプキンス、九月にイギリスの軍需大臣のビーバーブルック（Max Beaverbrook）卿とともにモスクワを訪れたアヴェレル・ハリマン（W. Averell Harriman）から、ソ連の抵抗能力について徐々に楽観的になってくる一連の報告を受け取っていました。英米の軍事指導者は当初、死活的な軍需物資をソ連に割くことにきわめて不満でしたが、今やこの行動方針の戦略的価値を認めるようになりました。「ロシアにおいて活動的な戦線を維持することは、ドイツに対する陸上攻勢を成功させるための実に最良の機会を提供するものである」とアメリカ陸海軍統合会議は九月に記しています。世論調査の指標は、ソ連援助への反対が少なくなり、ソ連の勝利はアメリカの利益であるとする確信が増大していることを示していました。このためローズヴェルト大統領がソ連の防衛はアメリカの安全保障に死活的であるという理由によって、一九四一年一一月七日にソ連に対して武器貸与法を適用できるようにしたとき、彼はまったく反対されませんでした。

この間、大西洋会談後の一九四一年九月一六日からアメリカ大西洋艦隊は「西経二六度以西の」大西洋西部の高速輸送船団の護衛を開始（ローズヴェルト大統領は九月一一日枢軸国艦艇を「視認したら発砲せよ」と命じる）。アメリカ海軍の輸送船団護衛の負担増を受けて、代わりにイギリス海軍はムルマンスクへの対ソ援助物資輸送のシステムの構築をはじめることとなります。

さて、一九四〇年なかばにおけるドイツの西方電撃戦の成功は、極東に力の真空をもたらしました。一九四〇年九月の日独伊三国同盟の締結は、国際関係の大勢において日本がドイツと明確に連携したと受け止められました。ヨーロッパの植民地宗主国は日本の圧力に抗すべくもなく、アジアにおける権益の防衛はもっぱらアメリカに期待されたのです。アメリカ側には二つの政策手段がありました。第一はアメリカ太平洋艦隊で、一九四〇年四月以降、対日抑止をめざしてハワイの真珠湾に常駐していました。今一つは石油をはじめとする原料資源を日本がアメリカに依存していたことです。一九四〇年夏からアメリカは石油の対日輸出を制限し始めました。アメリカの対日政策は戦争を挑発することなく、日本のさらなる拡張を抑止することでしたが、それはワシントンにおいて徐々に形成されていた、ドイツがアメリカの国益にとって主要な脅威である

昭和16年(1941年)12月における世界戦勢図

黒塗り領土・枢軸国
黒地白ヌキ名・連合国

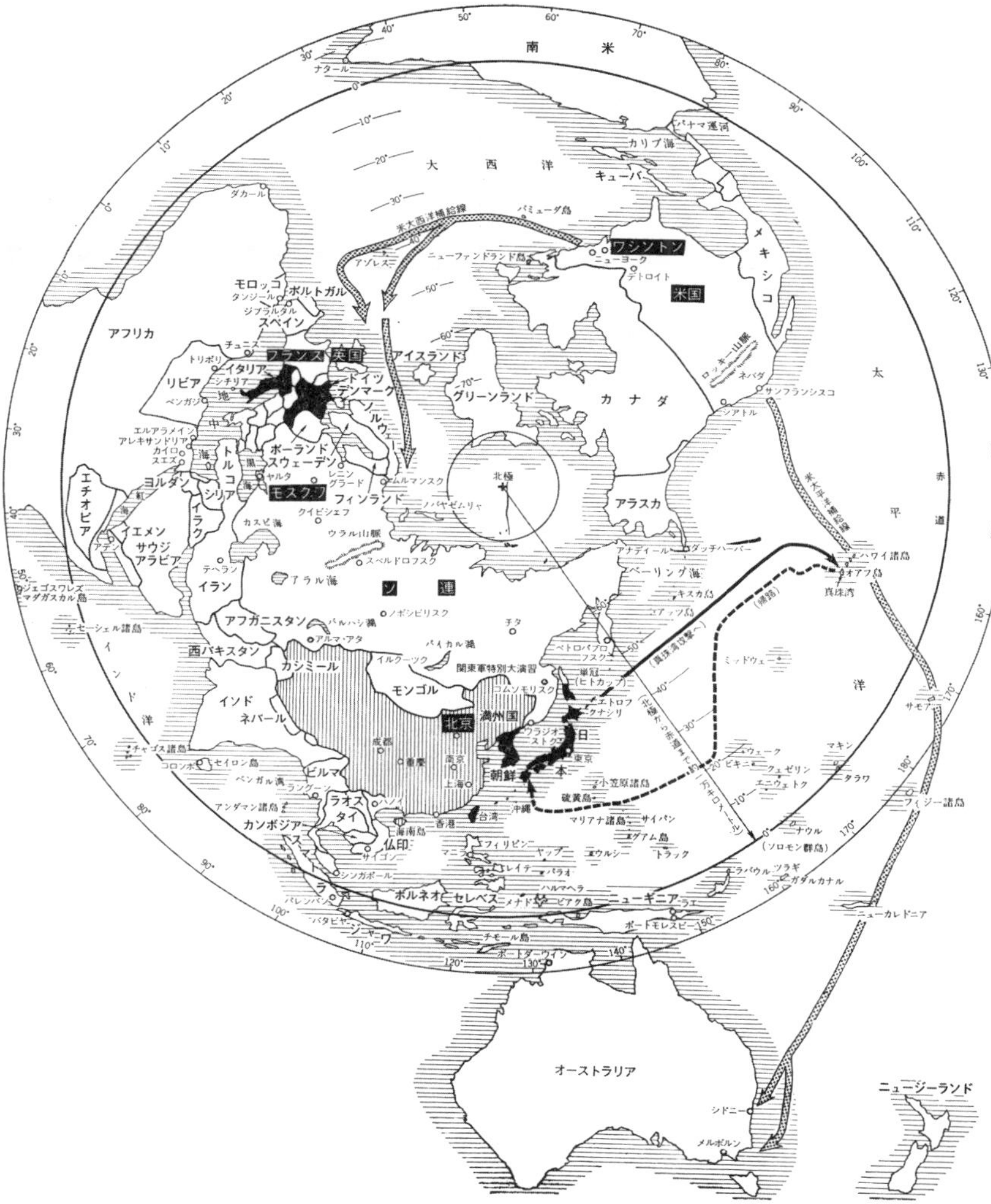

(富岡定俊著『開戦と終戦——人と機構と計画』〔毎日新聞社、1968年〕折込頁より引用)

との認識からもたらされた政策でした。この政策は独ソ戦争の勃発までは効果があるように見えました。

しかし独ソ戦争はアジアでの危機を激化させました。ドイツの圧力が東方に向かい、ヨーロッパにおいてイギリスに対するドイツの圧力が低下した半面、ソ連は日本に対する重みを失ったからです。こうした状況を受けて、ローズヴェルトは再び対日圧力を強化しました。フィリピン防備の強化と、原油供給の一層の削減です。そしてほどなくとられた全面的な対日禁輸措置はやがてアジアにおける勢力圏を確立しようとする日本の武力行使を導くことになります。

これを要するに、一九四一年八月以前にあっては、アメリカにとって太平洋は大西洋戦略との間でトレードオフの関係にありました。ヨーロッパの戦争に介入するためには日本との戦争のリスクを最小にする必要があったのです。しかしドイツ打倒のためにソ連の生存が死活的利益となったことは、大西洋と太平洋の双方で大きなリスクを引き受ける必要が生じました。ローズヴェルト大統領は日本がソ連を攻撃することが、日本がアメリカとの戦争に入るよりも、アメリカの安全保障にとってさらに決定的に危険であると判断したのです。一二月一日、大統領はアジアの欧州植民地に対する日本の攻撃に際して、アメリカは参戦する旨イギリスに告げました。

この間、アジアで戦争が発生した場合、大きな損害を受けることが十分予想されたイギリスはアメリカの対日政策に影響を与えようとはしませんでした。先述の帝国防衛のディレンマから、イギリスは一九三九年六月の天津租界封鎖問題が発生した頃から、徐々に極東の問題をアメリカ側に任せていく態度を取り始めていました。アメリカ側は、大西洋の事態に忙殺され、加えてイギリスの帝国主義に対する疑念は伝統的なものがあり、アジアにおけるイギリス帝国領を守るためにアメリカ主力艦隊をハワイの西に派遣するなど考慮の外でした。一九四一年一〇月まで、大西洋におけるアメリカ側の頑固な方針によって、イギリス海軍はシンガポールに数隻の主力艦を象徴的な兵力として送ることもできなかったのです。しかしながら英米にとっての極東における災厄の根本原因は、英米間における国益上の乖離ではなく、日本に対する過小評価でした。一九四一年一二月までに東南アジアにおける戦争は予期されていたものの、イギリス政府にもアメリカ政府にも日本の大攻勢を予想するものはいませんでした。日本海軍の真珠湾攻撃はアメリカを参戦させました。しかしそれはヨーロッパ植民地帝国とアメリカの勢力を西太平洋から駆逐する六ヵ月にわたる日本の大攻勢の始まりでしかなかったのです。対日戦争は、新たに生まれたばかりの同盟に予想もされなかった地球規模の危機をもたらしましたが、それはその後の連合戦略を引き続き苦しめることになりました。

こうしてヨーロッパでの戦争勃発後二年間に、多くの出来事がソ連を侵略国から同盟国に変えました。米ソ関係の改善は、原則の違いではなく、米ソ両国間の利害関係の一致する部分にローズヴェルト大統領が集中して対処したことによって著しく促進されました。また一九四〇年夏以来、英米関係は徐々に強固な同盟関係に移行しつつありました。残っていたのはアメリカの参戦でした。すなわちすでにドイツに対して事実上形成されていた三ヵ国の連合にアメリカ政府が公式に加入する時期の問題のみが残っていました。これは一九四一年一二月七日、日本海軍の真珠湾攻撃によって実現しました。四日後ヒトラーの対米宣戦布告が行われました。それは本稿冒頭に紹介したヒトラーのアメリカ認識に基づいた論理、すなわちいずれアメリカと戦争になることが避けられないのであれば、日本の対米開戦に呼応して対米参戦をすることによって、アメリカの力を分散させるという考え方に基づくものでした。それはまた、英米連合のドイツ打倒最優先の大戦略方針を救いました。三週間後の一九四二年一月一日、英米ソの三国代表は、ワシントンにおいて「連合国宣言」に署名しました。署名各国は勝利が達成されるまで戦うことを約束していました。ここに英米ソの大同盟が完成したのです。

【参考文献】

クリストファー・ソーン著／市川洋一訳『米英にとっての太平洋戦争』上巻（草思社、一九九五年）

Heinrichs, Waldo H. "FDR and the Entry into World War II," *Prologue: Quarterly of the National Archives* 26, no. 3 (Fall 1994): 719-35.

Howard, Michael. *The Mediterranean Strategy in the Second World War*. New York: Frederick A. Praeger, 1968.

Johnsen, William T. *The Origins of the Grand Alliance: Anglo-American Military Collaboration from the Panay Incident to Pearl Harbor*. Lexington, KY: University Press of Kentucky, 2016.

Neiberg, Michael S. *When France Fell: The Vichy Crisis and the Fate of the Anglo-American Alliance*. Cambridge, MA: Harvard University Press, 2021.

Reynolds, David. *From Munich to Pearl Harbor: Roosevelt's America and the Origins of the Second World War.* Chicago, IL: Ivan R. Dee, 2001.

Stoler, Mark A. *Allies in War: Britain and America Against the Axis Powers, 1940-45.* London: Hodder Arnold, 2005.

第七章　昭和天皇は戦争にどう関わっていたか

山田　朗

はじめに

昭和が終わって三四年になります。私はずっと「戦争と天皇」というテーマで研究をしてきました。昭和が終わってから、様々な資料が公開されてきました。昭和期にも戦争を体験された方々が色々な証言をされてきたわけですけれど、むしろ昭和期よりも昭和が終わったのちに、関係者の日記などが公開されるようになって、天皇と戦争の関わり合いが、以前よりはっきりと見えてきました。

私の報告の主な論点は四つあります。

（1）天皇と軍事情報――天皇には情報が届いていたのかどうか。届いていたとすればその情報の質はいかなるものであったのか、戦争の実態を伝えるような情報であったのか、ということです。

（2）そういう情報を提供されて、天皇はどういう判断ができたのか。大元帥として陸海軍を統《とう》帥《すい》するという立場にあったわけですけれど、天皇の知識と「軍事的能力」はいかなるものであったのか。
（3）そして大日本帝国の統治権の総攬者《そうらんしゃ》として、君主としての思想というのはどういうものであったのか。
（4）終戦と天皇ということになると、「聖断《せいだん》」によって戦争が終わったという考え方が今でも非常に強いのですが、聖断に至るプロセスがどういうものであったのか、それを取り上げたいと思います。

天皇と軍事情報──天皇は戦争の実態を知っていたのか

天皇と軍事情報についてですが、天皇は戦争の実態を知っていたのか、ということです。これを調べるには、天皇が受けていた戦況奏上（戦況報告）を分析する必要があります。

参謀総長と軍令部総長によって、軍事情報は重要な時はほぼ毎日、あるいは一日に何回も天皇に報告がなされることがありましたが、あくまでも陸海軍別々に行われるもので、参謀総長が戦況奏上をし、またそのあとに軍令部総長が戦況奏上をするというようなことがしばしばありました。必ずしも総長が出るまでもないという場合には、「戦況上聞《せんきょうじょうぶん》」といって侍従武官から書類を天皇に示して、それでその日の戦況を知るということが行われました。

戦況奏上の質を示す文書資料を探しますと、残念ながら陸軍の戦況奏上は資料がほとんど残っていません。残っているのは大本営海軍部による月ごとの『奏上書』綴の一部でして、それを見ると海軍作戦の進捗状況、戦果と損害、輸送船の損害についての記述が必ずあります。それから

<table>
<tr><th></th><th>轟撃沈</th><th>火災炎上（撃破）</th><th>魚雷命中</th></tr>
<tr><td rowspan="5">戦果合計</td><td>A　6（内1略《ほぼ》確実）
10
Aノ算大　4</td><td>A　6</td><td>10本</td></tr>
<tr><td>B　2（内1略確実）</td><td>B　1</td><td></td></tr>
<tr><td>C　3（内2略確実）</td><td>C　5</td><td></td></tr>
<tr><td>d又ハLC　1</td><td></td><td></td></tr>
<tr><td>不詳　1</td><td>不詳11</td><td></td></tr>
</table>

外地における敵空襲状況一覧表が別表として添付されていたことがわかるのですが、今残っている資料には、別表の部分がほとんど欠けていて、その部分のデータを正確に摑むことができないことが多いです。【資料1－1】を見てみましょう。

【資料1－1】「台湾沖航空戦」に関する戦況上奏（一九四四年一〇月一六日）

戦況に関し　奏上

　謹みて戦況に関し　奏上致します

〔一〇日以降の米側の攻撃、一二日以降の日本側の反撃の状況は省略〕

　昨日迄の綜合戦果は別表の通りで御座います〔別表－中略〕

〔A：航空母　B：戦艦　C：巡洋艦　d：駆逐艦　LC：上陸用舟艇〕

出典：大本営海軍部『昭和十九年十月奏上書』（防衛省防衛研究所所蔵）所収。

〔　〕内は山田による補足（以下、同じ）。

【資料1－1】は一九四四年一〇月一六日、「台湾沖航空戦」に関する戦況奏上書の一部（前半）です。一〇月一〇日、南西諸島から台湾にかけてアメリカの空母機動部隊による大規模な空襲があり、それに対する日本側の反撃が一二日以降始まり、一六日にはそれまでの総合戦果が天皇に報告されました。別表（二二一頁上）にまとめられた前日までの「戦果合計」は、轟撃沈空母六、空母の算大なるもの四、火災炎上（撃破）空母六となっています。事前に日本海軍は、アメリカの空母機動部隊の戦力を空母一六隻（実際には一七隻）と認識していましたので、一〇月一五日までにその全てを沈めるか傷つけるかしたことになり、空前の大戦果があがったと報告されています。アメリカ側の資料によると、この「台湾沖航空戦」で撃沈された米空母はなく、損傷二隻にすぎません。つまり、天皇は、現実とはかけ離れた架空の戦果を報告されていた、ということになります。

しかしながら、【資料1－2】は同じ戦況奏上書の末尾の部分です。

【資料1－2】「台湾沖航空戦」に関する戦況上奏（一九四四年一〇月一六日）（続き）

今未明夜間索敵《さくてき》を行なって居りました九〇一空の飛行艇は台湾東方三ケ所に亘りまして敵機動部隊らしきものを探知致して居りますが右は総て敵損傷艦の算が大で御座います

午前九時頃高雄の一一〇度二六〇浬《かいり》に於きまして大型空母二隻戦艦二隻其の他二隻合計六隻より成りまする一群と其の東方近巨〔距〕離に戦艦二隻巡洋艦四隻駆逐艦数隻より成りまする一群とを発見致し更に午前十時半頃同じく高雄の九五度四三〇浬に於きまして空母七隻戦艦七隻巡洋艦十数隻より成りまする有力なる一部隊を発見致して居ります〔他方面の戦況省略〕

以上をもちまして奏上を終ります

昭和十九年十月十六日

軍令部総長　及川古志郎《こしろう》

出典：同前。

これは一体何なのか。アメリカ空母機動部隊は全滅に等しい打撃を受けている筈です。しかし最新の航空偵察の結果ではアメリカ側の空母が続々と現れている。これだけの戦果を上げたという報告、これは連合艦隊や大本営で確かにそうだ、と認定して天皇にそれを奏上した。ところが新しく敵艦隊を発見した、これも現地からの正しい報告であると認定して、それも天皇に奏上する。前半部分だけを見ますと、非常に過大な戦果が天皇に報告されているように見えますが、最後のところを見ますと、日本側が把握した敵側の実態について報告されています。

ところが問題は、このあとの判定がないのです。敵艦多数を沈めたと判定しておいて、また敵艦隊が現れています。差引きはどうなったのか、という結論が出ていない。明らかに戦果の奏上は誇大なものであったことは間違いない。しかし偵察結果や日本側の損害については、かなり実態に即した報告がなされているのです。このあとレイテ海戦が起こり、日本側は水上艦艇を中心に莫大な損害を受けたのですが、「武蔵」が沈んだりした日本側が受けた損害について、包み隠さず天皇に報告されています。リアルタイムでは沈んだのか、あるいは通信設備が壊れて連絡が取れないのか分からない部分もありますが、ほぼ実態に近い報告がなされています。

日本側の統帥部の中で、戦果判定能力が低下していることも確かです。明らかに矛盾していることが併記されている。これが日本側の情報分析の実態で、こういう矛盾する報告が次から次へと出されてくる。しかし私が見た限りでは、戦果の修正が行われたことはほとんど例がない。海軍人で侍従長を務めた百武三郎《ひゃくたけさぶろう》の開戦直後の日記には、「この前報告した戦果が過大であったので下方修正した」との報告が記録されていますが、戦争が後半になればなるほど、そういう修正がなされている形跡は見当たりません。侍従武官の日記などによりますと、戦況に関する重要電報が侍従武官を通じて天皇に報告されたこともしばしばあったようです。参謀総長、軍令部総長からの報告と、その隙間を補うような様々な戦地からの報告が、天皇には提出されていたことが分かります。

軍事情報の質が問われるわけですけれど、天皇は非常に濃密な情報に接していたと言えます。ただ、日本側の情報収集能力と分析能力は、戦争末期になればなるほど低下してくる。もう一つの問題は情報収集と分析を陸軍・海軍・外務省がそれぞれ別個にやっていて、それらが総合的に分析されることはなかったのです。例えば外務省には中立国スペインの須磨弥吉郎《すまやきちろう》公使からヨーロッパ情勢、あるいはアメリカの動向についての情報は入って来ているのです。だが、それらが軍部と共有されていません。しかし、天皇にはそういう情報も伝わっています。戦争が始まってからのアメリカにおける日本のスパイ網は、アメリカ側の日系人隔離によって封じ込められてしまうのですが、ここで諦めなかったのは外務省です。スペイン人スパイを雇って（スペインは枢軸寄りではありますが一応中立国ですから）アメリカに入国させることもできます。そこから外務省は情報を得ていた。百武三郎の日記によれば、そういう情報が天皇の元に届けられていたこともわかります。また、外国が流している短波放送の記録が天皇の元に届いていますが、侍従長がセレクトして天皇に伝えていたのです。

天皇の戦争への主体的関与―天皇は日本軍を指揮したのか

アジア太平洋戦争が始まる前、一九四一年九月六日の御前会議の頃には、確たる勝算が示されないままに対米英戦争が決定されることに大きな不安を抱いた天皇は、『杉山メモ』等によれば、御前会議前日に近衛文麿《このえふみまろ》首相・杉山元《はじめ》参謀総長・永野修身《おさみ》軍令部総長を呼び、「絶対に勝てるか(大声にて)」と問い質しました。しかし、永野総長の回答は、「絶対とは申し兼ねます」というもので、天皇は確信が持てませんでした。翌日の御前会議で天皇は、明治天皇の御製《ぎょせい》「四方《よも》の海《うみ》」を朗読して、統帥部の姿勢を暗に批判し、外交優先を示唆しました。天皇のこうした姿勢を憂慮した参謀本部では、服部卓四郎作戦課長が主導して高山信武《しのぶ》課員に天皇説得のための「御下問奉答資料」(想定問答集)を作成させ、長期持久戦になれば、南方の資源を戦力化できるので有利であることなどを多くの数値を挙げて説明しました。

こうした動きが効果をあげたのか、近衛内閣の末期となった一〇月には天皇は次第に開戦論に傾斜し始めました。『木戸幸一日記』によれば、一〇月一三日に天皇は木戸内大臣に宣戦布告の詔書について相談し、ドイツの単独講和を封じること、ローマ法皇庁を通じての外交チャンネルの構築の必要性について語っています。また、東條英機陸相は、天皇を安心させようと、部下の石井秋穂《あきほ》中佐に戦争終末シナリオを作成させ、それは一一月一五日の大本営政府連絡会議で「対米英蘭蔣戦争終末促進に関する腹案」として決定されましたが、そこには天皇が木戸に語ったことが盛り込まれています。天皇の覚悟が次第に固まりつつあることがわかる。近年公開された百武三郎侍従長の『百武三郎日記』でも、一一月には天皇が戦争に相当前のめりになっている旨のことが記録されています。

対米英戦争が始まると、先制主動の優位を得た日本軍は各戦線で順調に進撃しました。『木戸幸一日記』によれば、一九四二年二月一六日、シンガポール陥落が伝えられると天皇は「天機殊の外麗しく」「全く最初に慎重に充分研究したからだとつくづく思ふ」と語り、三月九日、ラングーン陥落の報に接した際にも「余り戦果が早く挙り過ぎるよ」と「真に御満悦の御様子」でした。この時期、天皇がやや憂慮したのは、フィリピンのバターン半島攻略が予定通りに進んでいないことくらいで、天皇は二度ほど「バタアン攻撃の兵力は過小ではないか」と下問して兵力増強と積極的作戦を促しています。緒戦においては、分散した連合軍を、準備を整えて集中した日本軍が航空優勢の下で攻撃したため、天皇も特に作戦に深く介入するといった必要はありませんでした。天皇が、作戦の進捗を深く憂慮し、主体的に関与し、具体的に発言をしだすのはガダルカナル攻防戦（一九四二年八月～）からだと言って良いでしょう。

次に、天皇の主体的な戦争関与といいますか、天皇は本当に日本軍を指揮したのか、ということですが、まずプロフェッショナルな軍人としての天皇の知識と能力はいかなるものであったのか。これを具体的に示す資料というのは、少ないことは確かです。しかし、それを感じ取ることのできる資料はあります。【資料2】をご覧下さい。

【資料2】ガダルカナル砲撃に関する天皇の注意（一九四二年一一月一二日）

昨日機関参謀東京より帰来報告の最後に「過般総長拝謁、主力艦のガ島砲撃計画を奏上せるに日露戦争に於ても旅順の攻撃に際し初瀬八島の例あり、注意を要すとの御言葉あり。電報するに至らざるを以て本件伝へよ」との軍令部の伝言あり。〔中略〕

上陛下の御注意に答へ奉らず、御軫念《ごしんねん》を相懸け申す事今日戦艦の価値如何の問題に非《あら》ずして誠に恐懼《きょうく》申訳なき次第なり。

出典：宇垣纒《うがきまとめ》『戦藻録《せんそうろく》』（原書房、一九六八年）234−235頁。一九四二年一一月一三日の条。

ガダルカナル砲撃に関する天皇の注意です。連合艦隊参謀長だった宇垣纒が日記を書いていて、その中に出て来るエピソードです。主力艦のガ島砲撃計画を軍令部総長から天皇に奏上したところ、「日露戦争においても旅順の攻撃に際し初瀬八島の例あり、注意を要す」という天皇の注意があったというのです。実は、一〇月にも海軍はガ島のアメリカ軍飛行場の機能を奪うために、金剛・榛名の戦艦二隻をガ島沖に突っ込ませて、艦砲射撃でヘンダーソン飛行場を徹底的に破壊することに成功しました。その結果アメリカ側はその飛行場を使えなくなったのですが、しばらくすると復旧して活動を始めたので、もう一回一ヵ月後にやろうということで、また同じタイプの比叡・霧島二隻の戦艦でガ島砲撃を再度やりますと天皇に報告したところ、天皇は「注意を要す」と語ったのです。これは一九〇四年五月に起こったことで、封じ込められている旅順艦隊に対して連合艦隊が海側から砲撃を加えたのですが、何回かやっている内にロシア側も日本艦隊がこういうコースを通るだろう、と予測して夜間に機雷を仕掛けた。その機雷に触れて、初瀬・八島二隻の戦艦が沈没したという大事件です。戦艦が六隻しかない中、二隻がいっぺんに失われてしまったということですから、これは大変な損害です。天皇の注意が何を意味しているかというと、海上から地上を攻撃する時は、どうしても作戦がマンネリになって待伏せされたり相手に対策を講じられたりするから、繰り返しやるのはいけない、ということです。しかもそれを天皇は事件前に発言した。実際、アメリカ側の待伏せ攻撃によって比叡・霧島は沈没してしまいます。つまり、初瀬・八島と同じことが起きたのです。結果を知って天皇が言ったのであれば大したことではありません。作戦が始まる前にこういう注意を与えたというところが重要です。天皇が日露戦争の教訓を主体的に学んで、自分の使える知識として持っていたことを示しています。しかし、天皇の言葉が届く前に海軍は作戦を始めてしまった結果、戦艦二隻を失ってしまった。地上と軍艦が相対するという場面はそうはないのですが、タイミング良くこういう発言をしたということは、天皇の軍事的素養を示しているものだと思います。

【資料3－1】をご覧いただきますと、ガダルカナル攻防戦が始まってから、天皇は三回にわたって陸軍航空隊を南東方面（ソロモン諸島や東部ニューギニア）に派遣すべきである、と下問しています。

【資料3－1】陸軍航空部隊の南東方面派遣についての下問（三回）

〔1〕一九四二年八月六日（参謀総長、東部ニューギニア方面作戦について上奏の際）

「ニューギニア方面の陸上作戦において、海軍航空では十分な協力の実を挙げることができないのではないか。陸軍航空を出す必要はないか」

〔2〕一九四二年九月一五日（参謀総長、戦況上奏の際）

陸軍航空の南東方面への進出の必要性について再度下問
〔総長は、種々研究中であるが、早急に派遣することができない実情である旨奉答〕
〔3〕一九四二年一一月五日
「海軍機の陸戦協力はうまくゆくのか、陸軍航空を出せないのか」
〔翌一一月六日、陸軍統帥部、陸軍航空の派遣を決定、上奏〕
出典：〔1〕防衛庁防衛研修所戦史室・戦史叢書63『大本営陸軍部⑸』（朝雲新聞社、一九七三年）350頁、〔2〕同前、351頁、〔3〕同前、353頁。

一回目はアメリカ軍がガ島に上陸する一日前の資料〔1〕です。東部ニューギニアでは、南海支隊が、上陸してポートモレスビーめがけて進撃をしているのですが、航空支援をしているのはラバウルの海軍航空隊です。地上部隊を支援すること

東部ニューギニア・ソロモン諸島周辺　（1943年2月）
日本軍側拠点：東部ニューギニア：アイタペ・ウエワク・マダン・ラエ・サラモア
ソロモン諸島：ニューブリテン島・ブーゲンビル島〜サンタイサベル島
連合軍側拠点：東部ニューギニア：ポートモレスビー・ブナ（奪還）
ソロモン諸島：ガダルカナル（奪還）

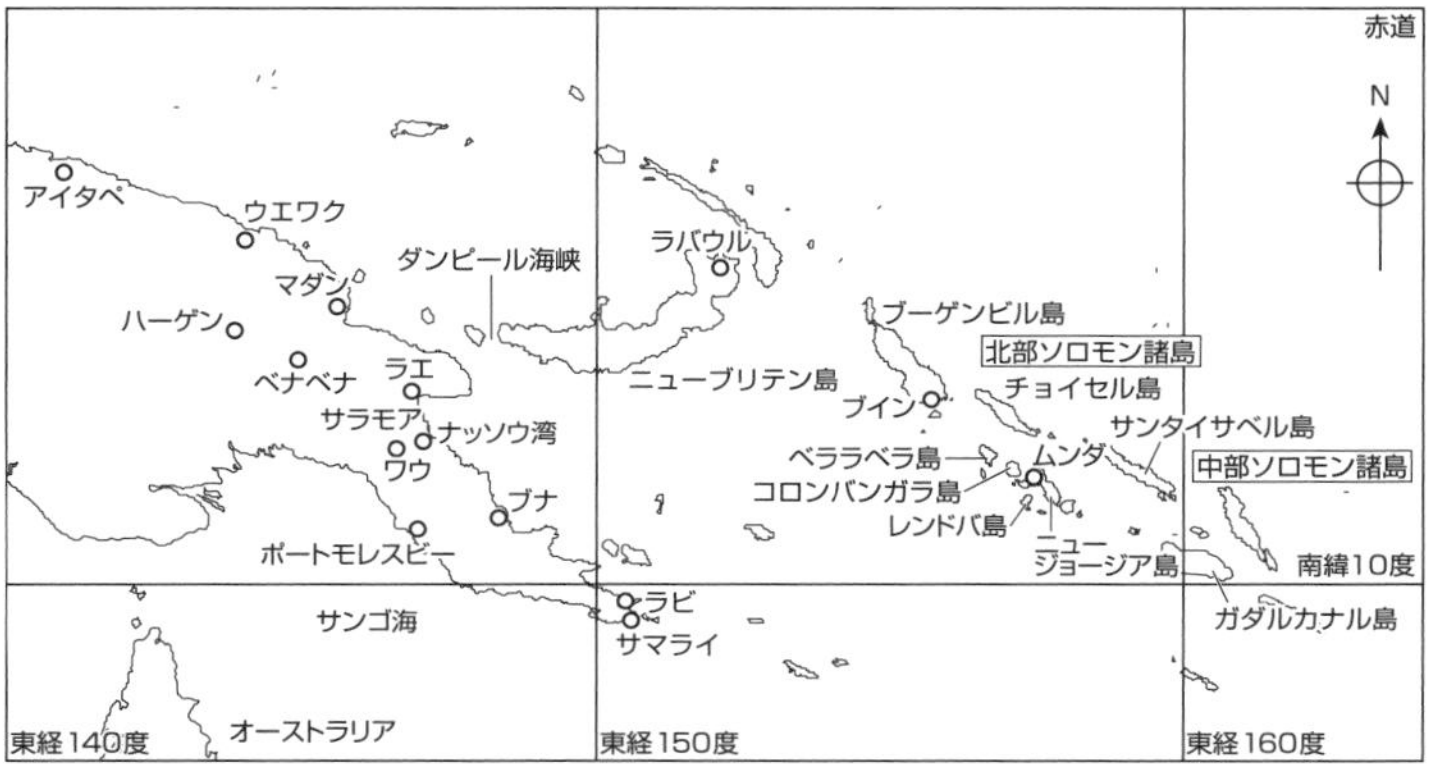

（山田朗著『昭和天皇の軍事思想と戦略』〔校倉書房、2002年〕239~240頁を元に作成）

は海軍にとってはあまり経験がない。陸軍は地上戦支援のための襲撃機などの機種を持っていますし、地上戦と密接して航空作戦を行うノウハウが陸軍にはある。海軍は制空権を取るために相手の戦闘機を攻撃したり、敵飛行場を爆撃したりすることはできても、地上戦闘に密接して作戦をすることはほとんどない。ですからどうも海軍航空隊は充分な協力ができていないのではないか、と天皇は捉えていて、それならば陸軍航空隊を出したらいいのではないか。ところが、陸軍にとっては、ラバウルからニューギニアを支援するとか、あるいはソロモン諸島を支援するには相当長距離海の上を飛ばなければならないので、あまりやりたくないのです。陸軍航空隊は基本的に陸地の上を飛ぶことはできるが、目標のない海の上を飛ぶことは苦手としています。この時杉山参謀総長は、陸軍航空を出す考えはない、と天皇に奉答しています。

　八月七日にガダルカナル戦が始まりまして、九月一五日、天皇は二回目の下問をします。資料〔2〕です。参謀総長は、種々研究中であるが、早急に派遣することができない実情である旨を奉答しました。先ほど言ったような事情で、海上を余り長く飛ぶということをしたくない。いずれにせよ、ソロモン諸島方面に陸軍航空隊を出すというのは、なかなか難しい。問題は戦闘機です。行きは編隊を組んで行きますからいいのですが、空中戦などがあってバラバラになって帰って来ようとすると、一人乗りの戦闘機では途端にどこを飛んでいるのかわからなくなってしまう。海の上を飛ぶことを得意とする海軍航空隊にとっても、これは結構大変なことです。ましてや陸軍の航空隊では難しい。

　一一月五日になると天皇は、「海軍機の陸戦協力はうまくゆくのか、陸戦航空を出せないのか」

と三回目の下問をします。資料〔3〕です。天皇が一つの問題に拘ってここまで発言するのは極めて珍しいことで、翌一一月六日、陸軍統帥部は、陸軍航空隊を派遣することをトップダウンで決定し、天皇に上奏します。天皇が非常に気にしているのは、陸軍と海軍の間に亀裂が入ることです。ガ島では陸軍が非常に苦戦しています。それに対して海軍は航空戦で支援をする。航空戦力の消耗は海軍に限定されてしまう。すると海軍の中には「どうして陸軍は飛行機を出さないのか」という不満が出て来る。陸軍は陸軍で、補給ができない状態になっているのは、海軍がしっかり輸送船を護衛してくれないからこんな苦戦に陥ってしまったのだという不満が生じる。陸軍と海軍の間に摩擦が生まれて来ている。これはまずい、と天皇は感じたわけで、陸海軍の協力ということについて踏み込んだ発言をしました。この時期の百武三郎の日記を見ても、しばしば陸海軍の不一致が天皇の心配事項として挙げられています。

結局、ガダルカナルからは撤退することになりましたが、【資料3－2】をご覧下さい。ガダルカナル撤退が決まったあとに、作戦計画の変更について、陸軍の作戦部長がラバウルで説明した時の資料です。

【資料3－2】綾部《あやべ》橘樹《きつじゅ》作戦部長のラバウル第八方面軍司令部への説明（一九四三年一月四日）

南太平洋方面陸海軍中央協定〔一月四日正式決定〕の説明。総長から上奏の際、ガ島の攻略に自信がない旨を申上げたところ侍従武官長を通じて、「ただガ島を止めただけではいかぬ。何処かで攻勢に出なければならない。」との御内意の伝達があった。そこで大本営としてはニューギニアに重点を置くことにした。

出典：防衛庁防衛研修所戦史室・戦史叢書66『大本営陸軍部(6)』（朝雲新聞社、一九七三年）28頁。

天皇から「ただガ島を止めただけではいかぬ。何処かで攻勢に出なければならない」との内意の伝達があった。そこで大本営としては天皇に促されてニューギニアに重点を置くことにしたとしています。やはりソロモン方面は、陸軍には非常に戦いにくい。航空戦力が充分に使えないし、補給が続かないのでニューギニアに重点を置きたいということを言っています。陸軍は、天皇の希望を利用して、作戦の重点をソロモンからニューギニアに移そうとしたと言えるでしょう。

天皇の発言という点では、【資料3－3】をご覧下さい。ガダルカナルから撤退したのち、次の作戦プランを決定する大本営御前会議（御前会議は二種類あり、政府と軍部の代表者が集まる国策決定のための御前会議と、軍人だけが集まって天皇が出席し戦略・作戦について決定する大本営御前会議）です。軍令部作戦課長だった山本親雄《ちかお》の回想です。

【資料3－3】山本親雄軍令部作戦課長（当時）の回想

〔一九四三年三月五日の大本営御前会議では〕長時間にわたる各員の説明が終わったあと、陛下からの御下問や御注意はみな要点をついたものばかりで、われわれ幕僚が準備しておいた御下問奉答案の大部分が役にたった。これは陛下が各員の説明を聞かれるだけで、いかに適確に要点を把握されたかを明らかにする証拠であると思う。

出典：山本親雄『大本営海軍部』（朝日ソノラマ文庫、一九八二年）124頁。

この資料からもわかるように、大本営御前会議では天皇はしばしば下問をしています。国策決定の御前会議では、天皇は基本的に発言しないということになっています。実は日中戦争中の近衛内閣の時に、国策決定の御前会議の場では天皇は発言しないで下さいと政府の方から要請しています。ところが大本営御前会議はほぼ同じ時期から始まるのですが、質問があれば天皇の方からどんどんしてくれ、と軍部の方から要請しているのです。ただ、決定的に反対するようなことだと会議が成り立たなくなってしまうので、なるべく事前に教えてくれということは言っています。会議の事務局である山本は、天皇から下問のある場合にも備えて想定問答集を作っておいたと言っています。山本は、さらに「陛下からの御下問や御注意はみな要点をついたものばかりで」天皇が「いかに適確に要点を把握されたかを明らかにする証拠であると思う」としています。これは別の資料でも分かっていることでして、陸軍の侍従武官であった坪島文雄が天皇の質問は厳しいから注意しなければいけない、事前にきちんと調べてから説明しなければいけない、と後輩の侍従武官に忠告しています。

次に天皇の戦略眼はどんなものであったのか、【資料4－1】をご覧下さい。一九四三年八月、ソロモン、ニューギニア方面が非常に厳しい状況になりまして、天皇と参謀総長とのやり取りがこのような記録として残っています。

【資料4－1】ラエ・サラモア・ムンダ方面苦戦、欧州戦局についての下問（一九四三年八月五日）

御上　何《いず》レノ方面モ良クナイ　米軍ヲピシャリト叩ク事ハ出来ナイノカ

総長　両方面トモ時間ノ問題デナイカト考ヘマス第一線トシテハ凡有《あらゆ》ル手段ヲ尽シテイマスガ誠

ニ恐懼ニ堪エマセヌ

御上　ソレハソウトシテソウヂリヂリ押サレテハ敵ダケテハナイ　第三国ニ与ヘル影響モ大キイ　一体何処デシッカリヤルノカ　何処デ決戦ヲヤルノカ　今迄ノ様ニヂリヂリ押サレルコトヲ繰返シテイルコトハ出来ナイノデハナイカ〔中略〕

御上　今度ハ一ツ今迄ノ様テナク米側ニ〝必勝ダ必勝ダ〟ト謂《い》ハセナイ様ニ研究セヨ　「シシリー」島ハ持テルト思フカ　独乙《ドイツ》ハ引続キ兵力ヲ入レルト思フカ

総長　独乙ハ「シシリー」島ニ執着ヲ持ツトハ考ヘラレマセヌ　伊カ三国同盟ニ忠実ニ行ヲ倶《とも》ニスルト云フ見透シノツカナイ今日独乙カ本腰ヲ入レルトハ考ヘラレナイ所デアリマス

御上　独乙ハ北部伊太利ト云フカ　ソウナルト「ルーマニヤ」ノ油田モ危イデハナイカ　斯ル時ハ日本トシテモ考ヘナケレバナラナイノテハナイカ（総長註　独「ソ」妥協のことをお指しと拝察される）日本トシテモ考ヘドキニ非スヤ

出典：『真田穣一郎《さなだじょういちろう》少将日記』、参謀本部編『杉山メモ』下（原書房、一九六七年）資料解説24－25頁所収。

天皇は戦争が非常にまずい形になっている、正に生産力、輸送力の消耗戦になっている。これは日本にとって不利であることは間違いない。これを何とか断ち切ってしっかり決戦をやって相手に大きな打撃を与えないといけない。ズルズル消耗していったのでは駄目だ、ということを言っているわけです。天皇は、軍部に決戦の実施を要求しているのです。

その後、ヨーロッパ戦線の戦況の話に変わります。すでに連合軍がシチリア島に上陸して、イタリアが極めて危ない状態になっています。実際にムッソリーニ政権の崩壊につながるわけですが、ここにちょっと情報が切れている部分がありまして、ドイツは恐らく北部イタリアまで後退して防衛線を引くのではないか、と杉山は説明したようです。天皇は、イタリア本土に連合軍が進出すれば、ルーマニアの油田も空襲を受けることになるので、日本も考えどきではないか、としています。ルーマニアの油田の危機がドイツの危機、それが日本の危機に連動する、という天皇の戦略眼を示すかなり有力な資料だと思います。【資料4－1】の天皇と杉山参謀総長のかなり濃密なやり取りは、『昭和天皇実録』ではこのように記述されています。

【資料4－2】『昭和天皇実録』一九四三年八月五日

午前十一時三十分、御学問所において参謀総長杉山元に謁を賜い、我が軍の戦況並びにシチリア島における戦況につき奏上を受けられる。◯侍従日誌、侍従職日誌、内舎人《うどねり》日誌、侍従武官日誌、陸軍上聞書控簿、百武三郎日記、尾形健一大佐日記、真田穣一郎少将日記、陣中日誌

出典：宮内庁編修『昭和天皇実録』第九（東京書籍、二〇一六年）153頁。

たったこれだけです。実際には天皇と参謀総長の間に相当厳しいやり取りがなされていた。「日本トシテモ考ヘドキニ非スヤ」と天皇は発言しているわけですが、『実録』における記述は、わずかです。実際『真田穣一郎少将日記』が出典として挙げられており、その中に先ほどのシチリア島のことが出ていて、編者はそのことを分かってはいるけれど、事実の取捨選択の点では、天皇が軍事や政治を積極的に進めて行くようなところは削られているのです。

次に、【資料5】はラバウル確保ができるかどうかをめぐる天皇と杉山参謀総長・永野軍令部

総長のやり取りです。従来、天皇は、どこかで決戦をやれと言っていたのですが、なかなか決戦も難しい。一九四三年のソロモン、ニューギニア方面の消耗というのは非常に大きなものでして、決戦するだけの戦力のストックがないということが段々見えて来るのです。

【資料5】ラバウル確保についての下問（一九四三年八月二四日）

永野　「ラバウル」ガ無クナルト聯合艦隊ノ居所ハ無クナリ、為ニ有為ナル戦略態勢ガ崩レマス「ラバウル」ニハ出来ル丈ケ永ク居タイト存ジマス

陛下　ソレハオ前ノ希望デアラウガ、アソコニ兵ヲ置イテモ補給ハ充分出来ルノカ　ソレナラシツカリ「ラバウル」ニ補給デキル様ニセネバイケナイ　ソレカラ其所《そこ》へ敵ガ来タラ海上デ敵ヲ叩キツケルコトガ出来ルナラバ良イガ、ソレガドウモ少シモ出来テ居ナイ

永野　以前ハ航空ガ充分働カナカツタガ、最近ハ大分良クナリマシタ

陛下　コノ間陸軍ノ大発《だいはつ》ヲ護衛シテ行ツタ駆逐艦四隻ガ逃ゲタト云フデハナイカ〔八月一七日の第一次ベララベラ沖海戦〕

永野　魚雷ヲ撃チツクシテ退避シマシタ

陛下　魚雷ダケデハ駄目、モツト近寄テ大砲デデモ敵ヲ撃テナイノカ後ロノ線ニ退ツテ今後特別ノコトヲ考ヘテ居ルカ

永野　駆逐艦モ増加スルシ、魚雷艇モ増ヘマス。

陛下　電波関係ハドウカ「ビルマ」、「アンダマン」、「スマトラ」ハドウスルカ

奉答　同時ニ研究シマシテ具体的ニハ何レ更ニ研究ノ上申上ゲマス

出典：原資料「真田日記」、防衛庁防衛研修所戦史室・戦史叢書39『大本営海軍部・聯合艦隊(4)』（朝雲新聞社、一九七〇年）428頁。

天皇は、永野総長に対してラバウルへの補給と海上決戦ができないことを叱責しますが、永野の言い訳に対して天皇は、陸軍の上陸部隊を護衛していた駆逐艦が逃げたではないかとさらに永野を責めます。これはベララベラ沖海戦というそんなに大きな海戦ではないのですが、この海戦の後に多分陸軍から天皇の元に、「護衛の海軍部隊が逃げた」旨の苦情が持ち込まれたのです。逃げたわけではないと思いますが、陸軍側からはそう見えたのです。ここで天皇は永野に対して叱責し、永野が言い訳をするという流れになっています。言い合いが終わり、防衛のことに話が移ります。天皇はレーダーのことを聞いたり、インド洋方面の防衛について質問したりしています。天皇は一九四三年八月の半ばくらいまで、非常に厳しく決戦をできないのか、と要求しているのですけれど、八月下旬になり守りを固めるというところに天皇の意識がシフトしていることが分かります。

膨張主義と天皇―天皇の「平和主義」とは何か

天皇の考え方、その膨張主義と平和主義はどういうものであったのかを、更に見ていきます。昭和天皇は平和主義者であるというイメージは宮内庁編修『昭和天皇実録』でも繰返し語られているところではあるのですが、残されたリアルタイムの資料からはこんなことが窺えます。【資料6－1】は内大臣木戸幸一の日記です。

【資料6－1】「八紘一宇《はっこういちう》の真精神を忘れない様にしたい」（一九四〇年六月二〇日）
本日拝謁の際、御話、仏印の問題に触れたるが、我国は歴史にあるフリードリッヒ大王やナポレオンの様な行動、極端に云へばマキアベリズムの様なことはしたくないね、神代からの御方針である八紘一宇の真精神を忘れない様にしたいものだねとの御言葉あり、恐懼す。
出典：『木戸幸一日記』下（東京大学出版会、一九六六年）794頁。

北部仏印進駐が話題になっている頃で、第二次世界大戦でフランス本国がドイツに敗北しました。この機に乗じて日本では仏印（ベトナム北部）に軍隊を進駐させようという考えが出て来ました。実際に九月に進駐します。天皇は「マキアベリズム」は嫌だが、「八紘一宇の真精神を忘れない様にしたい」と語っています。これは検討を要する微妙な違いです。「八紘一宇」は当時盛んに使われた言葉で、天皇の「八紘一宇」の理解そのものはなかなか資料的に裏付けることができないのですが、フリードリッヒ大王やナポレオンのような行動とは別のものであるという認識ではあるのです。ただこれは膨張主義を否定するものではないのです。ちょっと似たような表現が他にもありまして、今度は南部仏印の問題が出て来た時のことで【資料6－2】です。

【資料6－2】火事場泥棒はいやだが、宋襄《そうじょう》の仁《じん》でもこまる（一九四一年二月三日）
両総長、首相より対仏印・泰《タイ》施策に関し上奏を聴いたが、自分としては主義として相手方の弱りたるに乗じ要求を為すが如き所謂《いわゆる》火事場泥棒式のことは好まないのであるが、今日の世界の大変局に対処する場合、所謂宋襄の仁を為すが如き結果となっても面白くないので、あの案は認めて置いたが、実行については慎重を期する必要があると思ふ。

出典：同前、854頁。

天皇は、仏印進駐は「火事場泥棒」である、と思っているのです。しかし今やらないと「宋襄の仁」（中国の王様、宋の襄公が楚の軍と戦った時、ちょうど楚の軍隊が河を渡って来る。参謀が今その軍隊を攻撃すれば相手は河を渡っている最中で防御力がないから勝てます、と進言したら、宋の襄公はそんな卑怯なことをしては駄目だ、相手が渡ってから堂々と戦おう、と言って敗けた話、情けのかけ過ぎはいけない、という故事）になってしまう。火事場泥棒的だなと思いながらも、今やっておかなければいけないのではないか。こういうところが、「マキアベリズム」は嫌だが「八紘一宇」で行こうというところに、ちょっと似ている点があります。

次に、天皇の満州観・中国観について見てみましょう。満州に関する捉え方は『昭和天皇独白録』にも書かれています。【資料7－1】です。

【資料7－1】満州に対する天皇の捉え方

若《も》し陸軍の意見が私と同じであるならば、近衛〔文麿〕に話して、蔣介石《しょうかいせき》と妥協させる考であつた。これは満洲は田舎であるから事件が起つても大した事はないが、天津北京で起ると必ず英米の干渉が非道《ひど》くなり彼我衝突の虞《おそれ》があると思つたからである。

出典：『昭和天皇独白録・寺崎英成御用掛日記』（文藝春秋、一九九一年）35頁。

直接的には盧溝橋事件に関する回想なのですが、満州は「田舎」で日露戦争以来日本が深い権益を持っている場所だからそんなに英米の干渉もひどくないかも知れないが、華北で何かやってしまうと英米の干渉がひどくなる。結果的に満州に対する天皇の考え方を示す形になりました。

日中戦争が始まるとどんな発言があったのかといいますと【資料７－２】です。

【資料７－２】閑院宮《かんいんのみや》参謀総長・伏見宮《ふしみのみや》軍令部総長への下問（一九三七年八月一八日）

戦局漸次拡大シ上海ノ事態モ重大トナレルカ青島モ不穏ノ形勢ニ在ル由　斯《か》クノ如クニシテ諸方ニ兵ヲ用フトモ戦局ハ永引クノミナリ　重点ニ兵ヲ集メ大打撃ヲ加ヘタル上ニテ我ノ公明ナル態度ヲ以テ和平ニ導キ速ニ時局ヲ収拾スルノ方策ナキヤ　即チ支那ヲシテ反省セシムルノ方策ナキヤ

出典：防衛庁防衛研修所戦史室・戦史叢書86『支那事変陸軍作戦(1)』（朝雲新聞社、一九七五年）２８３頁。

戦線が華中の方にまで飛び火した段階で、天皇は長期戦に陥ることを懸念し、重点に兵力を集めて中国側に大きな打撃を与えて流れを変える、中国を反省させる、そういう方策を立てろ、と言っています。対満州、対中国という点では、基本的には明治以来の「脱亜入欧」的な考え方、欧米の干渉は非常に敏感に回避しなければいけないと思っているけれど、対アジアという点ではやはり膨張主義であると言えます。

天皇と「聖断」――天皇が〈終戦〉をリードしたのか

次に天皇と聖断ということで【資料８－１】は、一九四五年五月一三日に近衛文麿から海軍の中で終戦工作をやっていた高木惣吉《そうきち》への伝言です。

【資料８－１】近衛文麿から高木惣吉への伝言（一九四五年五月一三日）

私〔近衛〕は上奏の時〔一九四五年二月一四日〕に、戦争の見込みがないと判然したときは、戦争を御終結にならぬと、国内は赤化、共産化の危険があります、という意味のことを申上げた。その時陛下は、『未だ見込みがあるのだ』との御言葉であった。一度叩いてから終結するということに御期待がある。

出典：高木惣吉『高木海軍少将覚え書』（毎日新聞社、一九七九年）227－228頁。改行を省略した。

近衛文麿は、一九四五年二月一四日に「上奏文」を用意して、天皇に戦争終結の方向に舵を切らないと国内赤化（革命）の危険があると進言するのですが、その時天皇は、一度叩いてからの戦争終結に期待していると語ったのである。「一撃講和論」とよくいわれます。

しかしながら、五月になると天皇は「一撃講和」を断念します。【資料8－2】をご覧ください。

【資料8－2】木戸幸一内大臣の近衛への話（一九四五年五月上旬）

〔天皇は〕従来は、全面的武装解除と責任者の処罰は絶対に譲れぬ、それをやるようなら最後迄戦うとの御言葉で、武装解除をやれば蘇聯《ソれん》が出て来るとの御意見であった。そこで陛下の御気持を緩和することに永くかかった次第であるが、最近（五月五日の二、三日前）御気持が変った。二つの問題も已《や》むを得ぬとの御気持になられた。のみならず今度は、逆に早い方が良いではないかとの御考えにさえなられた。

出典：同前、228－229頁。

なぜ五月五日の二、三日前なのかというと、一つはベルリンが陥落してドイツが敗けたこと、二つには四日に沖縄の第三二軍が反撃に出たが失敗し、沖縄戦の見込みも暗くなったこと。この二つの要因があり、天皇の気持ちも大きく変わったのです。実は、戦後初代宮内庁長官になった田島道治《みちじ》にも、天皇は【資料8－3】のように回想しています。

【資料8－3】終戦が遅れたことに関する天皇の回想（一九五二年三月一四日）

私は実は無条件降伏は矢張りいやで、どこかいゝ機会を見て早く平和に持つて行きたいと念願し、それには一寸こちらが勝つたやうな時に其時を見付けたいといふ念もあつたし、軍からいへば激励の言葉を全然やらぬ訳にもいかぬといふ事だつたとの御述懐。

出典：古川隆久・茶谷誠一・冨永望・瀬畑源・河西秀哉・船橋正真編『昭和天皇拝謁記　初代宮内庁長官田島道治の記録』第3巻（岩波書店、二〇二二年）128頁。

無条件降伏は嫌だという思いがあって、一撃を与えて機会を見出したいと思ったということです。ただ、天皇が決断して戦争を終わらせるというのは、天皇だけではなく宮中グループ、側近たちも予め考えていまして、それが【資料9】です。

【資料9】松平康昌《やすまさ》内大臣秘書官長の高木惣吉への話（一九四五年三月一六日）

次期政権は一応Ａ〔陸軍〕にやらせて戦争一本で進んで、或る限度に来たとき、ＨＭ〔His Majesty〕表面に出られて転換を令せられる。Ａが引っこむ、事後の収拾対策にかかる、こういう方式はどうか。それは重臣と政府首脳、軍部首脳との御前会議で決める。〔中略〕次のＨＭの出方は、世界平和の提唱、堂々たるべきこと、責任は木戸〔幸一〕一人にてとる。爾前に重臣に或る資格を与えて後にやると、責任分散の印象を与えて工合が悪い。一日あればそれは出来る。出典：高木惣吉『高木海軍少将覚え書』176－177頁。改行を省略した。

この時点で小磯（国昭）内閣はもう駄目で次の内閣を作らなければならないと側近も思っていて、このようなシナリオを考えていた。天皇の鶴の一声方式でやろうではないか、実際八月に実施されたのは正にこれです。しかしこのシナリオが難しいのは、戦争一本で進んで「或る限度に来たとき」、その限度をどこに見出すか、です。結局、事態を眺めていて、最後の最後に原爆が落ちてソ連が参戦するという状態になって、ようやくこのシナリオは発動されることになります。

天皇の戦争に対する責任はいかなるものなのかを考えてみますと、やはり戦争につながる膨張主義を否定するものではなかったということ。これは考えてみれば当たり前で、帝国主義時代の君主ですから、膨張主義、領土拡張、勢力圏拡張ということに否定的であるわけがありません。それが戦争中にはやはり非常に露骨な形で現れてしまったのです。

天皇の戦争責任と東京裁判

例えば【資料10－1】の一九四三年五月三一日の御前会議決定「大東亜政略指導大綱」を見てみましょう。この決定では、この年のうちにフィリピンとビルマについては独立させるとした上で次のようにしています。

【資料10－1】大東亜政略指導大綱（一九四三年五月三一日御前会議決定）

六、その他の占領地域に対する方策を左の通り定む。

但し(ロ)、(ニ)以外は当分発表せす。

(イ)「マライ」「スマトラ」「ジャワ」「ボルネオ」「セレベス」は帝国領土と決定し重要資源の供給源として極力これか開発並ひに民心把握に努む。

(ロ)前号各地域においては原住民の民度に応し努めて政治に参与せしむ。

(ハ)「ニューギニア」等(イ)以外の地域の処理に関しては前二号に準し追て定む。

(ニ)前記各地においては当分軍政を継続す。

七、大東亜会議〔以下略〕

出典：外務省編『日本外交年表竝主要文書』下（原書房、一九六五年）584頁。

「ただし(ロ)、(ニ)以外は当分発表せす」とありますから(イ)と(ハ)は発表しないのですが、そこに書かれているのは、現在のマレーシア、シンガポール、インドネシアにあたる地域は「帝国領土」と決定し「重要資源の供給源」とするということです。御前会議においてこのような領土拡張が決定されたのです。この点について昭和天皇の公式伝記である『昭和天皇実録』ではこのように記述されています。【資料10－2】で確認してみましょう。

【資料10－2】『昭和天皇実録』一九四三年五月三一日

四時二十六分、内閣より上奏された御前会議決定の件を御裁可になる。大東亜政略指導大綱は、第一に大東亜戦争遂行のため、帝国を中核とする大東亜の諸国家・諸民族結集の政略態勢を十一月初頃までにさらに整備強化すること、第二に政略態勢の整備については帝国に対する諸国家・諸民族の戦争協力強化を主眼とし、特に支那問題を解決すること、以上二点を方針とする。また、その要領として、日華基本条約を改訂して同盟条約の締結を目指すとともに、国民政府をして対重慶政治工作を実施せしめるよう指導すること、タイに対しては相互協力を強化の上、マレー地域における失地回復、経済協力を速やかに実行すること、ビルマ・フィリピンについては速やかに独立させること、本年十月下旬頃大東亜各国の指導者を東京に集め、大東亜共栄圏の確立を宣明、戦争完遂に邁進すること等が掲げられる。

出典：宮内庁編修『昭和天皇実録』第九（東京書籍、二〇一六年）109頁。

大東亜政略指導大綱の説明がきちんとなされています。これをずっと読んでいきますと、かなり的確に決定が要約されています。「ビルマ・フィリピンについては速やかに独立させること」と書いてありますけれど、何か抜けていないか。独立させることと、大東亜会議との間です。「マライ、スマトラ、ジャワ、ボルネオ、セレベスは帝国領土と決定し……」というところが、『昭和天皇実録』では削られているのです。『昭和天皇実録』という公式の伝記に、こういう部分が削られているのは非常に残念なことで、やはり歴史上の事実が削られて隠蔽されることはよろしくないと思いますし、『昭和天皇実録』は一定の権威を持っているわけです。ですからこれが今後、歴史的事実として学校教育とか研究上のベースになる可能性がある。分量からいっても大変なものですし、これが刊行されないと分からなかった事実もたくさんあります。そういう点ではこれが編纂されたことの意義は私も大いに認めるのですが、肝心な情報や戦争に対して天皇が積極性を示す部分が削られていたりする難点があります。

次にＧＨＱによる占領政策が始まりまして、ＧＨＱと天皇の間でどういうやり取りがなされたのか、ということですが、【資料11】GHQボナ・フェラーズ准将の米内光政《よないみつまさ》への発言をみてみましょう。

【資料11】GHQボナ・フェラーズ准将の米内光政への発言（一九四六年三月六日）

自分〔フェラーズ〕は天皇崇拝者ではない。したがって十五年二十年さき日本に天皇制がああろうがあるまいが、また天皇個人としてどうなっておられようが関心は持たない。しかし連合軍の占領について天皇が最善の協力者である事を認めている。現情において占領が継続する間は天皇制も引き続き存続すべきであると思う。

ところが困った事に、連合側の或る国においては天皇でも戦犯者として処罰すべしとの主張強く、ことに「ソ」は其の国策たる全世界の共産主義化の完遂を企図している。したがって、日本の天皇制とMC〔マッカーサー〕の存在とが大きな邪魔者になっている。

加うるに米において非亜米利加式思想が当局の相当上の方にも勢力を持つに至って、天皇を戦犯者として挙ぐべきだとの主張が相当強い。

右に対する対策としては、天皇が何等の罪のないことを日本側が立証してくれることが最も好都合である。そのためには近々開始される裁判〔東京裁判〕が最善の機会と思う。ことに、その裁判において東条に全責任を負担せしめるようにすることだ。

即ち東条に、次のことを云わせて貰いたい。

「開戦前の御前会議において、たとい陛下が対米戦争に反対せられても、自分は強引に戦争まで持っていく腹を既に決めていた」と。

米内　同感です。
出典：高田万亀子「新出史料からみた『昭和天皇独白録』」『政治経済史学』第二九九号（一九九一年）。

ボナ・フェラーズという人物は、マッカーサーの軍事秘書です。当時のニュース映画などを見ると第一生命ビルからマッカーサーが出て来るとき、後ろに付き随っているのは大抵この人です。バターン半島から脱出したマッカーサーの幕僚たち「バターン・ボーイズ」の一員で、戦争が始まった時からずっとマッカーサーの幕僚として付き随った人たちの一人ですけれど、マッカーサーの幕僚の中で唯一日本軍のことを研究していた日本通の人です。戦前に日本に来たこともありまして、アメリカ陸軍大学の卒業論文は日本兵の心理に焦点を当てたものでした。どういうビラを作ったら日本兵は投降するだろうかなど、心理戦を担当していた。当時の知日派にはジョセフ・グルーなどかなり日本のことを分かっている人たちがいます。彼らが必ず読んでいた本があります。ラフカディオ・ハーン（小泉八雲）の『大日本』という本です。その中の「天皇女王蜂論」、つまり日本という蜂の巣の中で、天皇は女王蜂だと言う。だからこれを取り除いてしまうと、その蜂の巣は混乱して壊滅してしまう。天皇を取り除いてはならないのだ、という「天皇女王蜂論」が展開されています。天皇制は残すべきだ、という考えを持っているのが、ボナ・フェラーズでした。

米内光政がボナ・フェラーズに会いに行きます。おそらく英語でやり取りしたのでしょう。記録は米内の手帖に書かれたもので、米内が日本語で筆記しているので日本的な表現になっています。フェラーズは、天皇が占領政策の「最善の協力者」であるとした上で、占領中は天皇制が存続すべきだとしています。この場合の存続とは、昭和天皇が在位し続けるという意味です。しかし、ソ連だけでなく、アメリカ国内にも、天皇戦犯論が存在するとし、おそらくフェラーズは、GHQの中でも民政局あたりにこういう考えを持っている人がいることを言いたかったのだろうと思います。これに対する対策として、東京裁判において東條に責任を全部押し付けてしまえ、と言っています。米内も「同感です」と応えています。

米内がなぜここにいるのかというと、宮中との連絡役としてボナ・フェラーズに会っているのです。当時宮中には外交官出身の寺崎英成がいまして、寺崎を通じてGHQとの折衝をやっているのです。米内と岡田啓介、若槻礼次郎、宇垣一成《かずしげ》の四人はGHQに対するレクチャー役です。戦前の日本はこういう状態でしたということを、GHQや東京裁判を担当したIPS（国際検察団）の重要人物に対してレクチャーする役目はこの四人でした。その一人が米内でして、宮中とのパイプ役でもありました。このことを米内は寺崎を通じて直ちに宮中に伝えました。実際に米内は東條に会って、あなたが全てを被ってもらわないと駄目なのだということを伝えたのです。すると東條は生き恥を晒して（東條は自殺しようとしました）いるのは正にそこなのだ、自分が一人で全てを負うつもりだ、と言ったようです。東京裁判になると東條の発言は揺れ動くところがありますが。

しかしこの米内とボナ・フェラーズの会談は、歴史的に見ると東京裁判の基本的なシナリオがここに成立したという意味で、非常に重要なものです。このことを米内から聞いた宮中では大慌てで、天皇は戦争には関わりなかったのである、そういう発言を天皇から聞き取ろうということが、『昭和天皇独白録』の作成に結び付くのです。この直後に最初の聞き取りが行われています。当時の侍従次長・木下道雄の『側近日誌』を読むとわかるのですが、天皇は風邪で寝ていて調子が悪いのに、執務室にベッドを入れて、とにかく話して下さいと相当急いだ感じで天皇に聞き取りをしています。あくまで最初の目的は、戦争とか国家の運営に主体的に関わったわけではなく、やらされたのだということを語ってもらうために聞き取りは行われたのです。しかし、『独白録』を読んでいただくと分かるのですが、これをそのままGHQに渡してしまうと、天皇は結構主体的だったのだ、ということになりかねない。人事への介入など結構平気でやっている。そもそも田中義一《ぎいち》内閣を倒したことを自ら言っています。そのため寺崎英成が、立憲君主で天皇には権限は無かったということだけを強調した『英語版独白録』を書いてGHQに渡す。これは明らかでして、その『英語版独白録』がボナ・フェラーズの遺品から出て来ています。立憲君主だから何もできなかった、ボナ・フェラーズを通じてそういう流れができたことになります。このように見ていきますと、東京裁判シナリオにはGHQと昭和天皇側近の合作の部分があることがわかります。

おわりに

まとめに入ります。昭和天皇の戦争関与、戦争指導の実態は今説明したところであります。やはり昭和が終わって三四年にもなり、関係者の日記や回想がかなり出揃って来ました。尤《もっと》もごくごく最近、また出て来たりもしています。そういうのを見ていくと、天皇は性格的に真面目であるということもあって、非常に熱心に戦争指導をしたことは確かです。それでかなり体も壊してしまうというか、または神経も病んでしまう。相当疲弊してしまっているところがあります。ですからそれはそれとして、事実として天皇が戦争中どうであったのか、ということはやはり私たちは事実として知っておく必要があるのではないかと思います。

岩波書店から初代宮内庁長官、田島道治の『昭和天皇拝謁記』が刊行されました。天皇とのやり取りをリアルタイムで記した文書です。天皇にこういうことを報告したら天皇はこういう発言をした。それに対して田島はこういうふうに答えた、天皇とのやり取りについての備忘録です。それらを見ますと天皇の思いがはっきりと出ている。先ほど少し引用しましたが、それなりの本音が出ています。それから戦争中に侍従長だった百武三郎の日記も公開されました。『昭和天皇実録』が刊行された時点では、まだ公開されていませんでした。東大で収蔵・公開されています。侍従武官だった坪島文雄の日記も、国会図書館憲政資料室に収められまして公開されています。研究者としてはまだまだ検討しなければならない資料が多々ありますけれど、『昭和天皇実録』のイメージだけでは不充分だなと言わざるを得ないところもあります。

【参考文献】

後藤致人『内奏：天皇と政治の近現代』（中公新書、二〇一〇年）
古川隆久『昭和天皇：「理性の君主」の孤独』（中公新書、二〇一一年）

保阪正康『昭和天皇』上・下（朝日選書、二〇一九年）
山田朗『大元帥　昭和天皇』（新日本出版社、一九九四年、ちくま学芸文庫、二〇二〇年）
山田朗『昭和天皇の軍事思想と戦略』（校倉書房、二〇〇二年）
山田朗『昭和天皇の戦争：「昭和天皇実録」に残されたこと・消されたこと』（岩波書店、二〇一七年）

第八章　大東亜戦争の「遺産」はなにか

波多野澄雄

はじめに

戦後七〇年、二〇一五（平成二七）年一二月、明仁天皇は八二歳の誕生日に次のように発言されています。この年は明仁天皇が海外の戦跡地を訪れる「慰霊の旅」で、最も激しい戦闘が行われたパラオ（ペリリュー島）を訪問されていました。

「年々、戦争を知らない世代が増加していきますが、先の戦争のことを十分に知り、考えを深めていくことが日本の将来にとって極めて大切なことと思います」

一般の国民がほとんど知らない海外の戦跡地を訪れ、こういう発言をなさったということは、結構重いことだと思います。日本人は、はたして「先の戦争のことを十分に知り、考えを深めていく」ということを誠実に実行してきたでしょうか。はなはだ心もとないと言わざるを得ないわけです。

ここで、まず、「大東亜戦争」と呼んでいた未曾有の大戦争とは、いったいどのような性格の戦争だったか、改めて考えてみたいのですが、全体として、「大東亜戦争」は、一つの戦争というよりも「複合戦争」であったと言えるかと思います。つまり、大東亜戦争の内実に分け入ってみますと、それぞれ性質の異なるいくつかの戦争が重なりあっている、ということができる。

そのうえで、いったい大東亜戦争の「遺産」とは何かを考えますと、「敗戦国」としての遺産をどう考えるか、なかなか難しいところがあります。「複合戦争」のどの局面をとらえるか、また、「戦後」をどう考えるかによっても「遺産」のとらえ方は異なる。ここで議論する「遺産」も、ある局面に限定したほんの私見に過ぎません。

「複合戦争」としての大東亜戦争

(1) 四つの戦場

私が「複合戦争」と呼ぶのは、大東亜戦争は、「四つの戦場」によって構成されているからです。「四つの戦場」というのは、第一が、真珠湾攻撃に始まる日米戦争、これは太平洋が主戦場です。第二が、ヨーロッパの植民地宗主国との戦争、これは主に東南アジアがその舞台です。第三が、終戦前後のソ連との戦争、満洲や極東シベリア、千島の「北方戦場」です。そして、第四が、一九三七年に始まる支那事変、日中戦争ですね、これは中国大陸を舞台とする「大陸戦場」。これらの「四つの戦場」は、戦略的にも、また部隊や兵士の移動という点でも、相互にあまり関係がない、それぞれ孤立した戦場であったと言うことができます。

私の父親は、一九四〇年から六年間余り下級兵士として中国戦場に従軍しておりましたが、初期のころシンガポールで一時過ごしただけで、終戦までずっと中国大陸におりました。

それはともかく、四つの戦場の戦後に残る遺産というものもそれぞれ異なっているということが言えます。例えば日米戦争は広島・長崎の原爆という、人類史にも残る「負の遺産」を生み出したわけです。東南アジアの戦場では捕虜の問題が残りました。そして、ソ連との戦争はご承知のようにシベリア抑留といったような問題を残した。そして支那事変は遺棄兵器であるとか、七三一部隊であるとか、そういった「負の遺産」を残しているわけです。それぞれの戦場ごとに異なる「負の遺産」が残された、ということです。

(2) 三つの争点

少し角度を変えて、いったい何のためにこの戦争を戦ったのか、という観点からしますと、まずはアジア太平洋の覇権をめぐる戦い、これは日米戦争、日ソ戦争はたぶんこれに相当するだろうという感じがします。そして、二つ目は、望ましい国際秩序の在り方をめぐる戦い、これは日米戦争がそうでしたし、とくに支那事変(日中戦争)は「東亜の安定」とか、あるいは「東亜新秩序」とかいった名目のために戦われた。つまり東アジアにどのような国際秩序が望ましいかということをめぐっての戦いです。三つ目は植民地の解放という戦争、つまり植民地の民族に独立や自治を与える、という意味での脱植民地化をめぐる戦い、これは東南アジアの日本とイギリス、オランダといった国々との戦争です。つまり東南アジアの戦場です。

「四つの戦場」「三つの争点」の中で、難しいのが支那事変です。いったい支那事変は何のための戦いだったのか。中国戦場に赴いた私の父親も、名目に乏しく、友と敵の区別が判然としない後味の悪い戦いだった、といつも言っていましたが、支那事変の解決とは何かということが、つねに日本の大きな課題でした。ご承知のように、支那事変は大東亜戦争、つまり日米戦争が始まると、これは大東亜戦争の一部になったわけですが、ただ支那事変は米英との戦争とどのような関係にあるのかという点でははっきりしなかった。やっぱり支那事変は日中間で解決すべきだということで、開戦前と同じような解決を目指していたということが言えるのですが、そのことは後で少し触れたいと思います。

二つの「アジア解放論」

(1)「東亜解放論」の位相

以上のように、大東亜戦争は「四つの戦場」「三つの争点」が重層的に展開するのですが、ここでは三つ目の争点について考えてみたいと思います。つまり、「民族の独立」という問題です。日本軍は開戦後、マレー半島やフィリピン、インドネシアなどに、ほとんど無抵抗のまま軍事進攻し、一九四二年五月頃には東南アジア一帯を占領いたします。その過程では、急速に広がった占領地の諸民族をいかに処遇するのかが問題になるわけです。

一九四二年一月下旬、東條英機首相は、議会演説で「東亜の解放」を訴え、フィリピン、ビルマの独立に言及しました。「解放戦争論」が国策レベルで取り上げられたのは実はこれが最初でした。

開戦以前において、確かに様々な「アジア（東亜）解放論」が存在し、それが日本の使命であると説く指導者や言論人は少なくありませんでした。しかし、日本は西欧の植民地支配からの民族解放の是非を争点として戦争に突入したのではなく、アジア太平洋地域に設定した権益の擁護や、存立に必要な資源の確保という目標、つまり「自存自衛」のために戦端を開いたのでした。東條演説によって、それまで民間のスローガンであった「アジアの解放」が、開戦後の軍事進攻の過程で日本の公的な戦争目的に格上げされたわけです。

東條首相は、この議会演説で、確かにフィリピン、ビルマの独立容認の方針に言及したのですが、ただこの時点では、本格的に東南アジアの国々を独立させようという意思は政府や軍部の指導層にはなかった、ということが言えます。開戦間もない時期の対米英戦略は、とくにインド、西アジアの方面に進出して独伊と連携して、大英帝国を脅かそうというのが中心でした。政治目的としては、西アジアに進出してインドの独立を刺激するということでした。

東條首相は、こうした「西方攻勢」戦略を支援するという意味で、フィリピン、ビルマの独立に便宜的に言及したわけです。ただ、占領地の民族の独立あるいは自治という問題がやがて日本の大きな課題になることは想定されていましたから、その場合に、いったい現地民族の自治や独立と、大東亜共栄圏構想とはどのような関係になるのか、ということは、早い段階から議論をされます。

(2) 東條首相と「大東亜建設審議会」――「指導国論」

増え続ける占領地の住民をいかに処遇するかという問題に直面した政府は、東條首相を会長に、一九四二年二月に「大東亜建設審議会」というものを設置します。この審議会は議論を重ねまして、同年五月までに多くの建設プランを作成するのですが、その中核となる「大東亜建設に関する基礎要件」という基本方針によれば、日本が「指導国」となって、大東亜圏内諸国・諸民族を導いていくことを使命とみなし、経済的にも大東亜全般の「計画交易」、「産業統制」を実施する、圏内諸国の対外的な行動の自由はあり得ず、圏外との外交・通商関係も「指導国」である日本の統制に従う、そういうイメージでありました。

それは、日本人の伝統的な家族観とか、身分秩序の観念を共栄圏にも適用したものでした。つまり家長である日本が、家族である子供たちを指導するという、日本的な家族観によっていたということが言えます。言い方をかえますと、独立や自治は日本によって与えられるものであって、占領地住民の「民族自決」の権利や要求に応えていく、という性格のものではなかったわけです。

前述の東條演説を「戦争理念の一大変革」と見なした『朝日新聞』(一九四二年二月五日付)の社説は、民族解放論は第一次大戦におけるウィルソン大統領の「民族自決主義」の主張にその先例がみられるが、米英によるその運用は「欺瞞」に満ちたもので、「小国分裂」をもたらした、しかるに東條演説は「何等他民族の要請に基づかずして、我が国の一方的なる自主的意図」に基づく点にこそ、日本の東亜解放政策の真面目《しんめんもく》があると論じています。ウィルソンの民族自決主義は「小国分裂」をもたらしたが、東條内閣の民族解放論は、それとは異なり、むしろアジア民族を統合に向かわせるものだ、と言っているわけです。

(3) 重光外相と外務省――「民族自決論」

占領地住民の処遇という点で、大東亜建設審議会とは異なる共栄圏像を描いていたのが、一九四三年四月に外務大臣に就任した重光葵《しげみつまもる》と外務省の一部の外務官僚です。重光は一九四五年四月まで、ほぼ二年間外務大臣を務めまして、戦後も東久邇宮《ひがしくにのみや》内閣や、鳩山一郎内閣の外務大臣となります。

重光は、大東亜建設審議会のような大東亜共栄圏像ではなくて、「独立・自治」の容認は、第一次大戦後の「民族自決主義」という国際的潮流を踏まえるのであれば、第二次大戦後の国際秩序の原理、原則となるだろうと見通していました。だから日本が占領した地域にある諸民族についても、これは「民族の権利」として「独立・自治」の方向に導いていくべきだと考えていました。

ただ、戦争が激しくなって、このような考え方が政軍の指導者の理解を得られるか、といえば甚だ困難でした。とくに、陸海軍は戦争の遂行や資源の獲得にとって、占領地住民に自治・独立を与えることが望ましいか否か、という観点からこの問題をとらえるわけで、そうしますと、自治や独立の容認は戦争遂行の妨げとなるだけで、当分は軍政を継続すべきだという考えを強めていきます。とくにインドネシアの油田地帯を占領していた海軍は、住民に自治や独立を与えることに強く反対していました。海軍は最後まで、大東亜戦争を「民族解放戦争」とすることに消極的でした。

いずれにせよ、重光外相や外務省の考え方が、実践に移せるかというと、なかなか難しいところがありました。

重光外相と「大東亜政略指導大綱」

(1) 一九四三年五月の御前会議決定

重光が外務大臣に就任した直後の四三年五月、御前会議で「大東亜政略指導大綱」という対外国策が決まります。この御前会議決定のプロセスに重光外相の考え方と陸海軍の考え方の違いがよく現れています。

元来、この御前会議決定のねらいは米英の本格的な反攻に備えるために、アジア占領地住民の政治的結束を固めることにありました。その決定に至る過程では、占領地域の戦争協力を調達するために現地住民に「独立」や「自治」あるいは「政治参与」をどこまで容認するのかというのが大きな争点となりました。

そこで、先にも紹介したように、二つの考え方がこの御前会議に至る過程で論争になるわけです。一つは陸海軍の考え方でありまして、「独立」や「自治」の容認は占領地における資源の確保を妨げる、そして作戦を阻害する要因になる、だから「独立」や「自治」は時期尚早という立場でした。占領した地域は軍政下に入っていましたので、軍政継続論でした。

もう一つは、外務省の一部と重光の考え方でありまして、それは、占領地住民の「独立」や「自治」を容認することこそが戦争協力をスムーズに調達できる、という考え方でした。独立容認論ということになります。

これに対して、今触れましたように、陸海軍の中でも、とくに海軍はこの「独立・自治」を容認することについて極めて否定的でありました。

(2) 圏内の「独立」と「資源開放」をめぐって

こうして激しい論争のすえ、ともかく四つを決定しました。①「独立」容認路線で動いていたビルマやフィリピンについては、その推進を確認しました。これは、ビルマ、フィリピンはすでに東條首相が議会演説で触れていたことですが、この二つの地域については独立させようということになりました。ビルマ、フィリピンの「独立」が承認され、両国との間に一九四三年八月に「日緬《にちめん》同盟条約」、そして一〇月に「日比同盟条約」として実現するわけです。「独立」といっても戦時中のことですから、日本が国防などの国の枢要機能を握るかたちの「満洲国」型の独立で、国際的な承認も枢軸国に限られていました。いずれにしても、日本は両国に大使を置きまして、大使館業務も始まりましたし、日本との経済交流も盛んとなり、留学生も日本に招致したりしまして、二つの国との関係はある程度進展したということが言えます。

②南京の国民政府、これは汪兆銘《おうちょうめい》政府のことですが、南京国民政府との間で日華基本条約を全

面改定して、一九四三年一〇月に日華同盟条約を結びました。この日華同盟条約は、相手が重慶ではなく南京の汪兆銘政権とはいえ、中国の政権の「自発性」と「自由」を大幅に容認する方向へと舵を切った点で画期的でした。一九四〇年に結ばれていた日華基本条約は非常に不平等なものであり、それを全面的に改定して、対等条約としたわけです。日本側は、これを「対支新政策」と呼ばれていた対中新政策の基軸と位置付けていました。これが二つ目でした。

③は、マラヤとインドネシア（旧オランダ領東インド＝蘭印）は「帝国領土」のままにするという決定でした。大英帝国の植民地であったマラヤの独立案は外務省の一部に存在していたのですが、結局、日本政府は終戦まで独立させようとしませんでした。そして、インドネシアについては、四四年九月、小磯国昭内閣のときに、海軍の抵抗に遭いながらも、簡単な「小磯声明」を発して将来の独立を認める方針を打ち出します（後述）。

最後の④が大東亜会議を東京で開催するという決定でした。大東亜会議の開催は重光の発想ではなくて、東條首相の発想でした。東條首相の大東亜会議の考え方は、大東亜共栄圏内の「独立国」の代表者を東京に集めて、連合国の反攻に備えて結束を固め、戦争協力を確かなものとしようというのがその中心的なねらいでした。しかし、重光外相と一部の外務官僚のねらいは、それだけではありませんでした。

重光外相と大東亜会議

(1)「大東亜憲章」構想

重光外相にとって大東亜会議は、単に各国の結束を促すだけではなくて、大東亜の「独立国」が相互に対等な立場で「大東亜機構」を結成する第一歩と考えられていました。具体的には、日華同盟条約を基軸として日本、満洲国、中華民国（汪兆銘政権）、ビルマ、フィリピン、そしてタイ、これら六つの国々が共同の協議体として「大東亜機構」のもとに結集し、相互に対等な立場で結合をはかろうというものでした。

その出発点となる「第一回大東亜会議」は、政治的には「独立・平等」、そして経済的には「互恵・開放」を基調とする「大東亜憲章」を共通の戦争目的として発表する場として、位置付けられていました。

しかし、このような重光外相の構想は、大本営政府連絡会議で議論されますが、そこでは「大東亜機構」は「国際連盟思想を包臓《ママ》するもの」、つまり「対等・平等」な関係を築こうという構想は、国際連盟と同様の思想だ、として拒絶されます。それまでの日本の共栄圏の考え方は「指導国」が政治的にも、経済的にも圏内を統制するという姿ですので、それとは矛盾しているわけです。

こうして「大東亜機構」という協議体を制度化する構想は挫折するわけですが、にもかかわらず、重光外相は「大東亜憲章（大東亜共同宣言）」の内容を自主独立・平等互恵を基調とする「大東亜建設綱領」として意味づける構想を後退させることはありませんでした。また、共同の戦争目的として、「大東亜憲章（大東亜共同宣言）」を打ち出そうという考えも変わりませんでした。

そして一九四三年八月初め、共同宣言の文案づくりのため、重光の提案によって外務省内に「戦争目的研究会」という名の議論の場が設けられます。研究会の幹事長は、条約局長の安東義良《よしろう》が務め、課長級の幹部が幹事に加わりました。政務局第一課長の門脇季光《すえみつ》、政務局第二課長の曾《そ》禰《ね》益《えき》、調査局第二課長の尾形昭二、条約局第一課長の松平康東《こうとう》、通商局第一課長の原敢二郎らでした。幹事のうち、尾形昭二は戦後、日本共産党に加わります。さらに、曾禰益は日本社会党に入ります。

(2)「戦争目的研究会」における争点

戦争目的研究会は、二ヵ月ほど議論を続けるのですが、詳細な議事録が残っております。終戦後、占領軍によって接収されていたのですが、アメリカの議会図書館にマイクロフィルムの形で収められていることが分かりました。

この議事録はなかなか興味深いもので、私の『太平洋戦争とアジア外交』の中でも紹介したのですが、何が議論されたのか、主要争点は何だったか、ということに少し触れてみます。

「戦争目的研究会」は、文字通り、日本の戦争目的のあり方を議論するわけですが、その際、連合国の戦争目的として、開戦前の一九四一年八月にローズヴェルトとチャーチルが発表した大西洋憲章との関係が議論となっています。安東局長は、戦後経営の理念として「従来の指導国理念の極度に強調せられたる共栄圏思想」を乗り越え、「米英をして我方に同調せしむる」ためには、連合国の戦争目的である大西洋憲章を参照しなければ、国際的には説得力がないことを力説しています。つまり、現実の戦争遂行に資する、というより、戦後世界を見据えた内容とすることに重点が置かれていることです。これが一つの特徴です。

二つ目は、大東亜共栄圏内諸国の「独立尊重と平等・互恵」という政治経済原則と日本の覇権的地位を前提とする従来の共栄圏構想との矛盾をどう解決するか、という問題がありました。日本のそれまでの大東亜共栄圏の構想は「指導国」が圏内の政治経済や対外関係を統制するという姿ですので、平等・互恵を目指す重光外相たちの考えとは、明らかに違うわけです。その調整が必要になったということです。

まず、共同宣言の実施・運用にあたっては「所謂《いわゆる》国際連盟的構成及運用」は避けるとされました。これは先に触れましたように、大本営政府連絡会議で大きな反対がありまして、「平等・互恵」あるいは「対等」という文言をそのまま盛り込むことはできない、ということでした。この辺がなかなか難しいところでした。

共同宣言の文案作成には、外務省だけではなく、大東亜省とか、内閣情報局とかが関与してくるわけですので、いかに「指導国」という考え方を避けるか、苦心するのですけれども、たとえば、「提携」や「協力」という言葉の中に「指導」という意味が含まれるのだという、そういう切り抜け方をするわけです。

三番目、もっとも紛糾した争点は「資源の開放」をどこまで認めるかということでした。共栄圏内の経済体制を「計画経済」(統制経済)とするか、あるいは「自由経済」として想定するか、という問題です。

「資源の開放」が前提とする「自由経済」は、戦後の世界経済体制の見通しにおいて必ずしも当時は自明の進路ではありませんでした。確かに大西洋憲章は、戦後における自由経済や自由貿易の原則が基調となっているのですが、全体としては「自由経済」という方向性よりは、むしろ「広域経済論」が優勢でありました。その背景には、占領地における国防資源の開発と利用について「特恵的待遇」を受けるのは当然だとする陸海軍や物資動員官庁の強い要請が存在していました。つまり統制経済であるからこそ、植民地や占領地からの国防資源の確保が効率的にできるのだというのが、当時の経済官庁の考え方でした。

こうして協議は難航するわけですけれども、最終的には共同宣言にはかろうじて「資源の開放」が記されています。その背景は、当時の条約局の調書によれば、戦争の勝敗にかかわらず、戦後には「思い切りて東亜を開放し他国との交易を能《あた》ふ限り自由にし、資本技術の導入を促進する」必要がある、という確かな展望があったということです。実際に戦後は自由経済のもとで、資本技術の導入を日本は図っていくことになるのですけれども、そういう見通しが当時の物資動員官庁の考え方を押しのけて、一応共同宣言に盛り込まれるわけです。

大東亜共同宣言の意味――戦争目的の再定義

一九四三年一一月五~六日に東京の国会議事堂で開催された大東亜会議には、東條首相のほか、満洲国国務総理張景恵、南京国民政府行政院院長汪兆銘、ビルマ国行政府長官バーモウ、フィリピン国大統領ホセ・ラウレル、タイ国首相代理ワンワイ・タヤコーン親王、さらに、自由インド仮政府主席のチャンドラ・ボースが陪席者として出席しました。一一月六日に発表された大東亜共同宣言の全文は以下の通りです（句読点を挿入、片仮名を平仮名にした）。

抑々《そもそも》世界各国が各其《おのおの》の所を得、相倚《よ》り相扶《たす》けて万邦共栄の楽を偕《とも》にするは世界平和確立の根本要義なり

然るに米英は自国の繁栄の為には他国家他民族を抑圧し、特に大東亜に対しては飽くなき侵略搾取を行ひ大東亜隷属化の野望を逞《たくまし》うし、遂には大東亜の安定を根柢より覆さんとせり、大東亜戦争の原因茲《ここ》に存す

大東亜各国は相提携して大東亜戦争を完遂し、大東亜を米英の桎梏《しっこく》より解放して其の自存自衛を全うし、左の綱領に基き大東亜を建設し、以て世界平和の確立に寄与せんことを期す

一、大東亜各国は協同して大東亜の安定を確保し、道義に基く共存共栄の秩序を建設す
一、大東亜各国は相互に自主独立を尊重し互助敦睦《とんぼく》の実を挙げ大東亜の親和を確立す
一、大東亜各国は相互に其の伝統を尊重し、各民族の創造性を伸暢《しんちょう》し大東亜の文化を昂揚す
一、大東亜各国は互恵の下緊密に提携し、其の経済発展を図り、大東亜の繁栄を増進す
一、大東亜各国は万邦との交誼《こうぎ》を篤うし、人種的差別を撤廃し、普《あまね》く文化を交流し、進んで資源を開放し以て世界の進運に貢献す

全体の特徴として、前文にも本文の五項目にも、「大東亜共栄圏の建設」や「大東亜新秩序の建設」といった言葉が一度も使われていないことが分かります。内閣情報局や大東亜省は、前文にこうした表現を盛り込むことを主張したのですが、外務省が本文の五項目と整合性がとれないとして強く反対した結果でした。

重光外相は、前文での「指導国」理念を示唆するような文言の使用を避けたうえ、本文の五項目を「大東亜建設綱領五原則」（自主独立、平等互恵、資源開放、文化交流、人種差別撤廃）として、事あるごとに強調しました。

その五項目を検討してみますと、第二項目に「自主独立を尊重し互助敦睦《とんぼく》の実を挙げ」とあります。「自主独立の尊重」という言葉はそれまでの日本のアジア政策の文書の中にたくさん出てきまして、これ自体は目新しいものではありませんが、各国との同盟条約では、より実質を備えたものとなります。さらに、第三項目の「各民族の創造性を伸暢《しんちょう》」という部分は、これは大西洋憲章にはない新しさがあります。

そして、第四項目のキーワードは「互恵」です。「大東亜各国は互恵の下緊密に提携し」というところですが、「互恵」、つまり経済的にウイン・ウインの関係を築いていくのだ、ということです。「互恵」という言葉は日本のそれまでの中国政策でも使われてきましたけれども、本格的に「互恵」という考え方でアジアとの関係を築こうという意思を示したのはこれが最初でありました。

そして第五項目ですが、まず、「人種的差別の撤廃」、これはご承知のように第一次大戦後のパリ講和会議のときに日本が主張した原則がここに生かされたということが言えます。次に、「普《あまね》く文化を交流し、進んで資源を開放し以て世界の進運に貢献す」という部分で、文化交流は大西洋憲章にはない新鮮な理念でした。また、「資源の開放」という原則は、同じ趣旨が大西洋憲章にも盛り込まれているのですが、やはり当時の日本としては画期的なことではありました。先に紹介しましたように、当時、国防資源の確保や自給自足経済のためには、資源を開放するのではなくて統制こそが必要とする考え方が中心でしたので、これを開放するということは自由貿易の世界を前提としているわけで、その意味で戦後の世界経済の趨勢《すうせい》に眼を向けた重要な原則でした。

こういう内容なのですけれども、共同宣言の意味ということを改めて考えてみますと、まずは、これまでの日本の戦争目的の「再定義」と言いますか、新たに日本の戦争目的を打ち出すというところに意味があったわけです。

しかしながら、大東亜共同宣言には、戦後世界を展望した新しい戦争目的が含まれているとはいえ、日本の中でも、それからアジア諸国からも、連合国側からも、これといった反応はじつはなかったわけです。戦争目的をめぐる議論はかえって混乱を深めることになります。

その原因の一つは、単に宣言のみに終わってしまったことにあるように思います。先に紹介しました「大東亜機構」のようなものを作って大東亜会議という協議体の制度化を図っていれば、おそらく違っただろうと思われます。

そうした欠陥に気付いていた人物の一人が石橋湛山《たんざん》でした。石橋湛山は当時、『東洋経済新報』を主宰していたのですが、その中でも共同宣言はただ言葉だけの問題に終わってしまって、何かそのもとに具体的な組織とか機構とか、そういうものがないから説得力がないのだということを書いています。

その一方、次のような評価もありました。四四年一月の海軍省傘下の思想研究会で、ある識者が、「大東亜共同宣言」は「亜細亜に於て英米思想を実現するものが日本といふ事になつて妙な事なり」と指摘しています。つまり、共同宣言は「反英米」のアジア解放宣言ではなくて、逆に「親英米」の解放宣言だ、大東亜共同宣言は「反英米」というより「親英米」だ、と言っているわけです。

この前者、つまり「反英米」は覇権的秩序（指導国論）を前提とした解放論であり、後者の「親英米」の解放論は、大西洋憲章に示された戦後世界の秩序を前提としていました。さらに、共同宣言には「民族の創造性」や「資源の開放」への言及、人種差別の撤廃など、大西洋憲章をある部分では超えるような内容が盛り込まれていました。

こうした革新的な内容を含む大東亜共同宣言が、連合国やアジア占領地の住民の共感を呼び、大きな影響を与えたわけではありませんでした。連合国には戦時プロパガンダの一種と受け止められ、国内的にも、石橋湛山や清沢洌《きよし》といった一部の自由主義的な言論人の注目を引きましたが、共同宣言の意図が正しく伝えられたとは言い難く、却って日本の戦争目的を混乱させたといえます。

小磯内閣と重光

(1) 小磯声明と仏印解放

その後、重光は、四四年七月、東條内閣の後の小磯内閣になっても外務大臣に留任します。留任の条件として、とくに大東亜大臣との兼任を要求します。当時、重光は一連の独立・自治容認政策を「大東亜新政策」と呼んでいましたが、大東亜省は、この「新政策」の遂行に消極的で、大東亜共同宣言にも反発をしていました。そこで、大東亜大臣を兼任して「新政策」に対する阻害要因を取り除こうとしたわけです。小磯総理もそれを容認しました。

大東亜相を兼任した重光外相は、今度はインドネシア(オランダ領東インド)の政治参与の拡大、つまり独立に向けての準備と、そして「仏印の民族主義」に応える施策に取り組みます。このときまでに独立していない地域はインドネシア、仏印(フランス領インドシナ)、マラヤでした。これらの地域の独立問題に取り組もうとしたわけです。

先に見ましたように、インドネシアは四三年五月の政略指導大綱において「帝国領土」としての地位に置かれていました。その地位を離脱させて独立に導くということはなかなか困難だったのですが、四四年九月、将来、「東印度(インドネシア)」の独立を認めるという簡単な「小磯声明」の発表にこぎつけます。結局、インドネシアが独立したのは、終戦直後のことになります。

インドネシアは東南アジアでは最も大きな人口を擁する地域でした。そこを日本は占領して軍政を布《し》いていましたが、とくに海軍はインドネシアの資源の確保という観点から、先ほどちょっと触れましたけれども、インドネシアの独立に最後まで反対していました。

次は、仏印（フランス領インドシナ）の独立問題でした。仏印は宗主国のフランスがドイツに占領され、親独的なヴィシー政権が成立して以来、日本は仏印を占領することもなく、「静謐《せいひつ》保持」（現状維持）の姿勢を続けていました。

ところが、一九四四年九月にヨーロッパ戦線でフランスが解放され、連合国寄りのド・ゴール政権ができます。するとド・ゴールのフランスが仏印に介入してくる可能性が出てきました。仏印内部でもド・ゴールに呼応しようという反日勢力と、仏印独立を志向する「安南《あんなん》独立派」の動きが活発化してきます。そこで日本側には、それまで「現状維持」であった仏印に対し、ド・ゴールが手を出す前に、武力によって仏印軍を一掃し、仏印を日本の支配下に収めようという考えが出てきます。

そこで問題となったのは、武力介入後の仏印統治のありかたでした。陸海軍は仏印軍を一掃した後、軍政を布くことを主張します。他方、重光外相や外務省・大東亜省は、「大東亜共同宣言の精神に基き民族問題を取り上げ安南、カンボジア、ルアンプラバン諸王国の即時独立の実現」をめざしていました。こうして、一九四四年末から一九四五年にかけて、軍政か、独立かという激しい論争になりますが、結局、重光外相の外務省が押し切りまして、一九四五年三月九日に、日本軍による仏印占領――「仏印処理」が実行され、日本軍は直ちに撤退し、安南国など三つの独立国が生まれました。安南国には大使府がおかれました。こうして「解放即独立」という特異な形をとったため、フランスとの戦争になることもありませんでした。

（２）「戦争目的五原則」とソ連要因

ところで、重光外相は大東亜共同宣言の意義を盛んに訴えるのですが、小磯内閣になると少しニュアンスが変化してきます。たとえば、第八五回帝国議会予算総会（一九四四年九月九日）における重光の演説では、「戦争目的五原則」ということを打ち出しています。①政治的平等と経済的互恵、②「民族主義の政策の尊重」、③内政不干渉、④「資源の開放」と「通商交通の自由」、⑤文化の国際交流。

特徴的な点は、「内政不干渉」という原則が入っていることです。何故入ったのかと言うと、これは一九四四年の後半になってきまして、中立関係にあったソ連の動向がきわめて重要になってきたからです。テヘラン会談など一連の国際会議を通じて連合国間の結束が強まると、ソ連が日ソ中立条約を破棄して参戦する可能性さえ政府や軍部のなかで議論となります。そこで、ソ連の参戦防止という観点から②の「民族主義の政策の尊重」、③の「内政不干渉」という原則が対外的に強調されたと見ることができます。

②の「民族主義の政策の尊重」とは、「多民族国家」であるソ連の民族政策は、おなじ「多民族国家」（植民地下の朝鮮人や台湾人は「日本臣民」であった）である日本帝国の民族政策と同様であることを示そうとした、と理解できます。

③の「内政不干渉」も日本のソ連接近が、国内の「共産化」の危機を招くのではないか、とい

う懸念に応えるためであった。これらの原則が加わって大東亜共同宣言は少し組み替えられているますが、基本的には同じ諸原則で構成されています。

（3）大東亜共同宣言と「国内改造」

重光は一九四五年四月に鈴木貫太郎内閣が成立すると外相を退任します。その間、重光は「第二回大東亜会議」を準備しましたが、戦局の悪化で大規模な会議の開催が不可能となり、鈴木内閣時の四五年四月二三日に、大東亜各国の駐日大使だけを集めた「大東亜大使会議」が開催されます。

重光外相にとって大東亜共同宣言とは、対外的なアピールという以上に、国内的な意味の方が重要だったのではないか、と思われる節があります。というのは、小磯内閣時の重光の手記では、大東亜共同宣言や占領地住民の独立・自治の容認など、一連の「大東亜新政策」は、「政治外交を復権させ『国内改造』を実現する手段であった」という趣旨のことを何度も強調しているからです。

重光は、外交は外務省と外交官の専管事項であり、軍部や他の省庁、ましてや民間人が介入すべき問題ではない、外交は外務省に一元化すべきだ、という考え方をきわめて重視しました。とくに小磯内閣となって軍が政治・外交に大きく介入する傾向が顕著になってきますと、「政治外交の復権」という課題を自らに課すようになります。大東亜大臣を兼任したのも大東亜外交の復権という意味がありました。

とくに、軍の意向に左右されてきた戦争目的を改変することによって政治外交を復権させる機会にしよう、政治外交の復権は、外務省や政府の手によって戦争目的を再定義することによって可能になる。言い換えれば、軍部に支配された政治外交を「改造」するためには、戦争目的の刷新が必要である、そう考えていたように思われます。重光にとって「国内改造」とは、「軍部万能主義」の打破にほかなりませんでした。

そうはいっても、鈴木内閣では外相を退任していましたし、戦局も極度に悪化していましたので、軍部を排除する「国内改造」はもはや困難でした。すると今度は、重光は積極的に「無条件降伏」に国内改造を託そうとするわけです。「無条件降伏」によってこそ日本の改造が可能となると考えるようになります。

ポツダム宣言の受諾の際には東郷茂徳《しげのり》が外務大臣だったのですが、東郷が外務大臣として、国体護持以外の条件をもって降伏交渉に臨み、結局、国体護持のみを条件にポツダム宣言を受け入れたのですが、重光だったら降伏交渉を行うことなく、国体護持のみを条件に、ただちにポツダム宣言を受け入れたと思います。結果としてあまり変わらない結末なのですが、重光の場合は八月一四日以前の段階、遅くとも原爆投下とソ連の参戦の時点、つまり八月一〇日以前にはポツダム宣言の受諾を決断したのではないか、と思います。仮定の話ですが、この数日間の違いが何をもたらしたのか、日本の降伏の意味を考えるうえで重要に思うわけです。

戦後外相としての重光

終戦後、東久邇宮内閣の外相に返り咲いた重光は、なおも大東亜共同宣言に執着していました。それは、彼の手記によれば、「よしんば戦に破れても、戦争目的の理想は何時かは何人［か］の手によって実現せらる運命にある、勝っても負けても名文《ママ》［分］は立つとの確信」（『続重光葵手記』）のゆえでありました。戦争目的を再定義して、大西洋憲章に近いもの、あるいは英米のそれを超えるような内容のものに設定したことは、戦争の勝敗にかかわらず、戦後世界において実現すべき理念だ、と確信していたことを示しています。戦後初の上奏で「大東亜宣言の趣旨は今後益々活用せらるべし」（同上）と述べたのも、そうした確信をよく物語っています。

重光は、鳩山一郎内閣でも外務大臣になるわけですが、このとき一九五五年四月にはアジア・アフリカ会議（バンドン会議）が開かれています。この国際会議は、アジアの新興独立国を集めた最初の大規模な会議で、見方によっては、大東亜会議の延長にあると理解することもできます。例えば大東亜会議にビルマ代表として出席したバーモウは、その回想録（『ビルマの夜明け』）の中で、大東亜共同宣言の精神は「一九五五年のバンドン会議で再現された精神」と書いています。しかし、バーモウは、実際にビルマの独立を担ったわけではなかった。バーモウだけではなく、大東亜会議に参加した指導者は戦後のアジア諸国の独立に貢献したとは言い難く、また、汪兆銘のように日本の「傀儡《かいらい》」とみなされる指導者が大半でした。日本の占領下におかれたアジア地域の戦後史から見ると、大東亜会議の歴史的限界が浮き彫りになるということです。

一方、重光は外相でありながら、バンドン会議への出席には必ずしも乗り気でなく、経済審議庁長官だった高碕達之助《たかさきたつのすけ》を派遣するにとどめました。なぜかと考えますと、バンドン会議をリードしていた中国（周恩来）や、「非同盟・中立」に傾いていたインドネシア、そういった「反米的」な国々によって導かれるバンドン会議は、反共・親米主義の重光にとって大東亜会議のような意義を見いだせなかったのでしょう。言ってみれば、バンドン会議は、冷戦を超えてアジアの結束を呼び掛けるだけの魅力に欠けていたと言えるかもしれません。

おわりに

さて、戦後の歴史研究は、重層的で多面的な大東亜戦争の実像を正しく伝えてきたのだろうか、と考えますと、戦後の幾多の戦争論は、つまるところ「侵略戦争論」と「解放戦争論」に収斂《しゅうれん》していきました。大東亜共同宣言のような「親米英的」解放論は、侵略戦争論の文脈で語られるようになります。

大東亜共同宣言についても、戦時日本の侵略戦争の一齣《ひとこま》に過ぎない、というふうな捉え方がなされてきました。大東亜共同宣言を、一九二〇年代に日米に共有されていた「ウィルソン的国際主義」を支えた諸理念との類似性を認めたり（入江昭『日米戦争』）、あるいは共同宣言の「資源の開放」などの諸原則に、現代の国際公共財的な考え方の萌芽を認めることができる（三輪公忠『日本・１９４５年の視点』）、といった評価がなされるようになるのは一九七〇年代の後半からで、それも限られた識者の間での評価にとどまっていました。

こうした「侵略戦争論」と「解放戦争論」への分極化の背景には、戦争責任の追及に急だった歴史研究と戦後日本の「平和主義」とを認めることができます。
とくに戦後日本の「平和主義」は、まずは「無条件降伏」を起点として「平和憲法」によって日本は新しく生まれかわって再出発したのだ、という考え方と見ることができますが、それが広く定着した。言い方を変えれば、「戦前の日本」と「戦後の日本」とは断絶したものと捉える歴史観が、戦争をいかに伝えるか、あるいは何のための戦いだったのか、それを検証して次世代に伝えるという作業を妨げてきたと思います。

福田恆存氏は、一九七〇年にこう書いています。

「真の日本の崩壊は、負ける戦争を起した事にあつたのではなく、また敗けた事にあつたのでもなく、その後で間違つた過去を自ら否定する事によつて今や新しい曙《あけぼの》が来ると思つた事に始つたと言へませう」(「『世代の断絶』といふ事」一九七〇年)

確かに、日米開戦後、支那事変を加えた大東亜戦争は批判されるべき面が少なくないのですが、日本人がアジアの運命を打開するため、主体的意思を持って戦ったがゆえに、民族が継承すべき、あるいは顕彰すべき何かがあるのではないか、という問いは現在でも非常に重たいものがある、と思うのです。

大東亜戦争が西欧近代に対する最後の挑戦であったとすれば、大東亜共同宣言は、戦後世界を展望するなかで、西欧近代を学習しつつ自己変革を遂げ、敗戦の意味をそこに求めようとする一つの挑戦であったように思われるのです。

最後に、やや雑駁《ざっぱく》な話になりますが、明治以来、西洋近代を模範とし、西洋近代に学びながら歩んできた。そうであれば、西洋近代の担い手である欧米と大戦争に突入する必然性はなかった。しかしながら、なぜか大戦争に踏み込んでしまった。そこに考えるべき何かがあると思うわけです。

たとえば、本日は議論しませんでしたが、明治以来の「アジア主義」、アジアと連携して欧米に対抗する、という思潮も、それがどのように変容しながら大東亜戦争に流れ込んだか、といったテーマも深く考える余地があります。

【参考文献】

伊藤隆・渡邊行男編『続重光葵手記』（中央公論社、一九八八年）
入江昭『日米戦争』（中央公論社、一九七八年）
三輪公忠『日本・１９４５年の視点』（東京大学出版会、一九八六年）
波多野澄雄『太平洋戦争とアジア外交』（東京大学出版会、一九九六年）

第九章　対米開戦の「引き返し不能点《ポイント・オブ・ノー・リターン》」はいつか【質疑応答】

【質問】

本講座は「開戦八〇周年に問う」をテーマに開講しておりますので、対米戦争についてお尋ねいたします。

どの時点でどの道を選択していれば、対米戦争は回避できたとお考えでしょうか。

【回答】

黒沢文貴

太平洋戦争の時代と日清・日露戦争の時代とでは国内外の環境がかなり異なりますので、日米戦争の直接的原因を明治期に求めるのは基本的には難しいと思います。ただし歴史学は因果関係を重視しますので、その点からお答えさせていただきます。日露戦後から昭和戦前期にかけての日米関係における主要な争点の一つは満州問題にありましたので、さかのぼれば日露戦争後の満州権益の獲得と勢力圏化が日米開戦のそもそもの遠因であるとする見方は、これまでにもありました。

そこで、その見方をさらにさかのぼりますと、では日露戦争はなぜ起こったのかという問いにつながります。その点を今回のお話の文脈からいえば、日本の韓国にたいする支配欲の強まりによるものですので、実は韓国問題が重要になります。とくに韓国を併合したことが、隣接地域としての満州確保の必要性を一段と強めることになりましたので、そういう意味では日韓併合を重視するという考え方もできるかと思います。韓国統治の安定のためには満州支配（南満州からやがて全満州へ）が欠かせないという思いが併合以後とくに強まるからです。

しかし、韓国における影響力を高めるやり方としては、併合以外にも選択肢はあったと思いますし、他のやり方ならば隣接地域との関係も違ったものになったかもしれませんので、ここでは問題提起的に、韓国併合が日米戦争への道の重要な一里塚であったと、ひとまずお答えさせていただきたいと思います。

小原淳

第一次世界大戦と似ているかもしれませんが、私は直前の時期まで戦争を回避する可能性は残っていたのではないかと考えます。具体的に言えば、開戦直前の一九四一年一一月まで、日米間の交渉は続けられていました。最終的には、その一一月に中国からの全面撤退を要求するハル・ノートが出される訳ですが、これも回答期限がいつまでと付されていないので、交渉を続ける余地はゼロではなかったのではないでしょうか。

ただ、組織や制度の問題も考える必要があると思います。日米交渉の最前線にいた人たち、例えば駐米大使の野村吉三郎《きちさぶろう》は、オーストリアやドイツに駐在した経験があって、ローズヴェルトとも旧知の関係でした。来栖《くるす》三郎は日独伊三国同盟が締結された時のドイツ大使ですが、妻はアメリカ人で、親米的な傾向が強い人であったと言われます。外務大臣の東郷茂徳《しげのり》も、第一次世界大戦後にヨーロッパの惨状を調査する視察団としてベルリンに赴任し、またドイツ大使を務めた経験もあり、さらに妻はユダヤ系のドイツ人ですから、ドイツのことを良く知っているけれども、しかしヒトラーによる反ユダヤ主義を危惧する立場にあったと思います。何が言いたいかといいますと、日米交渉の担い手は、アメリカについてもドイツについてもよく知っており、双方の陣営のことがかなり見えていた人たちだったのに、彼らをもってしても交渉は不首尾に終わってしまったということです。このように、外交的な解決の可能性がかなり狭められていたのだとすれば、早い時点で、戦争回避の途は狭まっていたのかもしれません。

井上寿一

対米戦争の回避可能性あるいは戦争への分岐点をめぐって、あらゆる角度から膨大な研究の蓄積があります。今日では真珠湾攻撃の直前でも日米開戦回避の可能性はあったというのが通説だと思います。暫定協定案を出して、あの案で数ヵ月でも開戦の時期が延びればどうなったでしょうか。独ソ戦がドイツに不利な展開になり、南方では雨期に入り、雨期に入ると軍事作戦行動をとりたくてもとれなくなります。そうなるとあらためて開戦の意思決定をおこなうのは容易ではなかったはずです。

暫定協定案ではあまりにも直前に過ぎるので、もう少しさかのぼって考えますと、南部仏印進駐が大きな転換点だったのではないでしょうか。南部仏印に日本軍が進駐してしまいますと、まだフィリピンはアメリカの植民地でしたので、南部仏印からアメリカの植民地のフィリピンを直接、空爆できるようになります。シンガポールにも易々と行けるようになります。要するにアメリカ・イギリスが日本の直接的な軍事的脅威を感じられるようになったのは南部仏印進駐でした。別の言い方をすれば、南部仏印進駐ではなく北部仏印進駐までにとどめておけば、日米交渉にょってやりようもあったと考えます。

付言しますと、独ソ戦の開始は、日米の思惑をいよいよ遠ざける大きなきっかけだったようです。日本側からすると、独ソ戦が始まってドイツがソ連も叩くから日本は強くなる、日本の外交交渉上の立場が強くなると松岡洋右たちは都合よく考えました。ところがアメリカ側からすると、ドイツはソ連と戦争をしなければまだ国力はあったけれども、ソ連とも戦争しなければならなくなった。その弱くなったドイツと同盟関係を結んでいる日本の外交ポジションは下がった。もはや日米交渉で譲歩する必要はないと。このようにアメリカは独ソ戦によって強気になりました。対する日本側も強気になりました。これでは交渉はまとまりません。要するに独ソ戦に対しての日米の思惑の違いが日米交渉をいよいよ遠ざけ、妥協を難しくしていったという意味で、独ソ戦の開始も大きな分岐点の一つだったと考えます。

戸部良一　大きく言えば、日米戦争が避けられなくなった主な原因は、日本が南に武力を以て進出したことと、それからドイツと同盟を結んだことでしょうね。それがなければアメリカとの戦争は避けられたかも知れません。ドイツと同盟を結ぶということは、当時ドイツは世界の秩序を壊そうとしていたわけですから、壊そうとする国と手を結んだことになります。国際秩序を力で以て変更しようと考えている国同士が手を結んだということがアメリカにとって大きな脅威になったのだろうと思います。

もう一つは、敢えて言いますと、日本が中国で侵略的な行動を繰り広げている間は、アメリカにとって実は国益上そんなに大きな脅威ではありませんでした。勿論中国に在住するアメリカ人の財産や生命が脅かされていたことは確かで、人道的な点からもアメリカは日本に対して侵略行動を止めろと再三非難していたことは間違いないのですが、日本が中国にとどまっている限りおそらくアメリカは日本と戦おうとはしなかったと思います。しかし日本が力を以て南に出て来るということは、一つはフィリピンを脅かすことになり、もう一つはイギリスとインド、シンガポール、マレー、オーストラリア、ニュージーランドなどとの連絡路に大きな脅威を与えることになります。当時ドイツと戦っていたのはイギリスだけですから、イギリスはアメリカにとって国防の第一線でもあったわけです。そのイギリスとイギリス自治領・植民地との連絡路を脅かす日本の行為は、アメリカとしてはやはり許すことができない。イギリスに今後もドイツと戦ってもらうためには、この連絡路を保持しておかなければならない。それゆえ日本の南進はアメリカにとって現実の脅威になったのだろうと思います。

この二つが日米関係をより難しくした根本的な原因だと思いますし、戦争に向かう大きな要因として作用したことは間違いないのですが、でも一九四〇年九月に北部仏印に進駐し、日独伊三国同盟を結んだからといって直ぐ戦争が不可避になったとは思いません。

この二つについて、アメリカとの間に何らかの妥協あるいは了解をつくることができれば、戦争は回避できたでしょうね。それは不可能ではなかったと思います。しかし、日本は一九四一年七月に南部仏印に進駐して、妥協には逆行する選択をしてしまいました。

森山優　アメリカの対日全面禁輸後でしたら、日本が戦争を決めたわけですから、決めなければいいという単純な話です。臥薪嘗胆しかないでしょう。第五章で述べたようにハル・ノートは条件ではなく原則の表明ですから、撤兵をやるやると言って放置しておくという道はあると思われます。アメリカが手を出したくても、アメリカの世論が日本に先制攻撃をかけることを認めるか。孤立主義の共和党と国論が割れていたので、できないでしょう。そんなことはイラク戦争（二〇〇三年）までなかったわけです。あの国を先制攻撃でまとめていくのは、まず無理な話です。

では、全面禁輸以前だったらどうでしょう。一九四一年初頭のタイと仏印の国境紛争調停の時に、南部仏印進駐を要求する陸海軍を松岡外相が巧みにはぐらかし、結局、煙にまいてヨーロッパに行ってしまったことがあります。まさに陸海軍を引きずり回したわけです。

もし、この段階で日本が南部仏印に進駐したらどうなったでしょうか。アメリカもイギリスも準備不足で対応できなかったと思います。もちろんアメリカは単独行動主義ですから、対日全面禁輸をやる可能性はあります。しかし、禁輸されても、まだ日本側には南方攻略作戦の準備も覚悟もないわけです。つまり、四一年春に進駐したら、戦争にならなかったかもしれません。

これは、本当に皮肉ですね。力と力の関係だけを考えると、可能性としてはこの時。もっと前にもあります。一九四〇年五月〜六月、ドイツの西方攻勢のときです。フランスとオランダが降伏した時に、一気に蘭印を占領したら英米は全く動けなかっただろうと、後にハルは回想しています。ただし、日本はそんな侵略戦争の決意も準備もありませんでした。

ですから、現在の目から見ると当たり前に思われる、南部仏印に進駐したから対日全面禁輸をくらって、石油確保のための戦争に乗り出した、こういう因果関係が成立したのは、実はあの時だけだったのではないか。それが前のほうにずれたり、後ろのほうにずれたりしたら、おそらくこの流れはできなかっただろう。非常に悪いタイミングで歯車が、ガチッと嚙み合って回り出してしまった、だから止めようがなかった。このように考えております。

繰り返しになりますが、日本らしく非（避）決定を繰り返せばよかった（森山「避決定を貫徹できなかった日本」細谷雄一編著『世界史としての「大東亜戦争」』PHP新書、二〇二二年）。リーダーシップがないということは、逆に大失敗するような選択をしないということでもあります。みんなが足をひっぱるから、大それた決定ができない。にもかかわらず、なぜ対米戦のような大それた決定ができたのか、という話になります。だったら決定しなければいい。そして、あまり有利ではない状況で、辛抱強く撤退しながら戦い続ける、それをやれる能力がなかったとは言えない。田中宏巳さんの表現によれば、復員と引き揚げに示された、ねばり強く苦境に立ち向かう精神力、最後に自主自立を達成する忍耐力です。これがあれば、臥薪嘗胆で撤退戦をやり抜くことは可能だったと思います。

赤木完爾　陸士三四期の逸材、堀場一雄大佐の言として伝えられる「満洲事変は長城の山海関《さんかいかん》を越えたるが故に支那事変に移行し、支那事変は仏印国境鎮南関《ちんなんかん》を越えたるが故に大東亜戦争に発展した」という述懐があります。満洲事変以後、北支工作が支那事変を誘発し、北部仏印進駐が大東亜戦争の扉を開いたという一連の事態の把握は説得的です。問題は、それでは日本として満洲事変の完成に集中し、長城以南に進出することを自制できたかどうかにあります。しかし日米間の争点は、アメリカ側にあっては、中国の統一と独立という理念であり、具体的な権益などの利害対立ではありません。理念をめぐる対立は妥協を困難にします。ハル・ノートが提示したのは、日露戦争後の日本の大陸コミットメントの全面否定に他なりません。したがって、日本側が太平洋戦争を避けるためには、全面的な屈服しか方途はなかったと考えてよいと思われます。仮に、大陸経営からの全面的撤退がなされれば、戦争回避はなしえたと思われますが、当時の日本において大陸へのコミットメントは、広い国民的な支持を得ていました。加えて日本の経済が日満支の円環で比較的順調に動いている以上、革命的な政策の転換はどこまでも難しかったと思われます。

アメリカ側にあっては日米交渉の過程で、一時期「暫定協定」(事態を一九四一年七月以前に戻す)が検討されましたが、中国とイギリスが激しく反対しました。アメリカ陸海軍首脳は、戦備充実の時間を稼ぐために「暫定協定」を支持していました。英米間で形をなしつつあったドイツ打倒最優先の戦略について、ローズヴェルト大統領はその戦略の意味を十分理解していましたが、軍部の主張を容れることが「対日宥和」であると非難するかもしれないアメリカ世論への懸念から、「暫定協定」は選択されませんでした。ハル・ノートは一一月二六日に日本に提示されました。

一九四一年のアメリカにおける世論調査によれば、アメリカは「欧州での戦争に関して参戦することを除き、イギリスに対し可能なあらゆる援助を行うことを支持する」という意見が六割から七割を占めますが、「ドイツとイタリアに対する戦争に、アメリカが参戦すべきかどうかの総選挙が行われた場合、参戦することに賛成」が二割から三割の間と少数派となります。「アメリカはドイツに参戦すべきである」は一割から二割の間に過ぎません。ただし「長期的方針としてアメリカは次のうちどちらをとるべきか」という問いに対しては、「戦争の圏外に立つ」が三割前後であるのに対し、「戦争になるリスクを冒してもイギリスを援助する」が六割前後と逆転します。これに対し「日本の武力進出を許すより日本と戦争になるリスクを取る」が三月には五割程度であったものが一一月には、七割近くにも増えていました。こうしてみると戦略的合理性に基づいて対独戦争参戦を優先することには、きわめて世論の合意が得られにくいのに対して、日本に対しては強硬策をとって戦争になっても国内的支持は得られやすいという判断はあったように思われます。しかもアメリカ議会において、一九四一年でしっかりした合意が成立していたのは、戦争に至らない範囲でイギリスを援助することだけでした。

次に指摘しておきたいのは、日米戦争回避という論点において、日本が開戦時の軍事作戦をイギリスなどヨーロッパ勢力に限定し、アメリカ領への攻撃をすることなく開戦した場合の展望です。日本の開戦前の軍事作戦の検討の中で、国家の戦略的大目標は南方における石油資源の確保でしたが、陸軍が仏印からマレーを経て蘭領東インドにいたる左回りの進撃路を主張し、海軍がフィリピンを経由する右回りの進撃路を主張しました。南方への進撃の最中に、進撃路の左翼側をアメリカ太平洋艦隊が脅かす事態となったら、海軍は総力を挙げてそれに対処せざるを得ません。そうなると南方における資源確保の大目的の達成が難しくなるとの見通しから、結局左右両方向からの進撃を行い、さらに南方作戦に不可欠の支作戦としても真珠湾攻撃を位置づけることになります。

結果的に一二月七日の真珠湾攻撃から、一二月一一日のヒトラーの対米宣戦布告までの四日間は、アメリカは太平洋においてイギリス帝国と戦時同盟関係を組み、日本との戦争状態に入っていたに過ぎません。真珠湾攻撃の直前、一二月一日にローズヴェルト大統領はイギリスに対して、極東でイギリス植民地が日本に攻撃された場合には参戦すると約束していました。その約束は果たされたのですが、日本が左回りの進撃路をとって、イギリスのみを攻撃していた場合、別の展望が開けた可能性はわずかではありますが、あったように思われます。

山田朗　やはり非常に大きなポイントとして、一九四〇年九月の三国同盟の締結と、ほぼ同時に行われた北部仏印進駐です。ここに踏み込んでしまったということが、そのあとの対英米戦争を不可避にしてしまったと思います。三国同盟を結んだということは、戦争をやっている当事者と同盟を結んだというわけですから、ドイツと戦っているイギリスとの関係が良くなるわけがありません。ドイツが勝つということを前提としてこういう同盟を結んだ。しかし非常に危険なことだったと思います。いくら当時ドイツの調子が良かったとしても、もうちょっとここは、ものを見なければいけなかった。だけど日本側は待てなかったのです。

なぜかというと、もし本当にドイツが勝ってしまったら、ドイツはもう同盟を結ぶ必要は無いわけですから、そうなるとアジアにおけるヨーロッパの植民地、イギリス、フランス、オランダの植民地は、ドイツの総取りになってしまいます。第二次世界大戦は、正に植民地の再分割戦として行われているわけですから、ドイツが勝てば当然現在のインドからビルマ、マレーシア、シンガポール、仏印、インドネシアが全部ドイツ領になってしまう。日本はどこかでドイツの手助けをして、戦後の講和会議でドイツ側に立って発言権を得たいということになり、待てなかったのです。

目の前に大きな獲物がぶら下がっていて、そこを冷静に見抜けなかった。ドイツの勢いに幻惑されてしまい三国同盟を結び、しかも仏印に進駐してフランス領に踏み込んでしまった。これは引き返すことができない大きなポイントで、実際このあと日米交渉があるのですが、ドイツと同盟を結んでしまった以上、圧力として使える反面、戦争が拡大した時には、日本もいや応なく世界戦争に突入せざるを得ないわけでして、やはりこの判断は非常にまずかった。ですから、もう引き返すことができない一つの点としては、一九四〇年九月の三国同盟締結、仏印進駐によって、日本はついに対英米戦争への道に踏み込んだと言っていいのではないかと思います。

波多野澄雄

どの時点がターニングポイントであったか、いくつかの分岐点を指摘できます。

その第一は一九三八年の秋です。当時の第一次近衛文麿内閣が、日本のめざす東亜の新しい秩序は英米のそれとは原理的に相容れないものだと公式に発言したこと（東亜新秩序声明）に対して、アメリカやイギリスが強く反発したことがあります。つまり、日本が望ましいと考える東アジアの国際秩序（東亜新秩序）は英米が考える普遍的な国際秩序とは原則的に相反していることが改めて明らかになったわけです。しかし、そこに開戦の決定的な原因があるのかと言うと、必ずしもそうではない。現実の東亜新秩序の構想は、とくにアメリカに対する経済的な依存によって成り立っていたからです。

第二の分岐点が一九四〇年九月の日独伊三国同盟の締結です。三国同盟は確かに対米関係を悪化させましたが、対米開戦が必然的になったかというと、これも必ずしもそうではない。日本は、枢軸陣営の一員になり、決定的な対立に一歩近づいたとは言えるのですが、三国同盟の運用によっては開戦に至らざる道を選ぶこともできた。たとえば、ヨーロッパで独米戦争が始まっても、日本は自動的にドイツ側に立って参戦する義務はなかったのです。この時点でも、ヨーロッパ戦線と距離を置くことが可能でした。

第三は、一九四一年六月の独ソ戦争の勃発です。それまで不可侵条約で結ばれていた独ソが戦争に突入します。これは世界の主要国が、枢軸陣営と連合国陣営とに二分されたという点で、決定的と言えますが、これによって対米戦争が必然的となったか、といえばそうは言えない。なぜなら、欧州戦局とアジアの戦局を切り離して、つまり、欧州大戦に「不介入」の姿勢を貫いて日中戦争の自力解決に専念するという道がありえたからです。

第四は、一九四一年七月の南部仏印進駐です。東南アジアの戦略資源を求めて日本軍は北部仏印にあった軍隊を南部仏印に進駐させた。これには、アメリカが強く反発をして、石油輸出を止めたり、在米の日本資産を凍結したりするわけですが、これによって日本は「ジリ貧」に陥り、開戦を余儀なくされたという解釈は有力なものがあります。実際、南部仏印進駐後には陸海軍の中堅層には「対米戦を辞せず」という考え方が台頭してきます。

ただ、私自身は、南部仏印進駐によって日米戦争が必然的になったとは思わないですね。石油に関してならば、例えば北樺太の油田開発とか、満洲の人造石油とか、いずれも期待薄とはいえ一応代替策が模索されていましたし、外交的手段によって東南アジアの資源地帯に進出するという選択肢もわずかに残されていたわけですから。

結局、最後に何が決定的だったか。一九四一年四月から断続的に開催されていた日米交渉のなかに、開戦の可能性も、避戦の可能性もあったと思います。日米交渉は何のためにやっていたかといえば、行き詰まっていた日中戦争の解決をアメリカの仲介斡旋に頼ろうとしたことが原点です。蔣介石《しょうかいせき》政権（重慶政権）との直接交渉による解決をめざしていた日本は、その直接交渉の手段がなく、アメリカの仲介に期待したわけです。しかし、アメリカは単なる仲介者ではなく、仲介の条件を出してきたのです。それが、門戸開放・機会均等、三国同盟の実質的な無効化、汪兆銘《おうちょうめい》政権の解消、中国からの撤兵といった条件でした。

その中には、応じられるものもありました。例えば門戸開放・機会均等という条件は、確かに日本は中国において経済的に門戸を閉鎖し、独占的利益を得ようとし、外国の貿易や投資を制限していました。しかし、これは妥協が可能だった。実際、日米交渉の最終段階では、東郷外相らが有力な財界人を集めて門戸開放について理解を求めるという場面もありました。三国同盟についても、米独戦争の場合に「自動参戦」ではなく「自主参戦」を選ぶことも可能でした。

最後に残った譲れない条件は中国からの撤兵でした。とくに陸軍は、日露戦争以来日本が大陸に営々と築いてきた権益を捨て去ることはできない、と考えました。とりわけ華北を失うことは満洲国を失うことにもなるわけですので、それはできなかったのです。ですから華北駐兵が最後までネックになった、とみることもできます。

最後の対米提案である「乙案」は、暫定協定案として提出されたのですが、東郷外相は、この「乙案」のねらいを、日中交渉と日米交渉をひとまず切り離し、撤兵問題は日中の直接交渉によって解決を図ることにおいていました。ただ、この暫定案をアメリカが受け容れ、蔣介石政権との直接交渉が実現したとしても、連合国陣営の一員としての立場を固めていた蔣政権が日本の和平条件を受け容れることはなかったでしょう。

開戦の経緯を別の観点から振り返りますと、開戦が不可避となった大きな原因の一つは、海軍が最後の段階で開戦に賛成したことだと思います。一九四一年一〇月に東條内閣が成立した際に、嶋田繁太郎海相が最終的に対米開戦に賛同したことが決定的だったと思います。つまりアメリカと戦争するのであれば海軍に頼らざるを得ないわけですから。

なぜ、嶋田海相のときに、それまで開戦に消極的だった海軍が賛同したのか。海軍という組織の歴史を考えてみますと、日露戦争以来、海軍はアメリカを第一の仮想敵として戦略を組み立て、毎年毎年、巨額の予算を獲得し軍備強化に努めてきたわけです。こうした海軍という組織が一九四一年の秋の段階で、対米戦争を回避するという決断ができたかというと、誰が海相や軍令部総長であってもできなかったと思います。もし、戦争回避を貫けば、何のために海軍は存在しているのか、ということになるわけで、海軍自体の存在の意味が問われることになる。こう考えますと、巨大組織の圧力というか、後戻りできない巨大組織の慣性といいますか、そうした力が作用したのではないでしょうか。陸軍でも同じようなことが言えるかもしれません。

あとがき

本書は、現代文化會議の主催で、対米開戦八〇周年にあたる一昨年の令和三年一二月を皮切りに、日清戦争から大東亜戦争までを振り返り、日本が国際社会においてなぜ孤立していったのかを検証すべく、毎月一回全八回に亘り開催された講座「開戦八〇周年に問う―日清戦争から大東亜戦争まで―」の講義録に基づいております。

この講座は、講師の方々があらかじめ用意したレジュメに基づき、二時間の講義を行い、その後、主催者・参加者との一時間に及ぶ質疑応答という非常に濃密な方式で毎回進められました。本書は、その講義録に講師の方々が手を入れ、各章五〇枚程度に纏めていただいた原稿を集成したものです。

尚、講師に一部変更があり、赤木完爾先生に特別寄稿の形で執筆陣に加わっていただいたことをお断りしておきます。

質疑応答に関しては、主催者から講師への共通の質問「対米開戦におけるポイント・オブ・ノー・リターン」のお答えのみに絞り、他は紙幅の関係上、全て割愛しました。

なぜこの一問のみを掲載するかの理由は以下の通りです。

戦後、日独伊三国同盟の締結が対米戦に至った直接の原因だと考える人が多いのですが、そう単純に結論を出せるのかというのが私どものこれまで抱いてきた疑問です。

松岡外相は三国同盟締結にあたり、一九四〇（昭和一五）年九月一四日の大本営政府連絡会議下打合せで、東條陸相、阿南《あなみ》次官、及川海相、豊田次官等を前に最悪の事態を回避する為には独伊と提携するのではなく、英米と結ぶ事も全然不可能とは考えないとし、「併《しか》し其為には支那事変は米の云ふ通り処理し東亜新秩序等の望はやめ、少くとも半世紀の間は英米に頭を下げるならい丶、それで国民は承知するか、十万の英霊満足出来るか、（中略）況《いわん》や蔣は抗日で無く侮日排日一層強くなる。中ブラリンではいかぬ。即ち米と提携は考へられぬ、残された道は独伊との提携以外に無し」（『太平洋戦争への道 別巻資料編』）と述べています。

既に米は、一九三八年末より対中国借款を開始し、四〇年一月に日米通商航海条約を失効させ、七月末には屑鉄の部分的禁輸並びに航空機用ガソリンと潤滑油の対日禁輸を実施しており、ヨーロッパ戦線においても英本土上陸作戦が難航しているとはいえ、未だ独の圧倒的攻勢が続いていたことを考えれば、この時点では松岡の右の発言は至極もっともと思えます。しかし敗戦後、この三国同盟締結が対米開戦を不可避にした決定的要因であるかのように言われてきたのです。現に私が過去に出会った有識者の中には「三国同盟以外に原因はない」と言い切る方もおりました。果たしてそうでしょうか。日米開戦は、三国同盟締結から一四ヵ月も経った後、日本の真珠湾攻撃によって始まったのであり、決定的要因とするのには無理があるように思えてなりません。

講師の方々は何れも実証的研究に裏打ちされた斯界を代表する研究者であり、この疑問にお答えいただくにはまたとない機会であると考え、本問に絞った次第です。読者諸氏にとっても興味ある問題と思いますので、すぐに比較検討出来るよう、第九章に各講師の回答の全文を漏れなく掲載しております。

本書の内容は、対米開戦の「淵源」を辿るだけではなく、戦後、アジア諸国において日本軍部が意図しなかった独立がもたらされた事実から、その「遺産」までが網羅されております。自画自賛になりますが、「日清戦争から大東亜戦争の遺産」までを一冊の本として扱った類書は他になく、本書の刊行は大変意義深いものと言えるのではないでしょうか。

本年は、対米開戦研究の礎石となった記念碑的著作『太平洋戦争への道――開戦外交史』（全七巻／別巻資料編・日本国際政治学会 太平洋戦争原因研究部編）が刊行されてから、ちょうど六〇年にあたります。本書は、こうした長きに亘る史料研究の進展を踏まえた当代を代表する研究者による最新の成果です。これまでの進歩派によるイデオロギー的史観や、保守的風潮の中で再燃する独善的な日本賛美史観などを見直す一助になれば企画者一同にとってこの上ない喜びです。

本書の出版を企画した現代文化會議を紹介させていただきます。設立は昭和四五（一九七〇）年五月、所謂《いわゆる》「七〇年安保」の年で、「左翼にとって論争しても勝てない随一の保守知識人」（朝日新聞社刊『現代人物事典』）と称された福田恆存氏を顧問として発足した五〇余年の歴史を持つ研究啓蒙団体です。日本学生文化會議として旗揚げしましたが、昭和五五（一九八〇）年に福田氏の提案により、現代文化會議と改称し、現在に至ります。

本会はこれまで主な活動として、福田恆存氏を中心に村松剛氏、西尾幹二氏、田中美知太郎氏、佐伯彰一氏、鈴木孝夫氏等を講師に迎え講演会を行ってきました。近年は、安全保障問題、外交史問題に関する講座を左記のとおり開催しております。

平成二四（二〇一二）年　講座「サンフランシスコ講和条約発効六〇周年―日本の安全保障を考える―」（講師：岡崎久彦氏、坂元一哉氏、村田晃嗣氏、豊下楢彦氏、藤原帰一氏、孫崎享氏）

平成二七（二〇一五）年　講座「戦後七〇周年―戦争・占領・憲法・講和・安保・領土―」（講師：秦郁彦氏、福永文夫氏、西修氏、三浦陽一氏、原貴美恵氏、前泊博盛氏、孫崎享氏）

平成二八（二〇一六）年　シリーズ企画Ⅰ「日本人は対米戦争をなぜ避けられなかったのか」（講師：井上寿一氏）

平成二九（二〇一七）年　シリーズ企画Ⅱ「日本人は対米戦争をなぜ避けられなかったのか」（講師：入江昭氏）

平成三〇（二〇一八）年　シリーズ企画Ⅲ「日本人は対米戦争をなぜ避けられなかったのか」（講師：波多野澄雄氏）

今回の開戦八〇周年講座は、ここ数年行ってきたシリーズ企画「日本人は対米戦争をなぜ避けられなかったのか」の集大成を目指したものです。

本書を上梓出来るのは、講師の先生方が貴重な研究時間を割き、御講演から録音原稿の加筆・

補正まで惜しみない御協力を下さったお蔭です。戸部良一先生、波多野澄雄先生には編著という重責を担っていただきました。また、波多野先生には講座の立ち上げの段階から相談に乗っていただき、出版社との交渉まで終始御尽力を賜りました。

先生方には特に記して心から厚く御礼申し上げます。

ここで、講座の企画・運営に携わったスタッフの名を記し、労いの言葉に代えたく思います。武井邦夫、由紀草一、久保光敏、下條芳明、畑井俊幸、畑井由美。

最後になりましたが、本書の出版を快く引き受けていただきました新潮社「新潮選書」編集部庄司一郎氏にこの場を借りて深く感謝申し上げます。

令和五年二月一一日

現代文化會議代表　佐藤松男

図版作成　クラップス

新潮選書

日本《にほん》の戦争《せんそう》はいかに始《はじ》まったか
連続講義《れんぞくこうぎ》　日清日露《にっしんにちろ》から対米戦《たいべいせん》まで

編著者 ……………… 波多野澄雄《はたのすみお》 戸部良一《とべりょういち》

発　行 ……………… 2023年5月25日

発行者 ……………… 佐藤隆信
発行所 ……………… 株式会社新潮社
〒162-8711 東京都新宿区矢来町71
電話　編集部 03-3266-5611
　　　読者係 03-3266-5111
https://www.shinchosha.co.jp
シンボルマーク／駒井哲郎
装幀／新潮社装幀室
印刷所 ……………… 錦明印刷株式会社
製本所 ……………… 株式会社大進堂

乱丁・落丁本は、ご面倒ですが小社読者係宛お送り下さい。送料小社負担にてお取替えいたします。価格はカバーに表示してあります。

ISBN 978-4-10-603897-6 C0331